제2판

# 한국의 관광자원

최기종 저

기문사
www.kimoonsa.co.kr

# 머리말

우리 나라는 아시아 대륙 동북쪽에 자리잡은 반도국가로서 일찍이 자연의 교통로로 이용되어 왔다. 대륙의 불교와 유교문화는 우리나라를 통하여서 일본에 전해졌으며, 이러한 전달 과정을 거치는 동안 고유한 우리문화를 꽃피워 수 천년 동안 이를 발전시켜 왔다.

이처럼 5천 년의 유구한 역사를 자랑하는 우리나라는 문화유산과 관광자원이 풍부해 연중 많은 관광객이 찾아오고 있다. 특히 전국 곳곳에 이름난 명승지와 고적이 잘 조화되어 있고, 복잡한 지형과 풍부한 식물 그리고 뚜렷한 계절의 변화 등 천혜의 관광지로서의 아주 좋은 조건을 갖추고 있다.

관광은 타 국민과 교류함으로써 자국에 대한 인식의 변화를 도모하고 많은 접촉을 통해 친근감을 가진 계층을 형성한다. 그리고 타국에 대한 지식과 정보를 얻으면서 상호인식과 친선의 기회를 확대하여 바람직한 국가적 이미지를 정립시킨다. 한국을 대표하는 이미지는 오랜 역사와 고궁 등을 꼽을 수 있다. 한국의 이미지를 창출하기 위해서는 적극적인 관광홍보의 모색이 절실하다. 여기에 세계에 자랑할 수 있는 풍부한 관광자원과 우리 고유의 문화유산을 표출할 수 있는 관광이미지의 창출이 이루어져야 할 것이다.

따라서 본 교과목은 국내를 여행하는 국내외 관광객들에게 우리 고유의 문화유산과 관광자원을 널리 홍보하고 관광지의 정확한 정보를 제공하는데 그 뜻을 두고 있다. 본 교재의 구성은 관광자원의 이해, 서울권, 경기권, 강원권, 충청권, 전라권, 경상권, 제주권, 부록의 총 9개 권역으로 구성하였다. 그 구성별 내용은 국립공원, 도립공원, 명산 · 사찰, 폭포계곡 · 해수욕장 · 섬, 온천 · 약수터 · 동굴, 공원 · 호수 · 유원지, 문화유적지, 박물관 · 기념관, 종합레저시설 · 민속촌, 기타 관광명소 등 우리 나라의 관광자원을 총망라하였다. 이를 위해 필자 자신이 그 동안 국내를 여행하면서 수집한 자료와 체험적 현장확인을 통해 서술했음을 밝히며, 내용에 있어서의 미비한 점과 새로운 정보는 향후 계속해서 수정 · 보완해 나갈 계획이다.

아무쪼록 본서가 국내를 여행하는 국내외 관광객들과 대학의 관광관련 학과 학생들 그리고 관광분야에 종사하는 분들께 다소나마 도움이 되었으면 하는 마음 간절하다.

그리고 본서가 무사히 출간될 수 있도록 도와주신 기문사 한인환 사장님과 직원 여러분께 그간의 노고에 대해 감사드린다.

끝으로 이 책이 나오기까지 조언을 아끼지 않았던 동료교수님들 그리고 전국 답사여행에 동행해준 가족과 출판의 기쁨을 나누고 싶다.

2010년 5월

지운관 연구실에 최 기 종

# 차 | 례

contents

## 제1부 관광자원의 이해

PART 1

# 제1부

# 관광자원의 이해

Chapter » 01

# 제1장 관광환경의 변화

## 1 관광인식의 변화

관광(tourism)은 다른 지역의 역사 · 문화 · 자연과 접속할 수 있는 기회가 될 뿐 아니라 국민 여가활동의 중추를 이루고, 21세기에 있어서 여유와 풍요로운 사회를 지향하는데, 중요한 역할을 하고 있다. WTO(World Tourism Organization ; 세계관광기구)가 집계한 전 세계 관광객은 오는 2020년에는 16억 명에 이를 것으로 예측하고 있어, 선진 각국은 이와 같은 관광산업(tourism industry)의 성장 잠재성과 중요성을 일찍부터 인식하여 관광을 환경 · 첨단산업과 함께 21세기 3대 주요산업으로 집중 육성하고 있다.

특히 관광산업은 단일산업으로서 세계 최대의 산업이며, 최고의 고용산업으로 평가되고 있을 뿐만 아니라 전 세계 GDP(Gross Domestic Product ; 국내총생산)의 10.7%에 이를 만큼 세계경제에 막대한 영향을 미치고 있다. 존네이비스는 그의 저서 **글로벌 패러독스(Global Paradox)**에서 관광산업은 지구촌을 하나의 상상화된 커뮤니티로 묶어주는 원동력이 되고, 21세기의 가장 유망한 산업으로 성장할 것으로 전망한 바 있다.

21세기 대표적인 산업으로 성장한 관광산업이 세계경제에 미치는 영향력이 커짐에 따라 세계 각국은 관광산업 발전에 많은 관심을 가지게 되었으며, 관광산업을 국가경제의 기반산업으로 육성하기 위하여 관광을 국가정책의 우선순위에 두는 국가가 증가하고 있다.

관광산업은 국가의 경제적 영향뿐만 아니라, 사회 · 문화 · 환경 등 제부분에 있어서 미치는 영향과 효과가 매우 크다. 게다가 관광산업은 단순한 물자산업이 아니라 서비스를 제공하고 인간의 이동을 내용으로 하는 산업이라는 점에서 파생되는 영향과 효과도 다양하다. 이 때문에 관광산업을 **종합산업** 또는 **다목적산업**이라고 한다.

우리나라의 경우 6, 70년대의 경제개발 시기와 IMF(International Monetary Fund ; 국제통화기금)의 경제위기에서 관광은 국가의 경제를 회복시키는데, 매우 중요한 역할을 해 왔다. 이제 관광산업은 경제 · 사회 · 문화 · 환경 등에 끼치는 중요성에 대한 인식은 범국가적으로 증대되고 있어 관광산업에 대한 인식변화가 무엇보다 중요하며, 범정부적인 정책지원과 함께 국민의 성원이 뒤따라야 할 것이다.

## 2 국제환경의 변화

국제경제의 개방화에 따라 세계의 관광환경은 세계화, 지역화의 가속화, 관광정보 네트워크의 확대, 출입국수속의 간소화 등 커다란 변화가 나타나고 있다. 이러한 변화 속에서 관광은 국가 간 교류증진을 통해 서로 다른 문화에 대한 이해를 높이는데 기여할 뿐만 아니라 경제발전을 활성화하는 촉매제 역할을 하고 있다.

특히 지역 간 관광교류를 활성화 하고, 국제관광을 저해하는 각종 장애요인을 제거하고자 하는 공동의 노력은 관광관련 국제기구와 개별 국가 간 협정을 통해서 추진되고 있다. 또한 관광관련 국제기구는 공동의 목표를 추구하고자 관광관련 국제적인 현안문제에 대해 협의를 조성하고, 기구 간 승인체제 등을 도입하거나 기타 국제기구 간의 협력을 도모하는 등 그 범위를 확대하고 있다.

국제관광기구와 기타 국제기구들과의 협력도 활발히 이루어지고 있는데, 문화유산 관광분야에 있어서는 UNESCO(United Nations Educational Scientific, and Cultural Organization ; 국제연합교육과학문화기구), 지속가능한 관광분야에서는 UNEP(United Nations Environment Program ; 국제연합환경계획기관), 개발도상국가의 관광개발은 UNDP(United Nations Development Program ; 국제연합개발계획), 아시아 · 태평양 지역의 관광산업은 ESCAP(Economic and Social Commission of Asia Pacific ; 아시아 · 태평양경제사회위원회) 등과 협력하고 있다.

최근 국제사회에서는 환경오염 피해의 증가, 세계적인 자연 및 문화자원의 보존에 대한 중요성이 증가되면서 환경친화적인 관광개발 방식, 자연생태 보존 및 자연체험 개발에 대한 논의가 활발하게 이루어지고 있다. 2003년도 도하개발아젠다(DDA : Doha Development Agenda) 협상에서는 환경분야의 규범 제정이 중요한 의제로 부각된 바 있다. 이처럼 생태계 보전에 대한 중요성 증대로 지구환경 위기에 대응하는 노력이 관광분야를 포함하여 국제적인 차원에서 논의되고 있다.

특히 최근에는 문화관광 · 생태관광 · 자연관광 · 녹색관광 등이 각광을 받고 있으며, 미래의 관광시장은 기존 대량관광(mass tourism)에 대한 반작용과 환경보전에 대한 인식 증대 등으로 인하여 자연환경과 고유문화를 보전하면서 체험하는 대안적 관광의 중요성이 지속될 것으로 전망된다.

## 3 국내환경의 변화

국내의 관광산업은 경제적인 면에 있어서 다른 산업보다 빠른 속도로 성장해 왔으며, 관광을 통한 수입증대와 고용창출 효과는 경제발전의 중요한 원동력이 되어 왔다. 현대사회가 고도 산업사회로 전환되면서 관광부문도 하나의 독립업종, 독립산업으로 부각되고 있다. 그 결과 우리나라 관광산업은 21세기를 이끌어갈 전략산업으로서 중요성이 더욱 증대되고 있고, 정부 · 기업 · 민간이 합심하여 관광산업의 육성과 활성화를 도모하고 있다.

우리나라의 관광산업은 1960년대 후반부터 외화획득의 중요한 수단으로 인정받기 시작하면서, 1970년대에는 국가에서 수출산업과 동일한 전략산업으로 지정 · 육성 할 만큼 국가경제 발전에 필수적인 외화획득 산업으로서 그 성과를 입증해 왔다.

1980년대부터 추진된 국민복지관광 진흥정책과 더불어 86아시안게임과 88서울올림픽의 성공적 개최, 1989년 국민의 해외여행자유화 조치 등으로 한국의 관광산업은 비약적으로 발전하였다. 1997년 말 IMF의 경제적 위기로 인해 국가적으로 커다란 시련을 겪은 바 있으나, 지속적인 경제성장과 소득수준의 향상으로 국민 해외여행 및 국민 국내관광 부문은 지속적으로 높은 성장세를 보였다.

또한 2002년 한 · 일월드컵 축구대회의 성공적인 개최로 국가 이미지는 한층 높아져 외국인 관광객의 방한 욕구를 증가시켰다. 결국 정부는 외국인 관광객 유치와 국내관광의 활성화를 위해 적극적인 관광정책을 추진하고 있다. 최근 들어 외국인 관광객 입국자 수는 매년 증가 추세를 보이고 있다.

현재 주5일 근무제 시행에 따른 국민 여가시간의 확대와 웰빙(Well-Being)으로 대표하는 국민들의 복지에 대한 관심 고조로 삶의 질 향상 차원에서 관광활동이 중요시되고 있으며, 국가 균형발전 차원에서 지역관광개발에 대한 정책적 지원이 확대되고 있다.

향후 국내관광은 주5일 근무제에 따른 여가시간의 증대로 번잡한 일상생활을 벗어나 삶의 질 향상과 건강 증진을 위한 레저 · 스포츠 활동의 증가가 예상되며, 근거리 지역이나 단기간 내에 다녀올 수 있는 국내외여행이 지속적으로 증가할 것으로 전망된다.

국민의 생활양식(life style)의 변화와 고령화 심화현상 등으로 관광활동의 참여 인구가 증가될 것으로 예상되고 있다. 관광공급 측면에서는 관광수요의 확대에 대응한 관광사업체의 증가 및 새로운 업종의 출현 가능성이 예상되며, 관광형태에 있어서 체험성과 모험성이 더욱 중시됨에 따라 다양한 체험형 관광상품의 개발이 촉진될 것으로 기대된다.

특히 시간적 여유가 늘어난 도시민들을 중심으로 자연의 풍요로움을 느낄 수 있는 농촌이 새로운 여가공간으로 부각되고 있다. 도시민들의 관광패턴이 체험형 · 가족중심형으로 변모하게 됨에 따라 적절한 인프라를 구축한 농촌이 훌륭한 여가공간이 될 것이다.

또한 지식정보 시대의 발달로 교육적인 가치가 높은 역사 · 문화자원에 대한 중요성이 증대되어 문화관광(cultural tourism)을 즐기려는 여행자들이 증가할 것으로 예상된다. 그리고 신속하고 편리한 것을 중시하고 모험적인 것을 추구하는 사회적 환경변화와 더불어 관광객은 출입국수속의 간소화, 신속화를 중시하며 전에 가보지 못했던 낯선 곳, 즉 오지여행이 증가할 것으로 예측된다.

Chapter » 02

# 제2장 국민관광진흥

## 1 국내관광

최근 정부는 국민들이 우리의 역사 · 문화 · 자연을 심도 있게 체험할 수 있는 기회를 확대하고, 해외여행에 앞서 우리의 멋과 흥을 먼저 알 수 있도록 국내의 관광여건을 조성하여 지역경제 활성화를 지원하고, 국민의 삶의 질을 높이기 위해 내국인 국내관광 활성화 정책을 마련하여 추진하고 있다.

정책의 기본방향은 내나라 사랑여행 캠페인을 통해 국민들에게 외국의 관광지보다 더 나은 국내의 관광지가 많이 있다는 사실을 홍보하는 일이다. 우리 국민들이 해외여행에 앞서 국내의 관광지와 문화유적지를 먼저 방문하도록 하여, 국내관광(domestic tour)을 활성화하고, 국민복지 차원에서 중산층 · 서민층의 관광 참여 기회를 확대해 나가며 창의적인 국내여행 상품개발을 지원하는 한편, 국민관광지 정보의 질적인 향상을 위해 종합적이고 다양한 테마관광 코스를 제시한바 있다.

### (1) 국민인식 개선을 위한 홍보

국내관광을 활성화하기 위해 무엇보다도 국민 개개인의 국내관광에 대한 인식이 바뀌어야 한다는 점을 고려하여 각종 매체를 통한 국민의 인식전환 홍보를 적극 실시하고 있다. 내나라 사랑여행의 대국민 호소를 통한 국내관광 유도를 위해 TV 프로그램 협찬, 라디오 광고 및 신문 기획기사를 통한 계도를 실시하였으며, 시내버스 외부광고, 지하철 광고, 옥외전광판, 대중캠페인 등을 통한 대국민 홍보활동을 추진하였다.

### (2) 국내관광상품 개발 및 관광안내 정보제공

국민들이 쾌적한 국내관광을 즐길 수 있도록 지역별로 특색 있고 다양한 국내관광 코스를 개발하고, 매월 가볼만한 곳을 선정 · 홍보 하는 등 국내관광 안내 및 정보 시스템을 대폭 보완해 나가고 있으며, 국민들이 관광지와 문화유적지를 깊이 있게 볼 수 있도록 안내 · 설명하는 문화유산해설사를 양성 배치하고 있다.

### (3) 국내관광 여건 조성

내국인의 여가문화에 대한 인식 증진이 필요하며, 특히 청소년 시기부터 제대로 된 여행문화의 경험이 필요하다는 판단에 따라, 수학여행 문화의 개선과 새로운 국내 관광시장 개척을 지원하고, 장기적인 국내 수용태세 개선을 기대할 수 있는 국내 청소년 수학여행 진흥사업을 연중 추진하고 있다.

사업내용은 가족단위의 건전관광을 보급하고 여행수요의 다양화에 대응한 체험관광(experiences tourism) 상품의 보급 확대를 위해 2003년도부터 체험! 가족여행단사업을 실시하고 있다. 이 밖에도 내나라 여행박람회를 개최해 온 가족이 함께하는 내나라 여행이라는 주제로 전국의 관광매력을 한 번에 만나볼 수 있게 모든 시민에게 무료로 개방하는 등 다양하고 종합적인 국내여행 정보를 제공하는데 노력하고 있다.

## 2 건전관광 의식

### (1) 방송매체를 통한 대국민 홍보

국민의 건전한 관광문화 정착과 관광산업에 대한 인식제고, 수용태세 개선을 위해 TV, 라디오, 전광판, 지하철 등을 통해 대국민 계도광고를 실시하고 있다. 친절한 손님맞이 문화정착, 문화관광에 대한 인식제고, 올바른 해외여행 등을 주제로 실시하고 있는 이 사업은 국민 모두에게 올바르고 성숙된 관광문화를 인식케 하고, 친절한 국민으로 한국관광 이미지를 제고시키는데 목적이 있다.

### (2) 청소년을 위한 건전 관광교육

청소년의 건전한 국가관과 주인의식을 함양하고, 관광산업의 중요성과 건전한 여가문화를 조성하기 위해 청소년 관광홍보교육을 시행하고 있다. 외국인 방문을 대비해 친절한 손님맞이와 내나라 먼저보기 내용을 게재한 교과서용 비닐커버를 제작하여 전국 주요지역 초등학교 및 중학교를 대상으로 배포하고 있다. 동 사업은 관광 조기교육 사업의 일환으로서 자라나는 청소년들에게 관광산업의 중요성에 대한 인식을 높이고, 친절의식을 고취하는 데 목적이 있다.

## 3 복지관광

경제적 · 신체적 · 시간적 상황으로 인하여 관광 참여에 어려움을 겪고 있는 사람들에게 관광 참여를 북돋우기 위한 복지관광(social tourism) 활성화 방안이 마련되어 추진되고 있다. 점차 관련 연구가 증가하면서 복지관광정책의 필요성이 부각되고 있으며, 특히 관광 소외계층으로 노년층과 장애인을 위한 복지관광정책의 필요성이 시급히 제기됨에 따라 문화관광부에서는 이들을 복지관광에 참여시키기 위한 다양한 정책연구를 장기적으로 실시하고 있다.

## 4 남북관광

2000년 6월 역사적인 남북정상회담에서 남북공동선언문이 발표됨에 따라 그동안 긴장상태에 있던 남 · 북한의 관계가 새로운 국면으로 접어들었다. 이후 남북 이산가족 상봉과 남북장관급회담이 성사되고, 남북 화해와 협력의 상징으로 1998년부터 시작된 금강산 관광도 한층 활기를 띄게 되었다.

## 5 국내관광 수용태세

### (1) 공중화장실문화 개선

외국인들은 한국여행 중 가장 큰 불편사항으로 언어소통, 교통혼잡, 화장실 불결 등을 꼽았다. 이중에 화장실의 불결은 한국의 관광이미지 및 수용태세 개선을 위해 가장 먼저 해결되어야 할 과제이다. 최근 한국의 고속도로 휴게소의 큰 변화는 바로 고속도로 휴게소 화장실의 변화라고 할 수 있다. 이제는 냄새나고 지저분한 화장실은 사라지고, 깨끗하게 관리되어 클래식 음악까지 흐르는 화장실에서 여유롭고 편안하게 볼 일을 볼 수 있게 되었다.

### (2) 먹을거리 및 식당문화 개선

국내외 관광객들에게 우리의 전통음식을 관광상품으로 제공하기 위해 전통음식 개발 · 보급 사업을 1999년부터 적극 추진하였다. 관광공사에서는 2000년부터 5개년 사업으로 전국의 주요관광지를 대상으로 깨끗한 식당 선정사업을 실시하여 총 346개의 식당을 깨끗한 식당으로 선정하였다. 그리고 선정된 업소를 대상으로 **한국관광공사 선정 깨끗한 식당 인증패**를 제공함은 물론, 대국민 정보제공 차원에서 책자를 유료화하여 대형서점에서 판매하고 있다.

### (3) 국내관광 수용태세 점검

관광객의 불편사항을 최소화 하고, 개별 관광객 중심의 수용태세 개선을 위해 국내관광 수용태세 점검체계를 구축하였다. 1998년도부터 시작된 **관광환경 파수꾼** 제도는 관광에 관심이 많은 내국인들을 중심으로 유명관광지 등의 청결상태나 관광 불편사항들을 점검하고 개선을 유도하고 있으며, 전국적으로 많은 회원들이 인터넷 홈페이지를 통해 관광환경 파수꾼으로 활동하고 있다.

관광산업을 국가의 주요전략산업으로 육성한다는 정부의 방침에 따라 관광분야는 발전을 거듭하여 오늘날에 유망한 미래산업의 하나로 인식되고 있으며, 이러한 사회 · 경제적 여건변화에 따라 관광에 대한 학문적 관심도도 높아지고 있다.

## 6 정규관광교육기관

관광산업의 발전에 따라 관광분야 전문교육과정이 매우 다양하게 개설되고 있는 있는데, 이러한 관광교육기관은 관광인력의 저변확대는 물론 전문적인 관광인력의 공급원으로서의 역할을 수행하고 있다.

국내 최초로 1964년에 경기대학교에서 4년제 정규학사과정으로 관광관련 학과가 설치된 이래 현재 174개 대학에서 정규 학위과정의 관광교육을 실시하고 있다. 4년제 정규과정의 대학이 주로 관광전반에 걸친 학문적 이론교육을 위주로 하는 반면에, 2년제 전문대학은 관광에 관한 이론과 실무 · 실기교육을 위주로 실시하여 관광산업의 전문종사원을 양성하고 있다.

관광종사원 자격제도는 1962년에 관광통역안내사 제도를 효시로 일정 수준 이상의 관광에 대한 전문지식과 기술을 갖춘 자로 하여금 관광사업체에 종사케 함으로써 관광산업의 서비스 질과 신뢰도를 증진시키기 위하여 도입되었으며, 현재 관광통역안내사 · 국내여행안내사 · 호텔경영사 · 호텔관리사 · 호텔서비스사 등의 자격제도를 운영하고 있다.

### (1) 관광안내사

관광안내사 자격에는 외국어를 사용하여 관광안내업무를 담당하는 관광통역안내사와 국내여행안내사의 두 가지 자격제도가 운영되고 있다.

① 우수한 자질을 겸비한 관광통역안내사의 확보를 위하여 정부는 관광진흥법에 관광통역안내사 자격시험제도를 마련하여, 1962년부터 매년 자격시험을 실시 하고 있다.

② 정부는 국민소득 및 여가시간의 증대에 따라 국내관광객이 급속히 늘어나이 들에게 건전한 국민관광이 되도록 홍보하고, 충실한 관광안내를 통해 관광자원을 올바르게 인식시킬 필요성을 절실히 느끼게 되어 관광진흥법에 국내여행안내사 자격시험제도를 마련하여, 1976년부터 실시하고 있다.

### (2) 관광숙박업 종사원

관광숙박업 종사원으로는 호텔경영 총괄업무와 종사원 지휘 · 감독업무를 담당하는 호텔경영사, 호텔 각 분야의 업장별 관리와 종사원 감독업무를 수행하는 호텔관리사와 관광호텔의 현관 · 객실 · 식당의 업무를 담당하는 호텔서비스사가 있다.

## 7 관광교육

### (1) 관광종사원 교육

관광종사자의 자질향상과 서비스 개선을 위하여 정부는 관광진흥법 제37조의 규정에 의하여 모든 관광종사자로 하여금 소정의 보수교육을 받도록 하고 있다. 교육대상자는 관광호텔종사자(호텔관리사 · 호텔경영사)와 여행업 종사자(관광통역안내사 · 국내관광안내사), 기타 관광객이용시설업 종사자 등이다. 교육내용은 보다 나은 서비스를 제공할 수 있도록 친절 · 예절에 대한 실기 중심의 서비스 전문교육과 외국어교육, 정신교육 등에 중점을 두고 있다.

### (2) 학교교육을 통한 관광교육

정부는 국민소득 증가에 따라 관광이 대중화되고, 개방화 · 세계화 시대를 맞이하여 국가 간의 인석 · 물적 교류가 증가하고 있는 점을 감안, 이에 알맞은 문화시민 육성을 위해 초 · 중 · 고등학교 교육과정에 예의범절, 건전관광, 친절 등 관광관련 교육단원을 편성하였다.

Chapter » 03

# 제3장 관광자원의 이해

## 1 관광자원의 개념

자원(resource)이란 인간에게 이용가치가 있는 것을 지칭하는 말이다. 그것이 지상이나 지하 어디에 있든 간에 인간에게 유용하게 사용되어질 수 있는 사물의 대상을 자원이라고 할 수 있다. 그러나 인간에게 이용가치가 없는 것은 사물 그 자체에 해당하는 것이기 때문에 자원이라고 할 수 없다.

따라서 자원은 자연물과 목적, 능력을 갖는 인간 사이의 동적 상호작용에 의해 만들어 지는 것이다. 즉 자원은 자연이 준 것을 인간이 기술적으로 이용할 수 있을 때 그 목적물이 비로소 자원으로 바뀌어 지는 것이다.

관광자원(tourism resources)이란 관광객을 유치하고 관광욕구를 충족시킬 수 있는 유·무형의 자원을 말한다. 관광자원은 크게 자연자원과 인문자원으로 나눌 수 있다. 그러므로 관광자원은 관광객이 낯선 지역을 여행할 때 지상에 나타나는 모든 유형물 뿐 아니라 그 지역의 의식주(衣食住), 생업(生業), 신앙(信仰), 연중행사(年中行事)나 눈에 보이지 않는 전통적인 풍속·습관까지도 관광자원으로 볼 수 있다.

관광자원은 관광산업에 있어서는 경제적 가치를 가지며, 관광객에 있어서는 위락적·문화적 가치를 갖는 관광대상물을 말하는 것이다. 즉 관광자원은 관광객의 여행 목적물로서 그 지역의 의식주(衣食住), 생업(生業), 신앙(信仰), 연중행사(年中行事) 및 무형의 전통적 풍속이나 관습의 총칭이라고 할 수 있다. 따라서 그것이 어떠한 형태를 갖고 있는가에 관계없이 관광객을 주체로 생각할 때 주체가 장소이동의 목적물이 되는 객체, 즉 그 대상물을 관광자원이라고 볼 수 있다.

자원은 그 자체로서는 별로 가치가 없던 사물이 인공, 기술의 투입에 의해 관광가치가 높아지고, 관광효과가 나타나기도 한다. 이와 같이 관광자원은 형태의 유무, 인공기술 투입의 정도에 따라 관광객의 객체적 성격을 갖게 되는 경우가 많다. 그러므로 그것이 관광자원으로 효력을 발생하기 위해서는 견인력이 있어서 관광의 주체(관광객)를 유인할 수 있어야 하며, 아울러 관광객의 체재(滯在)를 극대화할 수 있는 요체가 되는 것이다.

최근 들어 관광자원을 포괄적으로 인식하려는 경향이 강해지고 있는데, 여러 학자들의 주장을 통해 다음과 같이 관광자원의 특징을 정리할 수 있다.

① 관광자원은 관광객의 욕구나 동기를 일으키는 매력성을 지니고 있다.
② 관광자원은 관광객의 행동을 끌어들이는 유인성을 지니고 있다.
③ 관광자원은 개발을 통해서 관광대상이 되어 진다.
④ 관광자원은 자연과 인간의 상호작용의 결과이다.
⑤ 관광자원은 사회구조나 시대에 따라 가치를 달리한다.
⑥ 관광자원은 보존 또는 보호를 필요로 한다.
⑦ 관광자원의 범위는 자연자원과 인문자원, 유형자원과 무형자원 등 아주 다양하고 넓다.

## 2 관광자원의 요건

관광자원의 성질은 원래부터 높은 견인력을 갖고 있는 것도 있으나, 종래까지는 견인력이 없이 방치상태에 있던 자원이 시대의 흐름과 인지(人知)의 발달로 인하여 가치 높은 관광자원으로 각광을 받기도 하고, 그와 반대로 그 매력성을 상실해 가는 경우도 있다. 즉 관광자원은 있는 그대로의 상태만을 강조할 수 없으며, 그것의 개발에 의해서 관광자원의 역할을 하게 된다.

하이티(Haahti)는 관광자원의 요건으로서 관광객에게 색다른 경험과 접근성, 경제성을 지적하고, 그 내용으로서 화폐가치, 접근성, 스포츠시설, 심야유흥, 오락, 평화롭고 조용한 휴가, 친근하고 친절한 사람들, 자연공원, 캠핑, 문화적 경험, 아름다운 풍경, 새로운 목적지 등을 들고 있다. 이러한 측면에서 볼 때 관광자원으로서 갖추어야 할 요건은 다음과 같다.

① 관광자원은 색다른 경험이 가능한 여건을 갖추어야 한다. 관광자원은 일상과 다른 새로운 대상으로 다양한 경험을 추구할 수 있어야 한다. 즉 다양한 스포츠 시설, 야간 활동 및 연회, 아름다운 풍경, 문화적 경험, 자연공원 및 캠핑, 조용하고 아늑한 분위기, 주민들의 친절 등 새로움을 추구할 수 있어야 한다.

② 관광자원은 접근성과 경제성을 만족시킬 수 있어야 한다. 관광자원은 아무리 훌륭한 매력물이라 할지라도 쉽게 접근할 수 없을 때 자원으로서 가치를 지닐 수 없으며, 또한 경제성의 결여는 자연히 관광객을 제한하는 장애요소로 등장하게 된다. 따라서 누구나 다양한 방법으로 쉽게, 편하게, 안전하게 접근할 수 있고, 저렴하게 관광할 수 있는 대상이어야 한다.

③ 관광객이 원하는 혜택을 제공할 수 있어야 한다. 관광활동은 관광객의 관광동기 또는 욕구를 충족시키는 과정이며, 관광객은 이러한 자신의 욕구를 충족시킬 수 있다고 생각되는 대상을 선택하게 된다. 따라서 관광자원은 해당 관광객들에게 그들이 원하는 혜택을 제공할 수 있는 특성을 지녀야 한다.

## 3 관광자원의 분류

관광자원은 실로 다종다양하며, 그 한계를 정하기는 매우 어렵고 또 무엇을 기준으로 하느냐에 따라 달라진다. 다시 말하면, 형태의 유무를 중심으로 하느냐 혹은 관광자원이 만들어지는 생성과정을 중심으로 하느냐에 따라 그 형태를 달리하고 있다.

형태의 유무를 중심으로 분류하면 유형관광자원과 무형관광자원으로 구분되며, 생성과정을 중심으로 하면 자연적 관광자원과 인문적 관광자원으로 구분되어 진다. 그러므로 분류방법도 학자에 따라 그 형태가 약간 다르게 나타나고 있으나, 그 내용은 거의 비슷하다. 학자들에 의한 관광자원의 분류는 다음과 같다.

스에다케나오요시(末武直義)는 관광자원을 자연자원(관상적 관광자원, 보양적 관광자원)과 인문자원(문화적 관광자원, 사회적 관광자원, 산업적 관광자원)으로 분류하고 있고, 츠타노보루(律田昇)는 관광자원을 자연적 관광자원, 문화적 관광자원, 사회적 관광자원, 산업적 관광자원으로 분류하고 있다.

오키니와 히로시(岡庭博)는 관광자원을 생성과정을 기준으로 자연자원과 인공자원으로 분류하고 있고, 이리사와후미아키(入澤文明)와 하타마사노부(秦正宣)는 관광자원을 자연적 자원, 문화적 자원, 사회적 자원으로 분류하고 있다.

건(Gunn)은 관광자원을 관광의 유형과 토지이용단위별로 분류하고 있고, 버가트와 메들릭(Burkart & Medlik)은 지리학자들의 자원분류 결과를 응용하여 관광자원을 자원중심형, 이용자중심형으로 분류하고 있다. 그리고 맥킨토쉬(McIntosh)는 관광공급 요소를 구성하는 관광자원을 크게 자연자원과 환대 · 문화자원으로 분류하고 있다.

이상의 여러 학자들의 관광자원의 분류방법은 각각 그들의 지론에 따라 독특한 성격을 가지고 있으나, 일반적으로 관광자원을 분류하면 다음과 같다.

### 관광자원의 분류

| 분 류 | 내 용 |
|---|---|
| 자연적 관광자원 | 산악, 구릉, 호소, 계곡, 한천, 폭포, 고원, 평원, 삼림, 해안, 섬, 해협, 반도, 사구, 온천, 동굴, 기상, 강우, 등산 등 |
| 문화적 관광자원 | 유·무형의 문화제, 민속자료, 기념물, 박물관, 미술관, 과학관, 수족관, 공원, 경기장, 기타 문화시설 |
| 사회적 관광자원 | 취락형태, 도시구조, 사회시설, 국민성, 민족성, 풍속, 행사, 생활, 예술, 교육, 종교, 철학, 음악, 미술, 스포츠, 음식, 인정, 예절, 의복 등 |
| 산업적 관광자원 | 농장, 농원, 목장, 어획법, 해산물가공시설, 양식시설, 어업시설, 기계설비, 견본시, 전시회, 유통단지, 백화점, 생산 공정 등 |
| 위락적 관광자원 | 수영장, 놀이시설, 레저타운, 수렵장, 낚시터, 카지노, 보트장, 승마장, 나이트클럽, 주제공원 등 |

## 4 자연적 관광자원의 이해

자연적 관광자원(natural tourism resources)은 자연환경을 대상으로 하며, 여러 관광자원 가운데 가장 원천적인 것이라 할 수 있다.

우리가 살고 있는 이 지구상에는 서로 다른 여러 자연환경이 존재하는데, 이 모든 것이 자연적 자원의 범주에 포함된다고 할 수 있다. 즉 지구상에 분포하는 다양한 자연환경인 기후와 지형적인 요인에 의해 유기적으로 결합되어 각 지역마다 독특한 경관을 형성하게 되는데, 이러한 자연현상의 지역차가 관광동기와 관광욕구를 유발시켜 자연적 관광자원이 되는 것이다.

### (1) 자연공원

자연이라는 것은 어디까지나 객관적인 사물이요 사실로서의 대상이며, 인간과의 관계 역시 어디까지나 상대적인 존재이다. 오늘날 경제의 고도성장과 문화수준의 향상에 따라 자연보호의 이념은 더욱 뚜렷하게 확립되어 진다. 자연보호의 발상은 18세기 후반 독일을 비롯한 중부 유럽에서 시작하여 북미지역으로 전파되었다.

자연공원이란 자연의 풍광과 야생 그대로의 자연지역을 대상으로 자연을 보호하면서 인간의 야외 레크리에이션(outdoor recreation) 이용과 교화에 활용하도록 하기 위해 국가나 시 · 도 · 군이 일정한 지역을 구획하여 이를 지정하고 보호 · 관리하는 공원을 말한다.

### 1) 국립공원

국립공원(國立公園)은 우리나라를 대표할 만한 자연생태계 보유지역, 또는 수려한 자연경관지로서 환경부장관이 지정한 곳이다. 1967년 12월 29일 지리산국립공원을 최초로 지정하였고, 그 후 1960년대에 경주, 계룡산 등 4개소, 1970년대에 설악산, 속리산 등 9개소, 1980년대에 다도해 해상 등 7개 공원을 지정하는 등 현재 20개의 국립공원을 지정하였다(전 국토의 6.2%).

#### 국립공원 현황

| 지정순위 | 공원명 | 위 치 | 지정일 | 비고 |
|---|---|---|---|---|
| 1 | 지리산 | 전남, 전북, 경남 | 67.12.29 | |
| 2 | 경주 | 경북 | 68.12.31 | 도시 |
| 3 | 계룡산 | 충남, 대전 | 68.12.31 | |
| 4 | 한려해상 | 전남, 경남 | 68.12.31 | 해상 |
| 5 | 설악산 | 강원 | 70. 3.24 | |
| 6 | 속리산 | 충북, 경북 | 70. 3.24 | |
| 7 | 한라산 | 제주 | 70. 3.24 | |
| 8 | 내장산 | 전남, 전북 | 71.11.17 | |
| 9 | 가야산 | 경남, 경북 | 72.10.13 | |
| 10 | 덕유산 | 전북, 경남 | 75. 2. 1 | |
| 11 | 오대산 | 강원 | 75. 3.30 | |
| 12 | 주왕산 | 경북 | 76. 3.30 | |
| 13 | 태안해안 | 충남 | 78.10.20 | 해상 |
| 14 | 다도해상 | 전남 | 81.12.23 | 해상 |
| 15 | 북한산 | 서울, 경기 | 83. 4. 2 | |

| 지정순위 | 공원명 | 위 치 | 지정일 | 비고 |
|---|---|---|---|---|
| 16 | 치악산 | 강원 | 84.12.31 | |
| 17 | 월악산 | 충북, 경북 | 84.12.31 | |
| 18 | 소백산 | 충북, 경북 | 87.12.14 | |
| 19 | 변산반도 | 전북 | 88.6.11 | 해상 |
| 20 | 월출산 | 전남 | 88. 6.11 | |
| 계 | 20개소 | | | |

## 2) 도립공원

도립공원(道立公園)은 특별시 · 광역시 · 도의 자연경관을 대표할 만한 국립공원 이외의 수려한 자연경관지로서 지리산(智異山)이 국립공원으로 지정 된지 3년 후인 1970년 6월 1일 경상북도의 금오산(金烏山)을 최초의 도립공원으로 지정한 이래 1970년대에 13개소, 1980년대에 7개소가 지정되었고, 1990년대에는 팔영산 등 2곳을 추가로 지정하여 현재 22개소의 도립공원이 있다.

### 도립공원 현황

| 지정순위 | 공원명 | 위 치(시 · 군별) | 지정일 |
|---|---|---|---|
| 1 | 금오산 | 경북 구미, 칠곡, 김천 | 70. 6. 1 |
| 2 | 남한산성 | 경기 광주, 하남, 성남 | 71. 3.17 |
| 3 | 모악산 | 전북 김제, 완주, 전주 | 71.12. 2 |
| 4 | 무등산 | 광주, 전남 담양, 화순 | 72. 5.22 |
| 5 | 덕산 | 충남 예산 | 73. 3. 6 |
| 6 | 칠갑산 | 청양 | 73. 3. 6 |
| 7 | 대둔산 | 전북 완주 | 77. 3.23 |
| 8 | 낙산 | 강원 양양 | 79. 6.22 |
| 9 | 마이산 | 전북 진안 | 79.10.16 |
| 10 | 가지산 | 경남 양산, 울산, 밀양 | 79.11. 5 |
| 11 | 조계산 | 전남 순천 | 79.12.26 |
| 12 | 두륜산 | 전남 해남 | 79.12.26 |
| 13 | 선운산 | 전북 고창 | 79.12.27 |
| 14 | 팔공산 | 대구, 경북 칠곡, 군위, 경산, 영천 | 80. 5.13 |
| 15 | 대둔산 | 충남 논산, 금산 | 80. 5.22 |
| 16 | 문경새재 | 경북 문경 | 81. 6. 4 |

| 지정순위 | 공원명 | 위 치(시 · 군별) | 지정일 |
|---|---|---|---|
| 17 | 경포 | 강원 강릉 | 82. 6.26 |
| 18 | 청량산 | 경북 봉화, 안동 | 82. 8.21 |
| 19 | 연화산 | 경남 고성 | 83. 9.29 |
| 20 | 태백산 | 강원 태백 | 80. 5.13 |
| 21 | 팔영산 | 전남 고흥 | 98. 8. 4 |
| 22 | 천관산 | 전남 장흥 | 98.10.13 |
| 계 | 22개소 | | |

### 3) 군립공원

군립공원(郡立公園)은 시 · 군의 자연경관을 대표할 만한 국립공원 및 도립공원 이외의 수려한 자연경관지로서, 1981년 1월 7일 전라북도 순창군의 강천산(剛泉山)이 최초 군립공원으로 지정된 이래 현재 31개소가 있다.

#### 군립공원 현황

| 지정순위 | 공원명 | 위 치(시 · 군별) | 지정일 |
|---|---|---|---|
| 1 | 강천산 | 전북 순창군 팔덕면 | 81. 1. 7 |
| 2 | 천마산 | 경기 남양주시 화도읍, 진천면, 호평면 | 83. 8.29 |
| 3 | 보경사 | 경북 포항시 송라면 | 83.10. 1 |
| 4 | 불영계곡 | 경북 울진군 울진읍, 서면, 근남면 | 83.10. 5 |
| 5 | 덕구온천 | 경북 울진군 북면 | 83.10. 5 |
| 6 | 상족암 | 경남 고성군 하일면, 하이면 | 83.11.10 |
| 7 | 호구산 | 경남 남해안 이동면 | 83.11.12 |
| 8 | 고소성 | 경남 하동군 악양면, 화개면 | 83.11.14 |
| 9 | 봉명산 | 경남 사천시 곤양면, 곤명면 | 83.11.14 |
| 10 | 거열산성 | 경남 거창군 거창읍, 마리면 | 84.11.17 |
| 11 | 기백산 | 경남 함양군 안의면 | 83.11.18 |
| 12 | 황매산 | 경남 합천군 대병면, 가회면 | 83.11.18 |
| 13 | 웅석봉 | 경남 산청군 산청읍, 금서 · 삼장 · 단성 | 83.11.23 |
| 14 | 선불산 | 경남 울산시 울주군 상북면, 삼남면 | 83.12.21 |
| 15 | 운문산 | 경북 청도군 운문면 | 83.12.29 |

| 지정순위 | 공원명 | 위 치(시 · 군별) | 지정일 |
|---|---|---|---|
| 16 | 화왕산 | 경남 창원군 창녕읍 | 84.1. 11 |
| 17 | 구천계곡 | 경남 거제시 신현읍, 동부면 | 84. 2. 4 |
| 18 | 입곡 | 경남 함양군 산인면 | 85. 1.28 |
| 19 | 비슬산 | 대구 달성군 옥포면, 유가면 | 86. 2.22 |
| 20 | 제주조각 | 제주 남제주군 안덕면 | 86. 5.30 |
| 21 | 장안산 | 전북 장수군 장수읍 | 86. 8.18 |
| 22 | 빙계계곡 | 경북 의성군 춘산면 | 87. 9.25 |
| 23 | 고복 | 충남 연기군 서면 | 90. 1.20 |
| 24 | 아미산 | 강원 인제군 인제읍 | 90. 2.23 |
| 25 | 명지산 | 경기 가평군 복면 | 91.10. 9 |
| 26 | 방어산 | 경남 진주시 지수면 | 93.12.16 |
| 27 | 대이리 | 강원 삼척시 신기면 | 96.10.25 |
| 28 | 마라해양 | 제주 남제주군 대정읍, 안덕면 | 97.8. 19 |
| 29 | 성산일출해양 | 제주 남제주군 성산읍 | 97.8. 19 |
| 30 | 추자 | 제주 북제주군 추자면 | 00. 8.31 |
| 31 | 우도해양 | 제주 북제주군 우도면 | 00. 8.31 |
| 계 | 31개소 | | |

### (2) 산악 관광자원

관광의 대상 가운데 가장 원천적인 것이 자연적 관광자원이며, 자연적 관광자원(natural tourism resources)의 기초는 **산지(山地)**라고 할 수 있다. 산악 관광지는 기암 · 절벽과 아름다운 계곡, 울창한 산림과 호수, 사계절의 변화, 토양, 그 속에서 살아가는 동 · 식물의 생태 등 관광자원의 대표적인 형태로 자연적 관광자원의 압권이라 할 수 있으며, 이러한 자연의 신비성을 경험하기 위하여 많은 관광객들이 자연적 관광자원을 관광대상으로 하고 있다.

일반적으로 산악 관광지는 등산, 하이킹, 캠프, 스키, 피서, 보건, 휴양, 경관감상 등의 목적으로 이용된다. 그리고 산악 관광지의 시설로는 호텔, 별장, 스키장, 캠프장, 온천장 등의 시설로서 형성되며, 특별한 지형을 이용한 삭도업(케이블카, 리프트)이 있다.

### (3) 내수면 관광자원

물은 인간생활에 그 쓰임의 폭과 양, 그리고 긴요성에 있어서 가장 중요한 자원 중의 하나로, 오늘날에는 물의 용도가 다양해져서 가정, 도시, 농업, 공업, 교통, 관광, 스포츠 등 다방면에 걸쳐서 인간생활에 이용되고 있음을 알 수 있다. 인간의 이용과 직접 결부되는 것은 하천 · 호수 등의 표면수의 형태와 우물 · 샘 등 지하수의 형태이며, 물이 자원으로서 우리 인류에게 주는 가치는 무한하다.

내수면 관광자원은 하천과 인공댐이 대표적이다. 우리나라의 내수면 관광자원으로 이용되고 있는 대부분은 하천이며, 4대강 개발사업에 의해 조성된 다목적댐은 농업 · 수력개발 등으로 이용되고 있으나, 댐의 수위와 경관이 아름다워 관광자원으로 많이 이용되고 있다.

### (4) 온천 관광자원

온천(溫泉)은 땅 표면에 자연 용출되거나 인공적으로 착적 · 시추하여 끌어올린 지하수로서 수온이 그 지역의 연평균기온, 또는 그 지역의 얕은 지층의 지하수 수온보다 높아야 한다(그 이하의 것은 냉천, 수온과 관계없이 무기물질 또는 가스성분을 다량 함유하고 있는 것은 광천).

일반적으로 온천은 화산지대 및 화산활동이 있는 지역에 많이 분포하고 있다. 온천의 한계온도는 지역에 따라 다르며, 우리나라는 섭씨 25도 이상(일본, 남아공)을 온천으로 규정하고 있다. 그러나 영국 · 독일 · 프랑스 등은 섭씨 20도 이상을, 미국은 섭씨 21.1도 이상을 온천으로 규정하고 있다.

화산국인 일본, 아일랜드, 뉴질랜드를 비롯하여 미국, 캐나다, 에콰도르, 콜롬비아 등 남북아메리카 화산대와 유럽중부 내륙국인 독일, 헝가리, 체코슬로바카아, 루마니아, 폴란드 등지에 온천이 많이 있으며, 그 중에서도 독일의 바덴-바덴(Baden-Baden), 캐나다의 밴프트(Banft), 미국의 옐로우스톤 국립공원(Yellowstone Park), 일본의 아타미(熱海) 등은 세계적으로 유명하고, 특히 아일랜드는 세계 최대의 온천 보유국으로 관광, 농업용수, 공업용수, 난방, 온상재배 등 온천수의 다각적 이용에 있어서도 가히 세계적이라 할 수 있다.

### (5) 동굴 관광자원

동굴(洞窟)의 보고라 할 수 있을 만큼 우리나라에는 동굴이 많고, 또 세계적으로도 규모가 큰 것이 많이 있다. 우리나라에는 약 1,000여 개의 자연동굴이 분포하고 있으며, 그 중 규모가 가장 큰 것이 300여 개가 있다.

동굴은 그 생성원인에 따라 크게 석회동굴과 용암동굴(화산동굴), 그리고 해식동굴 세 가지로 나누어진다. 그 옛날 인류의 조상들은 동굴 속에서 모진 비바람과 추위, 그리고 맹수를 피하며 동굴을 삶의 터전으로 이용하였다. 피신처나 피난처 이외에도 정신을 가다듬는 수도장이나 수련장으로, 전략물자나 농작물의 저장, 전쟁 때 작전기지로도 동굴을 이용하였다.

### (6) 해안 관광자원

해안(海岸)은 일반적으로 모래나 자갈 등으로 형성된 사빈(沙濱) 해안과 기암이나 거석(巨石) 및 단애(斷崖) 절벽으로 형성된 경우도 있다. 사빈 해안은 여름철에 해수욕장으로 많이 이용하게 되고, 또한 수심의 경사가 얕은 곳일수록 이용도가 높게 나타난다.

지구표면의 약 70%를 차지하는 바다는 그 광대함과 심오함으로 인하여 인류과학의 끊임없는 도전을 받아 왔으나, 아직까지는 그 대부분이 미지의 것으로 남아 있다. 오늘날 해운, 관광, 레저 등 해양에서 이루어지고 있는 인간 활동의 배경이 되고 있는 해안공간자원은 해상 · 해중 · 해저의 모든 공간을 의미한다.

## 5 문화적 관광자원의 이해

한 집단의 구성원이 공유하는 생활양식, 관념, 의미의 체계를 문화라 하며, 이것은 정치제도, 경제조직, 사회조직의 원리, 신양체제, 관습 및 가치관의 총체로서 장기간에 걸쳐서 역사적 과정, 물리적 환경, 그리고 사회적 배경에 대한 적응기재로서 형성되는 것이다. 문화적 관광자원(cultural tourism resources)은 민족문화의 유산으로서 국민이 보존할 만한 가치가 있고, 관광매력을 지니고 있는 자원을 말한다.

문화재는 민족의 유구한 문화정신과 지혜가 담겨있는 역사적 소산이므로 우리의 전통문화를 소개할 수 있는 매력적인 관광자원이다. 즉 문화재는 우리에게 인간의 내적인 상관성과 미적인 감동을 주며, 인간성이 풍부해지도록 작용한다. 따라서 문화재는 조상들의 지혜가 우리들의 몸과 마음속에 영구히 살아 있게 하는 매개체이며, 새로운 문화를 창조할 수 있는 정신을 산출케 하는 원천이 된다.

### (1) 문화재의 지정과 해제

문화재보호법(법 제2조)에 의거한 문화재의 정의를 살펴보면 건축물, 전적, 서예, 고문서, 회화, 조각, 공예품, 연극, 음악, 무용, 공예기술, 패총, 고분, 성지, 궁지, 요지, 유물포함층, 기타 사적지, 경승지, 동물, 식물, 광물, 의식주, 생업, 신앙, 연중행사 등에 관한 풍속, 습관과 이에 사용되는 의복, 기구, 가옥, 기타 유·무형의 소산으로서 우리나라의 역사상, 예술상, 학술상, 관상상 가치가 큰 것을 문화재라 한다.

### (2) 문화재의 분류

우리나라에서는 문화재를 문화재보호법(법 제2조)에 따라 다음과 같이 분류하여 정의를 내리고 있다.

### 문화재의 분류

| 분 류 | 내 용 |
|---|---|
| 유형문화재 | 유형문화재란 건조물, 전적, 서적, 고문서, 회화, 조각, 공예품, 기타 유형의 문화적 소산으로서 우리나라의 역사상 또는 예술상 가치가 큰 것과 이에 준하는 고고자료를 말함 |
| 무형문화재 | 무형문화재란 연극, 음악, 무용, 공예기술, 기타의 문화적 소산으로서 역사상, 예술상 가치가 큰 것을 말함 |
| 기념물 | 기념물이란 패총, 고분, 성지, 요지, 유물포함층, 기타 사적지와 경승지, 동물, 식물, 광물로서 우리나라 역사상, 예술상, 학술상 또는 관광상 가치가 큰 것을 말하며, 이 기념물은 역사적 기념물과 천연기념물로 구별함 |
| 민속자료 | 민속자료란 의식주, 생업, 신앙, 연중행사 등에 관한 풍습, 습관과 이에 사용되는 의복, 가옥, 그 밖의 물건으로서 국민생활의 추이를 이해하는 데 있어서 불가결한 것을 말하며, 이 민속자료는 무형의 민속자료와 유형의 민속자료로 구별함 |
| 매장문화재 | 문화재보호법에는 지하나 해저에 매장되어 있는 문화재에 대해서는 이를 모두 매장문화재로 보는 관점에서 규정하고 있는데, 이는 발굴되어 지상에 모습을 나타내면 개개의 성격에 따라서 유형문화재(고고자료), 민속자료(유형의 민속자료), 기념물(유적) 등으로 분류되어 보호받게 됨 |

## (3) 문화재의 지정기준

### 1) 보물의 지정기준

① 건조물로서 목조건축물류(궁전, 성문, 서원 등), 석조건축물류(석루, 석탑, 부도 등), 분묘 중 역사적 · 학술적 · 예술적 · 기술적 가치가 큰 것.

② 전적(한글서적, 한자서적, 종교서적 등) · 서적류(사경, 어필, 현판 등) · 고문서 중 인쇄사적 · 역사적 · 사료적 가치가 큰 것.

③ 회화조각 중 형태, 품질, 기법, 제작 등에 현저한 특이성이 있는 것.

④ 공예품 중 형태, 품질, 기법, 제작, 용도 등에 현저한 특이성이 있는 것.

⑤ 고고자료 중 선사시대의 유물, 고분, 유적출토품으로서 역사적 · 학술적 · 제작상 가치가 큰 것.

⑥ 무기류 중 희귀하고 역사상 명장이 사용했거나 군사상 의의가 큰 것.

### 2) 국보의 지정기준

① 보물 중 특히 역사적 · 학술적 · 예술적 가치가 큰 것.

② 보물 중 제작 연대가 오래되고, 특히 그 시대의 대표적인 것.

③ 보물 중 제작 의도나 제작 기술이 특히 우수하여 그 유래가 적은 것.

④ 보물 중 형태, 품질, 제재 용도가 현저히 특이한 것.

⑤ 보물 중 특히 저명한 인물과 관련이 깊거나 그가 제작한 것.

### 3) 중요무형문화재의 지정기준

연극(인형극, 가면극), 음악(제례악, 연례악, 대취타 등), 무용(의식무, 탈춤, 바라춤 등), 공예기술(금속공예, 나전공예, 제지공예, 건축공예 등), 태권도, 검술, 인형극, 가면극 등의 기법이나 용구 제작, 수리 기술

### 4) 사적의 지정기준

유사 이전의 유적(패총, 주거지 등), 제사 · 신앙에 대한 유적(사지, 제단 등), 정치 · 국방에 관한 유적(성곽, 성지 등), 산업 · 교통 · 토목(고도, 뚝, 제방요지 등)에 관한 유적, 교육 · 사회사업(서원, 석각 등)에 관한 유적, 분묘 · 비 등으로서 학술상 가치가 큰 것.

### 5) 명승의 지정기준

유명한 건물이 있는 경승지, 원지, 화초, 단풍, 협곡, 해협, 폭포, 호수, 도서, 해안, 산악, 구릉, 고원, 평원, 하천, 화산, 온천지 등으로 특색이 있는 곳.

### 6) 천연기념물의 지정기준

① 동 · 식물의 서식지, 석회암지대, 동굴, 습지, 폭포, 하구 등 특수 지역이

나 특수 환경에서 서식하는 동 · 식물, 진귀한 동 · 식물로서 보존이 필요한 곳, 학술상 가치가 큰 명목, 거목, 대표적인 풍치림 등

② 지질 · 광물의 생식원인, 저명한 동굴, 저명한 지형이나 암석, 온천 및 냉광천, 학술상 특히 귀중한 표본

③ 천연보호구역으로서 보호 받을 만한 천연기념물이 풍부한 대표적인 일정한 지역

### 7) 중요민속자료의 지정기준

① 한민족의 기본적 생활문화의 특색을 나타내는 것으로서 전형적인 것(의식주, 생업, 신앙 등).

② 민속자료를 수집 · 정리한 것(역사적 변천, 시대적 또는 생활계층의 특색을 나타낸 것).

③ 민속자료가 일정한 구역에 집단적으로 소재한 경우(민가군, 전설이나 설화와 관련이 있는 곳).

## 6 사회적 관광자원의 이해

관광자원은 공급자측, 즉 관광산업적 측면에서의 평가가 전부였다. 그러나 최근에는 다양화 된 관광행동의 지향에 따라 소박한 향토 경관과 인정, 풍속, 생활자료 등도 재평가를 받게 되었고, 이들에 대한 관광자원화를 추진해 가고 있다. 이와 같이 사회적 관광자원이 다양화되어 감에 따라 관광자원으로서 각광을 받게 된 것이다.

즉 사회적 관광자원(social tourism resources)이란 한 나라의 역사와 전통, 과거의 생활상과 현재를 이해하는 데 도움이 되는 사회규범적인 자원으로서 여기에는 도시의 문화환경, 생활문화, 지역의 역사와 풍습, 사람들의 소박

한 인정, 국민성과 이에 따른 생활자료 그리고 각종 제도와 사회공공시설 등이 포함된다.

### (1) 도시관광

지금까지의 도시는 생산을 하는 장소, 일을 하는 장소, 일에 지쳐 다른 곳으로 떠나는 출발지로서 인식되어 왔다. 그런데 관광현상은 실제로 도시에서 많이 일어나고 있으며, 그 중에서도 다양한 시설을 갖춘 도시가 그 주가 될 것이다.

미래에는 사람이나 물품, 서비스 등의 거점으로서 도시가 번창할 것으로 예측되고 있다. 기무라쇼사부로(木村尙三郞)는 11세기 중반부터 13세기 중반까지가 산업의 시대, 그리고 18세기 중반까지가 상업의 시대, 그 이후의 20세기 중반까지가 산업의 시대이며, 현대는 산업의 시대에서 상업의 시대로 도래했다고 하였다. 이러한 변화를 보면 산업의 시대는 성장기이고, 상업의 시대는 성숙기에 해당된다. 따라서 현대는 **상업과 도시의 시대**라고 말할 수 있다.

도시관광(urban tourism)이란 도시관광객과 도시의 관광대상, 관광기업, 관련정부, 시민과의 상호작용과 현상의 총체라고 정의할 수 있다. 여기서 도시관광객이란 순수 또는 겸목적 관광으로 당해 도시 외부로부터의 방문자 및 도시 내부에서 발생되는 관광객을 모두 포함한다.

관광대상은 도시자체가 지니고 있는 총체적 매력, 자연 및 인문자원, 시설, 서비스 등의 흡인요소들을 포함한다. 그리고 관광기업은 도시관광객의 관광경험을 충족시켜 주는 도시관광상품과 서비스를 제공하는 관련업체를 지칭하며, 관련정부와 시민은 당해 도시의 정부와 거주지를 의미한다.

### (2) 인정 · 풍속 · 행사

외국인 관광객의 입장에서 볼 때 방문국가의 인정, 풍습, 행사 등은 커다란 관광매력이 될 수 있다. 그것은 한 나라의 풍습과 민족성을 바탕으로 하여 자연스럽게 생겨난 것이며, 오랜 역사적 전통과 생활 가운데서 자라 온 특징적인 것이라 할 수 있다. 향토색이 풍부한 민속제전, 그 고장에 전해지고 있는 전설, 신화, 전승지에 얼룩진 전기 등은 훌륭한 관광자원이 된다.

또한 문화행사는 문화적 가치를 표현하거나 내재하고 있는 모든 행사의 총칭으로서 민속놀이, 민속문화행사 등 역사적 의미가 있는 전통문화행사는 물론, 현재 우리가 공유하고 있는 생활양식 전부가 행사를 뜻하고 있다.

### (3) 국민성 · 민족성

국민성(nationality)과 민족성(national colors)도 외국인 관광객에게 흥미를 끌게 하는 매력 있는 주요관광대상 가운데 하나이다. 한 마디로 한국의 국민성 · 민족성의 특징은 그 문화의 종합성과 융합성에 있다고 말할 수 있다. 또한 고대로부터 밀려 들어 온 많은 이질적 외래문화를 흡수해 오면서도 단일민족의 순수성과 고유의 문화적 전통을 지켜 온 슬기 가운데서 생명력을 찾을 수 있다. 불교와 유교를 바탕으로 한 성격형성이나 예의범절, 예술 · 예능에도 뛰어난 재능을 발휘하여 값진 문화유산을 많이 남겼다.

### (4) 예술 · 예능 · 스포츠

고대로부터 전승되어 오고 있는 그 나라의 독특한 고전적 예술(한국의 판소리, 이탈리아의 가극, 러시아의 발레, 일본의 가부키, 중국의 경극 등), 또는 근대음악 · 근대회화 등의 예술작품은 중요한 관광대상이 된다. 민족적 생활 가운데서 뿌리를 내리고 있는 전통적인 예도(accomplishment)와 오락적 요소를 포함한 각종 예능 등도 그 가치가 점차 재인식되고 있는 훌륭한 관광자원이다. 고전적 스포츠나 근대적 스포츠 행사는 관광자원의 충실한 내용이라 할 수 있다.

### (5) 교육 · 사회 · 문화시설

교육시설(educational institution)은 유치원에서부터 대학에 이르기까지 관광객의 흥미와 관심을 끄는 중요한 관광대상 가운데 하나이다. 따라서 세계 대부분의 나라에서는 국빈들을 대학에 안내할 뿐만 아니라, 일반 관광객에게도 개방하여 견학시키고 있다.

사회시설(social institution)로서는 국회의사당, 대건조물, 고속도로, 고아원, 양로원, 그 밖에 사회복지후생시설, 도시교통시설 등이 있다. 또한 문화시설(cultural institution)로서는 시민회관(city hall), 문화회관, 예술회관, 문화연구소, 미술전람회, 도서관, 과학연구소 등을 열거할 수 있다.

이 같은 시설과 운영상태 등을 견학 · 시찰하거나 관광하는 일은 지식과 견문을 넓힐 수가 있고, 또한 방문국의 문화 · 기술수준과 문명의 발달 정도를 파악할 수 있으며, 문화교류와 기술협력의 계기를 자연스럽게 마련할 수 있다.

### (6) 향토특산물

일반적으로 관광선물용품하면 공예품류를 떠올리지만, 외국에서는 특산물품을 활용한 관광선물용품들도 다양하게 개발되어 폭넓게 판매되고 있다. 날로 발전하는 식품가공기술 및 포장기술을 발판으로 많은 종류의 특산식품이나 향토요리들이 보존 및 운반이 가능한 관광선물용품으로 등장하고 있으며, 이제는 해산물과 같이 신선도를 요하는 것도 특수포장에 의해 관광선물용품으로 판매되고 있다.

### (7) 향토음식

오늘날 지역과 국가 간의 상이한 생활관습이나 예절과 음식물 등은 관광객에게 흥미와 관심의 대상이 되며, 관광의욕을 갖게 하는 매력적인 자원이 되고 있다. 과거의 여행은 명승을 즐기는 경관위주의 관광이 주를 이루었으나, 근래에 들어서는 미각이 여행을 만족시키는 중요한 요소가 되어 풍물과 미각을 함께 즐기게 되었으며, 때로는 명물요리의 맛을 찾아 여행하는 일이 생겨나고 있다.

## 7 산업적 관광자원의 이해

산업적 관광자원(industrial tourism resources)이란 농업 · 임업 · 수산업 · 공업 · 상업 등 한 나라의 각종 산업시설을 말하며, 이를 대상으로 하는 관광을 산업적 관광이라고 한다. 1950년대 프랑스에서부터 시작된 산업관광은 내국인과 외국인 관광객들에게 자국의 산업시설과 생산 공정을 견학 · 시찰케 하여 내국인에게는 자국의 산업수준에 대한 감동과 자신의 지식확대, 교양 및 자기 확대의 욕구를 충족시키고 자부심을 갖도록 하며, 외국인 관광객들에게는 경제적 · 기술적 교류를 시도하려는 목적으로 시작되었다.

### (1) 공업관광

최근 세계 각국은 외국인 관광객들에게 자국의 대표적인 공장시설을 견학 · 시찰시키는 공업관광을 널리 실시하고 있는데, 이를 지식관광 · 교육관광의 관점에서 방문국가의 산업수준을 이해시키는 관광으로 효과가 크기 때문에 정책적으로 적극 채택하고 있다.

공업관광은 국제무역과 국제경제협력을 직 · 간접적으로 증진 · 확대시키는 중요한 전기를 마련할 뿐만 아니라, 국위선양에도 크게 이바지하게 된다. 우리나라의 대표적인 공업관광 대상지는 포항종합제철, 거제옥포조선소, 수원삼성전자공장, 현대자동차창원공장, 구미OB맥주공장, 대관령삼양라면공장 등이다.

### (2) 상업관광

상업관광은 상업을 관광대상화 시킨 것으로 물건의 구매와 지방 특유의 시장풍물과 상품을 보기도 하고, 열심히 살아가는 지역주민들의 참모습을 보고 생활의 의미를 찾아 볼 수 있는 훌륭한 관광대상이 되고 있다. 즉, 현대의 관광형태는 자연과 풍경을 보고 감상하고 즐기는 형태 뿐 아니라 이방(異邦)의 생활모습과 문물을 접하는 등 보다 고차원적인 것으로 변화되었고, 이는 곧 그 고장의 문화를 구매하는 것으로까지 변화하였다.

우리나라의 대표적인 상업관광대상지는 담양의 죽세공품시장, 강화도의 화문석시장, 금산의 인삼시장, 한산의 모시시장 등이 지방 특산시장으로 유명하며, 업종별로는 서울 용산의 청과물시장, 가락동 청과물시장, 용산 전자상가가 있다. 수산물시장은 부산의 자갈치시장, 서울의 노량진 수산물도매시장 등이 있고, 도 · 소매시장은 서울의 남대문시장, 동대문시장 등이 있다.

### (3) 농업관광

농업관광은 농업을 관광대상으로 한 여행형태로서, 좁게는 농장견학 · 관찰, 영농연수 등을 일컫고, 넓게는 농업을 대상으로 한 레크리에이션이라고 할 수 있다. 농업관광의 경제적인 측면은 농촌지역주민의 소득증대, 농촌지역경제의 활성화 및 지방재정기반의 강화, 유휴자원의 소득자원화 등을 들 수 있고, 사회적 측면은 농촌과 도시와의 상호교류 촉진, 농어촌지역의 삶의 질 향상 등을 들 수 있다.

환경적 측면은 버려진 불모지나 유휴공간을 관광시설 개발목적으로 이용할 수 있어 환경보전 수준이 양호한 자연경관지구에 대한 무분별한 관광시설개발을 방지할 수 있다.

입지별 유형은 농촌관광휴양지, 산촌관광휴양지, 어촌관광휴양지가 있고,

활동별 유형은 농수산물 생산체험형, 농림수산물 채취형, 감상 및 레크리에이션 활동형 등이 있다. 주제별 유형은 자연풍경, 야외 레크리에이션 등이 있다.

## 8 위락적 관광자원의 이해

위락(recreation)은 다분히 자주적 또는 자기 발전적 성향을 띠고 있으며, 생활의 변화추구라는 인간의 기본적인 욕구를 충족시킨다는 점에서 관광자원으로서의 비중을 점차로 높여 가고 있다. 최근 관광 · 여가부문에 대한 수요는 보다 높은 삶의 질을 추구하는 방향으로 다양화 · 고급화되고 있고, 또한 급속한 도시화와 산업화는 여러 형태의 위락적 관광상품이 개발되고 있다.

### (1) 주제공원

일반적으로 주제공원(theme park)은 특정의 주제를 중심으로 한 비일상적인 공간창조를 목적으로 시설과 운영이 배타적이면서도 통일적으로 이루어지는 위락공원 (amusement park)으로 정의되는데, 여기에는 재래의 다양한 놀이시설이나 환상 · 과학 등을 중심으로 한 주제 위락공원 뿐만 아니라 하나 또는 두 가지 이상의 뚜렷한 주제 하에서 문화 · 오락 · 교육 · 여가선용 등의 목적을 적극적으로 달성하기 위하여 조성된 공원은 모두 주제공원이라 할 수 있다.

### (2) 카지노

오늘날 세계 대분의 주요국가에서 카지노산업을 합법화 하여 첨단 관광산업으로 장려함으로써 외화유출 방지와 세수확보, 경제활성화를 주목적으로 하고 있는 실정이다. 카지노가 차지하는 비중이 커짐에 따라 옛날의 도박(gambling)이라는 의미는 점점 없어져 가고 카지노산업(casino industry),

또는 게임산업(gambling industry)이라고 하는 외화 가득(稼得)이 높은 서비스산업으로 간주해 가는 추세이다.

### (3) 스포츠

오늘날의 생활은 스포츠 본연의 기능이나 자세를, 우리의 생활의 질을 변화시키는 중요한 요소로 받아들이지 않으면 안 되는 단계에까지 와 있다. 따라서 인간의 건강문제, 대인관계, 지역사회의 형성, 자유시간의 증대 등과 스포츠의 질적향상, 활동내용의 다양화라든가, 환경조건의 충실화 방안 등에 경제적 문제만 따지는 차원 이상으로 신속하게 대처해 가지 않으면 안 된다.

Chapter » 04

# 제4장 관광자원개발

## 1 관광개발의 개념

관광개발(tourism development)이란 관광과 개발의 합성어로서, 관광은 여가와 위락적인 목적으로 여행하는 사람들로부터 야기되는 관계와 현상을 의미하며, 개발이란 경제성장의 연속적인 단계(전통적, 도약적, 성숙적)에서 형성된 의미이다.

관광과 개발의 직접적인 관계에 있어서는 관광의 효과에 관한 두 가지 부문으로 생각할 수 있는데, 먼저 넓은 의미로, 관광을 수단으로 삼는다는 점과, 좁은 의미로, 관광과정에서 관광객이 필요로 하는 시설, 서비스의 개선, 준비로 볼 수 있다.

즉, 관광개발이란 관광자원을 인간이 기술, 인력, 자본 등을 투입하여 자원이 지닌 잠재력을 현실화 시켜 인간의 생활에 편익을 줌으로써 인간의 복지를 향상시키려는 일련의 행위로 보고 있다.

따라서 관광개발은 관광객의 편리를 향상시키고, 관광객을 유치해 관광소비 증대를 도모하고, 관광지의 경제적 활성을 촉진시키기 위해 관광대상이 되는 모든 자원을 개발해 관광사업의 진흥을 도모하는 것이다.

### (1) 관광지 개발계획의 유형

#### 1) 공공주도형 관광개발

공공주도형 관광개발은 국가, 지방자치단체, 한국관광공사, 토지개발공사 등과 같은 정부투자기관과 경주개발공사와 같은 정부재투자기관에서 직접 또는 간접적으로 개발의 주체가 되는 것을 의미한다.

공공주도형은 공익성을 확보하기 위해 국토개발과 자연환경을 중심으로 한 관광자원의 효율적인 보존과 국민대중에게 관광활동에 보다 많은 참여기회를 제공하여 궁극적으로는 복지를 증진시키고자 하는 것이 그 목적이다.

#### 2) 민간주도형 관광개발

민간주도형 관광개발은 개인 또는 기업이 영리를 목적으로 토지를 확보하여 관광시설과 공간을 개발하는 것을 의미한다. 대체로 민간주도형 관광개발은 개발규모와 투자, 재원조달방법에 따라 다르겠지만, 토지를 완전히 매입한 후에 개발을 추진하게 되므로 부동산개발에 의한 개발 이익의 독점을 하게 되며, 개발자금의 조달 및 투자방법도 수지타산에 맞추어 진행하거나 결정한다.

#### 3) 지역주민 공동주도형 관광개발

지역주민 공동주도형 관광개발방식은 개발대상지역의 토지를 소유한 지역주민을 중심으로 지역주민과 상가번영회, 지역의 관광협회 등이 공동으로 투자하기 위해 조합이나 협회를 구성하여 개발하는 방식을 의미한다. 이러한 개발방식은 개발에 참여하는 주민들이 자기 소유의 토지를 근간으로 민박, 상가, 또는 숙박시설 등과 같은 관광사업에 참여하기 때문에 관광개발에 따른 이익이 지역 내에 정착되는 장점을 가지고 있다.

특히 외부자본에 의존한 대부분의 관광개발사업은 개발의 이익이 재투자되어 지역 내에 정착되지 못하고 있는 것을 감안해 볼 때 주민이 개발의 주체가 되는 지역주민 공동개발방식이 바람직한 방법이라고 할 수 있다.

## 2 관광개발 대상

### (1) 자연 및 인문관광자원의 개발

자연 및 인문관광자원의 개발은 관광자원의 가치를 평가하고 그것을 보호하면서 관광객에게 관광자원의 가치를 인지하고 즐길 수 있도록 하기 위해 새로운 자연자원의 보호, 개발, 환경, 정비, 문화자원의 수집, 진열, 복원하는 일련의 개발행위인 것이다.

### (2) 관광기반시설의 정비 · 확충

관광기반시설의 정비와 확충은 제반 관광의 편익시설을 효율적으로 이용, 운용하기 위한 제도로서 도로, 통신, 전기, 상 · 하수도 시설 등과 같은 산업개발의 기초가 되는 시설을 말한다. 특히 도로와 같은 교통기반시설은 관광객에게 관광동기를 부여하고, 관광시장에서 관광목적지 시설을 정비함에 있어서는 지역사회의 요청, 경제적, 지역적, 조건 등 기존의 교통망을 최대한 이용해야 할 것이다.

### (3) 편익시설의 개발

편익시설을 개발한다는 것은 관광객의 수용태세를 정비하는 것으로 숙박시설, 음식시설, 휴양시설, 놀이시설 등 관광객들의 체재 및 접대기능을 가진 시설로서 관광지의 수용력(carrying capacity)을 결정하고 관광대상으로 관광지의 평가에 큰 영향을 미치는 중요한 요소이다.

### (4) 관광마케팅 정보시스템의 확립

관광개발에서 관광정보 조직과 정보제공 체계를 확립한다는 것은 선전, PR, 홍보 등을 위하여 TV, 라디오, 광고물 등 각종 정보매체를 효율적으로 이용하여 그 지역의 특성과 관광자원에 관한 정보를 제공함으로써 관광객의 관광동기 유발과 시장개척의 역할을 담당할 수 있다. 또한 관광객들에게 관광에 대한 올바른 가치관을 인식시키고 여가문명 시대의 도래에 따라 보다 현실적인 관광수요 증대에 기여할 것이다.

### (5) 관광통계시스템의 확립

관광통계시스템의 확립을 통하여 관광객의 유동, 체재량 기타 관광사업에 필요한 통계를 수립하고 처리함으로써 관광개발의 방법개선과 정비방법에 이용할 수 있으며, 특히 지역 간의 수요관계를 효과적으로 파악하여 지역관광개발 정책방향 설정에 있어 중요한 역할을 담당할 수 있다.

### (6) 각종 서비스의 개선

관광객들의 안전, 쾌락, 편리한 관광활동을 위해 관광종사원들의 자질향상, 예절교육을 실시함으로써 보다 나은 서비스를 제공하기 위한 노력도 중요한 관광개발의 대상이 된다.

## 3 관광개발 조건

### (1) 관광자원 · 개발시기의 조건

계획대상지역 내의 자원을 취급하는 미시적 분석과 계획대상지역을 포함한 주변지역의 자원을 관광의 광역적 위치와 환경취급 방침의 검토, 개발테마의 발견에 필요한 정보를 작성하는 거시적 분석으로 구성된다.

개발시기 조건은 목표연도에 이르기까지의 개발시간을 어떠한 시간단위로 구분하는가의 일로서 최소 1~2년에서 2~3년 혹은 4~5년의 단계를 수립한다.

### (2) 관광시장의 조건

관광지를 방문하려는 사람들이 어디로 얼마만큼 어떠한 뜻을 가지고 존재하는지를 현재와 미래에 걸쳐서 명백히 하고, 계획지역에 기대 이외의 관광활동 유형을 찾아보고, 개발규모의 개략적 설정, 인접 관광지와의 관광루트 설정에 필요한 정보를 작성하는 일과 특히 시장의 규모, 시장의 안전성, 관광지의 성격을 파악하고 유형화 하여 관광행동 패턴에서 본 관광시장과의 공간구조를 명백하게 하는 일을 목적으로 한다.

### (3) 관광지 경영의 조건

개발계획을 위한 계획, 개발, 경영이라는 단계를 검토하게 되는데 마케팅, 개발규제 등의 검토가 끝나고 물리적 시설의 개정이 정리되면 원만한 사업진행을 위해 수요예측 등의 여러 경영수법이 동원된다. 따라서 관광사업의 수익성 예견과 병행해서 자금조달계획 등이 검토된다.

### (4) 일반 재정의 조건

관광의 성공을 결정하는 조건은 투자의 질과 출자원으로서 관광개발을 위한 많은 시설이 상당한 투자를 전제로 한다. 많은 선진국과 개발도상국가에서는 정부나 세계은행과 같은 기관에서 보조금 지급, 조세 후대조치, 저리 장기대부금 등 재정지원을 위해 노력하고 있다.

### (5) 일반 경영의 조건

관광지를 경영론의 입장에서 정리하면, 이용객과의 접점으로서 상품 분야, 상품을 낳게 하기 위한 경영내부 분야, 관광지를 둘러싼 경영외부 분야이다. 다시 말해서 상품 분야는 설비, 환경, 요리, 서비스 분야 등 관광지가 갖는 분야이고, 경영내부 분야는 행정, 조합, 각종단체, 개별기업이 행하는 관광객 유치활동의 분야이고, 경영외부 분야는 관광수요공급, 노동력시장, 유통, 알선, 경제 및 금융의 구조변화와 대응하는 관광지조성 등의 분야이다.

## 4 문화관광자원개발

문화관광자원개발은 관광진흥법에 의거 지정된 관광지나 관광단지, 문화재보호법에 의거 지정된 사적지, 경승지, 정부가 정책적으로 추진하는 사업에서 제외된 지역의 독특한 역사 · 문화 · 레저 · 스포츠 등을 활용하여 보고, 즐기고, 체험할 수 있는 관광자원을 개발 · 육성하기 위해 1999년도부터 지원을 시작한 사업이다.

### (1) 역사 · 문화관광자원의 개발

우리나라의 역사 · 문화자원은 우리민족의 유구한 문화정신과 지혜가 담겨있는 보전가치가 높은 역사적 소산으로 우리의 문화유산을 해외에 널리 소개할 수 있는 매우 중요한 관광자원이다. 이에 따라 정부에서는 방치되고 있는 문화관광자원(유형문화제 · 무형문화제 · 기념물 · 민속자료 등)을 발굴하여 체계적으로 개발함으로써, 관광상품의 부가가치를 높여 틈새시장을 공략하기 위한 역사 · 문화관광자원 개발사업을 적극 추진 중에 있다.

### (2) 레저 · 스포츠 관광자원의 개발

최근 관광객의 선호도가 정적관광에서 동적관광으로 변화하는 추세에 있어, 레저 · 스포츠 활동과 관련된 다양한 관광상품 개발이 요구되고 있다. 선진국에서는 레저 · 스포츠 관광이 이미 보편화되어 있으나, 우리나라의 경우 1990년대부터 활성화되기 시작했다. 레저 · 스포츠 종류로는 골프, 스키, 요트, 래프팅, 번지점프, 수상스키 등이 있으며, 관광객의 참여 범위가 넓어져 잠재력이 매우 높은 관광상품이다.

### (3) 생태 · 녹색관광자원의 개발

산업공해와 지나친 개발로 인해 푸르고 깨끗한 자연공간이 해마다 축소 파괴되고 있다. 도시인들은 소득과 여가의 증대 등으로 인하여 발생한 여유시간을 갯벌이나 탐조, 동굴, 반딧불 등 자연그대로의 모습을 보고 즐기고자 하는 욕구가 날로 증대해 체험관광의 수요가 점차 늘어나게 되었다. 정부는 생태자원을 최대한 보존하면서 환경친화적인 관광개발을 통해 초보단계에 있는 생태 · 녹색관광을 정착시키기 위해 2003년부터 역점사업으로 추진하고 있다.

### (4) 갯벌관광자원의 개발

우리나라 서해안은 세계 5대 갯벌 중의 하나로 매우 풍부한 관광자원을 보유하고 있다. 이전에는 갯벌이 어민들의 소득원으로 인식되거나 학생을 대상으로 자연생태계 학습장으로만 활용되었으나, 최근에는 청소년 · 가족단위 등을 대상으로 어패류 등의 채취와 이를 즐기고자 하는 건전한 체험관광이 늘어나는 추세에 있다.

### (5) 탐조관광자원의 개발

철새도래지는 우리나라와 일본이 동북아시아의 대표적인 서식지로서, 우리나라의 경우 강원도의 철원, 부산의 을숙도, 창원의 주남저수지, 충남의 서산만, 전남의 순천만 등 주요 철새도래지가 있다.

그러나 철새는 주변 환경에 민감하여 사람의 접근이 어렵고 주로 겨울에 서식함에 따라 시간의 제약성 때문에 이를 관광자원화 하는데 미흡한 면이 있다. 따라서 정부는 관광기반시설 확충 및 탐조관광 개발을 더욱 확대해 지원 · 육성해 나갈 계획이다.

## 5 문화관광 상품화

### (1) 문화관광축제

문화관광축제는 문화관광부가 외국인 관광객 유치확대 및 지역관광 활성화를 위해 전국 축제 중 관광상품성이 크고, 전통문화와 독특한 주제를 배경으로 한 축제를 대상으로 1995년부터 해마다 지속적으로 확대 · 지원육성하고 있는 사업이다. 최근 문화관광축제 평가서를 보면 관광객들이 단순히 보는 관광에서 직접 체험하는 관광을 선호하는 것으로 나타나고 있다. 따라서 축제의 본질과 지역전통문화의 주체성 유지에 바탕을 두고 관광객 참여형 축제로 전환을 추구하고 있다.

### (2) 상설 문화관광 프로그램

상설문화관광 프로그램은 전국 각 지역의 독특한 전통공연예술을 상설관광상품으로 개발하여 국내외 관광객들에게 다양한 볼거리와 즐길 거리를 제공하고, 이를 관광상품화 하여 외국인 관광객 유치확대 및 관광목적지 다변화를 위해 추진하고 있다.

문화관광축제가 일주일 내외의 단기간 동안 관광객을 집중적으로 유치하기 위한 것이라면, 상설 프로그램은 언제든지 관광객이 그 장소에 가면 동일한 공연을 볼 수 있게 한다는 점에서 문화관광축제와 상호보완적인 관광상품이라 할 수 있다.

### (3) 스키 · 눈축제

스키와 눈축제는 저가 일변도였던 스키상품을 지향하고 고품격의 참여형 동계상품을 개발하여 겨울 비수기 기간 동안 동남아 관광객을 집중 유치할 목적으로 한국관광공사에서 기획한 행사로 스키 레슨을 받고 아마추어 스키대회와 장기자랑, 눈썰매 대회 등 이벤트 행사에 직접 참여하는 체험형 스키투어이다.

## 6 외국의 관광개발 사례

먼저 일본의 경우를 보면, 일본은 전 국토를 관광특구화 하겠다는 전략으로 39개 현과 42개 지역을 국제관광 모델지구로 선정하였다. 대표적인 예로서 온천지역인 벳푸, 삿포로, 나가사키 하우스텐보스 민속촌(네덜란드 촌)을 모델지구로 선정하였다.

구체적인 개발사례로서 일본의 구마모도 현 구기노촌은 일본 최초의 자치촌으로서 인구 2천 7백 명에 불과한 작은 마을로, 100만 명 이상의 관광객을 유치하였으며, 관광수입은 1백 13억 원(15억 엔)을 기록하였다.

구기노촌의 관광시설은 1985년부터 마을 뒤편의 해발 1,200m 아소산과 초원을 이용한 개발을 하였는데, 가장 먼저 호텔을 건설하고, 세계 제1의 야외무대를 설치해 일본 최대의 컨트리 음악회를 개최하였다.

먹을거리로는 메밀 상품(메밀국수, 간장, 식초, 가루 과자, 떡, 어묵 찐빵, 아이스크림)을 집중 개발하였고, 온천개발을 통해 관광객의 휴식공간을 제공함으로써 체제형 관광휴양지로 개발하였다. 결국 고향을 등진 사람들이 돌아왔으며, 자치촌으로서 경제적 부(富)를 누리게 되었다.

독일의 뮌헨시에서는 매년 10월에 맥주 축제(October Festival)가 열린다. 축제의 내용은 2주간 맥주를 마시는데, 연평균 600만 명의 외래 관광객이 모여든다. 이처럼 뮌헨시의 경우는 관광도시로서의 지역을 특성화한 좋은 사례가 되고 있다. 미국 텍사스주의 겔베스톤(Galveston) 지역의 디킨즈 축제 또한 좋은 개발사례를 보여주고 있는데, 이는 주변 상업지구 보존을 위한 기금마련 축제로서 거리 퍼레이드, 연극공연 등의 다채로운 이벤트 행사를 개최하여, 매년 12월 첫 주말 양일간 10만 명 이상 방문객이 몰려들고 있다.

영국의 스코틀랜드 에딘버러시의 경우는 군악축제, 재즈축제, 영화축제, 민속축제, 어린이축제, 새해축제, 평화축제, 책축제, 과학축제 등 20여 종의 축제가 열린다. 인구는 43만 명에 불과한 도시지만, 외국인 관광객은 연평균 1,200만 명 수준에 이르고 있다.

# Chapter » 05
# 제5장 관광안내 및 해설

## 1 관광안내의 의미

안내능력이라는 것은 우선 그 관광안내원(tour guide)이 관광전반에 관한 풍부한 지식을 가지고 있어야 한다. 그러나 알고 있다는 것만으로 능력이 충분히 발휘되는 것은 아니다. 관광객이 정말로 요구하는 방법, 또한 더욱 만족할 수 있는 방법으로 그 지식이 제공되지 않으면 실제상의 효과는 나타나지 않는 것이다.

그러면 관광객의 안내에 대한 요구란 과연 무엇일까? 그것은 관광안내의 3원칙이라 할 수 있는 것으로 친절한 안내, 정확한 안내, 신속한 안내 등이다. 이와 같은 업무를 수행하는 관광안내원의 사명은 실로 크고 중대하다.

관광안내원은 고도한 인격과 풍부한 지식, 교양을 쌓아야 할 것은 물론이며, 건강하고 단정한 용모의 소유자로서, 우리나라 관광산업의 중흥을 다지는 초석이 될 사명감에 불타야 할 것이다. 또한 관광객에게 민족정기를 일깨우고 국민적 긍지를 갖게 하는 임무도 망각해서는 안 될 것이다.

관광안내원의 자세 여하에 따라 국내관광객은 물론 외국인 관광객들이 한국 및 한국 사람들에 대해 갖는 인식이 좌우되므로 관광안내원은 항시 국민을 대표하는 입장에 있다는 긍지를 잊지 말고, 민간외교의 제1선에 서 있는 한국인으로서의 확고한 좌표를 설정해서 안내에 임해야 할 것이다. 또한 참되고 올바른 안내를 함으로써 국제 간의 상호이해와 친선도모에 일익을 담당하고 있다는 자부심을 가지고 있어야 한다.

## 2 관광안내 시 주의사항

① 관광객 혹은 상급자를 안내할 경우에는 안내할 장소, 즉 목적지에 대한 전반적인 사항을 미리 습득해 두거나 메모를 하였다가 적당한 시기에 간략하게 설명할 수 있도록 한다.

② 단정하고 올바른 자세로 관광객이 도착할 지점에서 미리 대기하도록 하고, 관광객이 도착하면 밝은 미소로 인사를 한 후에 안내에 임해야 한다.

③ 안내를 할 때는 관광객이 중앙에 오도록 하고, 관광안내원은 안내 방향에 따라 좌측 혹은 우측의 관광객보다 2~3보 앞쪽에 서서 목적지 방향을 손으로 가리키며 안내한다.

④ 관광객이 일정한 간격으로 안내받고 있는지 수시로 확인하고, 상황에 따라서는 적당한 인사말을 건네는 것도 좋다.

⑤ 관광객이 외국인의 경우에는 첫 인사만이라도 그 나라의 언어를 구사하는 것이 좋다. 왜냐하면 상대방에게 호감을 줄 수 있기 때문이다.

⑥ 안내할 장소에 도착하면 먼저 그곳에 대한 전반적인 내용을 소개한 다음 구체적으로 설명한다.

## 3 관광해설의 의미

관광해설은 자연생태계나 야생동물계에 관한 것은 물론, 자원이 지니고 있는 문화적 가치와 역사적 가치 등을 관광객들에게 알려 주는 활동으로, 월즈

(Wals)는 관광해설을 정보서비스, 안내서비스, 교육서비스, 선전서비스 그리고 영감적 서비스 등이 적절히 조합된 것으로 관광해설을 통해 관광객에게 새로운 이해, 새로운 통찰력, 새로운 열광과 흥미를 불러일으킬 수 있다고 하였다.

관광해설이란 관광객이 방문하고 있는 지역에 대해 보다 깊은 인식과 감상 그리고 이해를 가질 수 있도록 돕는 것이다. 관광자원의 관리기관과 그들이 운용하고 있는 프로그램에 대해 관광객의 이해를 촉진시킬 수 있으며, 자원관리의 목표를 달성하고자 하는 것으로 관광객으로 하여금 방문지에서 적절한 행동을 하게 할 수 있다.

또한 과다이용으로 인해 훼손된 지역이나 위험성을 내포하고 있는 지역에서는 특정한 행동을 못하도록 안내함으로써 관광자원에 대한 인간의 영향을 최소화시킬 수 있다. 이렇듯 관광해설은 이용하는 관광객의 입장은 물론, 수용하는 관광대상지의 입장에서도 매우 의미있는 일이다.

## 4 관광해설의 모형

관광지는 관광해설이 이루어지고 있는 작은 공간인데, 이곳에서 이루어지는 관광해설 프로그램의 효과는 관광지 밖으로 확산되는 것이 바람직하다. 관광해설은 자연현상이나 문화적 사실에 대한 이해를 돕기 위해 필요하므로 일정한 원칙이 지켜져야 한다.

관광해설을 위한 방법으로는 인적 서비스 기법(personal service), 자기안내 기법(self-guiding program), 전자장치 이용 기법(electronic gadgetry) 등이 있고, 신종의 정교한 매체들이 관광객을 위한 관광해설 프로그램 매체로 역할을 하고 있다.

여기에서 중요한 점은 이러한 관광해설 프로그램은 관광자원 관리기관이나 정부를 위한 것이 아니라, 보다 많은 관광객을 위해 필요한 것이고, 관광객이 관광해설을 통해 얻은 정보를 그들의 생활에 관련시킬 수 있을 때 이것은 더욱 바람직해진다.

## 5 관광해설의 원칙

① 정보를 제공하는 것만이 관광해설은 아니다. 물론 관광해설은 정보를 기초로 이루어지지만, 그것은 별개의 것이다.
② 관광해설은 과학적 · 역사적 · 건축학적인 많은 소재들을 결합시키는 기술이다.
③ 관광해설의 주요목적은 교육이 아니라 자극에 있다.
④ 관광해설은 어느 한 부분보다는 전체를 나타내도록 해야 한다.
⑤ 관광해설은 연령층에 따른 별도의 프로그램을 준비해야 한다.

## 6 관광해설의 기법

관광해설 방법은 담화(talks), 재현(demonstration), 동행(walks)을 포함하는 인적 서비스 기법, 관광객 스스로가 안내 자료와 각종 프로그램을 통하여 내용을 이해할 수 있게끔 하는 자기안내 기법, 그리고 전자장치를 이용한 기법 등이 있다.

관광해설에 있어 공통적으로 중시되는 사항은 용모, 성격, 공손한 태도 세 가지를 들 수 있다. 이 밖에 조직의 기능과 상대방에 대해 잘 알고 있고, 사무능력도 어느 정도 있으면서, 시간을 적절하게 활용할 줄 알아야 하며, 참을성과 자기 확신적인 능력이 있는 사람이 적절하다.

## (1) 담화

관광해설을 위한 담화(talks)는 말하는 기능을 이용하는 것이다. 말을 하거나 말에 대신하는 몸짓 등을 통하여 관광객들을 이해시키고, 또 일정한 반응을 유도해 낸다. 목적을 달성하려면 관광해설사의 감수성과 이용자들의 이해 정도가 높은 수준에 있을 때만 가능한데, 이를 위해서는 다음 몇 가지 사항이 요구된다.

① 먼저 청중을 읽어야 한다. 청중이 무엇을 요구하고 있는가를 분석하는 것으로 공식 · 비공식 담화를 통해 청중과 접하는 동안 계속된다.

② 관광해설사에 대해 갖게 되는 이미지에 따라 관광해설사에 대한 반응이 달라지게 되므로 자신의 이미지를 좋게 해야 한다.

③ 담화의 골격을 구성해서 이용해야 한다. 관광해설 내용을 암기하여 기계적으로 외워 나가는 것도 중요하지만, 관광해설 내용이 중요부분을 충분히 이해하고 있으면서 담화전단계, 준비단계, 담화단계의 3단계로 접근하는 것이 효과적이다.

### 담화단계의 3단계

| 구 분 | 내 용 |
|---|---|
| 담화전단계 | 설비를 점검하고, 간단한 기능 테스트를 해 보며, 도착하는 이용자들을 맞으면서 잡담도 주고받는다. |
| 준비단계 | 모인 이용자들에게 인사를 하고, 자신의 이름을 알려줌과 동시에 간단히 소개한다. |
| 담화단계 | 해설할 내용의 주제가 무엇인가를 알려 주고 해설을 시작한다. 끝낼 때는 무엇을 이야기했던가를 간략하게 정리해 준다. |

## (2) 재현

재현(demonstration)은 다루고자 하는 주제를 보다 잘 이해시키고 인식시키는 방법을 역사적 시기, 생활, 사건들을 다시 나타내 보는 것이다. 재현을 해

보이면 역사적 · 물리적 · 인종적인 이해를 훨씬 돕게 된다는 점에서 다른 기법보다 탁월한 효과가 있다. 관광객이 직접 참여해 볼 수 있는 장점이 있으나, 준비하는 데 시간이 많이 소요되는 단점도 있다.

### (3) 동행

동행(walks)은 관광객들과 함께 걸으며 해설하는 방법으로 직접 경험하고, 궁금한 사항을 물어 볼 수 있기 때문에 가장 동기부여가 잘 되는 형태이다. 갖추어야 할 사항은 해설할 장소에 일찍 도착해 있어야 하고, 정시에 시작해야 하며, 해설한 내용을 정확하고 명료하게 설명하여 내용을 주지시켜야 하며, 분명한 끝 맺음이 있어야 한다.

### (4) 인적서비스 기법

인적서비스 기법(personal service)은 관광해설사가 현장에서 관광해설을 하거나, 정한 프로그램을 가지고 상황을 재현해 보이는 등의 활동을 함으로써 관광객과 직접적으로 의사를 주고받는 것을 말한다. 이와 같은 관광객과의 의사소통을 효과적으로 하기 위해서는 일정한 자격을 갖춘 사람이 적절한 장소에서 효과적인 기법을 적용함으로써 가능하다.

### (5) 자기안내 기법

자기안내 기법(self-guiding)은 관광해설사가 없고 프로그램으로 특수한 경관, 환경 변화, 특이한 생물 등에 대해 관광객이 스스로 읽어 보고 그 내용을 이해할 수 있도록 고안된 방법으로, 자기안내 프로그램은 유인물이나 해설 간판을 이용한다.

## (6) 전자장치이용 기법

전자장치에 관광해설 내용을 실어서 관광객에게 들려주는 방법이 곧 전자장치이용 기법(electronic gadgetry)으로 이 기법을 이용하려면 대사를 작성해야 하고, 음향효과도 고려해야 하며, 충분한 연습을 거쳐 녹음을 해야 한다. 스미스 화이트(Smith White)는 이 방법의 장 · 단점을 다음과 같이 정리하고 있다.

### 전자장치이용의 장 · 단점

| 분류 | 내 용 |
|---|---|
| 장점 | • 인쇄물이나 해설 간판보다는 미적 · 시각적 피해가 적다.<br>• 관광객들이 전시물, 축소모형, 풍경 등에 시선을 집중시킬 수 있게 해준다.<br>• 소리의 크기나 장치의 모양을 다양하게 할 수 있다.<br>• 자주 반복해야 하는 경우 다른 기법보다 효과적이다.<br>• 여러 가지 언어를 준비해 두면 관광객들이 선택할 수 있다.<br>• 음향효과를 잘 내게 하여 상황재현과 유사한 효과를 낼 수 있다.<br>• 인쇄물보다 더 긴 시간 동안 주의를 집중시킬 수 있다. |
| 단점 | • 기계이기 때문에 고장이 날 수 있으므로 정기적으로 보수를 하거나 예비품을 만들어 두어야 한다.<br>• 반복되는 것이기 때문에 몇 번 들은 사람에게는 짜증스러울 수 있고, 특히 종업원들에게는 고통일 수 있다.<br>• 전기를 이용해야 하는데, 야외에서는 사정이 허락되지 않을 수도 있다. |

이상에서는 관광해설 기법을 살펴보았다. 관광객들의 관광경험을 보다 풍부하게 해주고 학습욕구를 충족시키기도 하면서, 또한 자원의 보전을 하기 위하여 관광해설을 하게 된다. 관광해설을 하는 측에서는 자신이 제공하고 있는 관광해설 서비스의 효과가 어느 정도인가를 반드시 평가해 보아야 한다.

특히 관광객들에게 너무 많은 것을 전달하려고 하여 부담을 준다거나 또는 강요함으로써 그들의 즐거운 기분을 손상시켜서는 안 된다는 점을 기억하고, 관광객의 호기심을 불러 일으켜 적극적인 관광동기를 유발하도록 해야 하고, 관광객들에게 실제 도움이 되도록 해야 한다.

## 7 말씨

말은 그 사람의 인격이나 사회성을 나타내는 척도가 되므로 관광안내 및 해설을 할 때 다음 사항을 유념해야 한다.

① 말을 조리 있게 잘 하는 것도 중요하지만, 상황에 따라 순발력과 융통성을 발휘해야 한다.

② 말에도 맛과 멋이 있다. 같은 말을 하더라도 좀 더 호소력 있게 말할 수 있어야 한다.

③ 말의 흐름은 너무 빠르지 않고, 숨을 고르게 이어갈 정도의 속도를 유지하는 것이 좋다.

④ 목소리의 톤은 약간 낮은 톤이 좋다. 그리고 말의 끝 부분을 애매하게 하지 말고, 정확하게 말하도록 한다.

⑤ 사투리나 특이한 억양이 너무 강하면 관광객의 주의를 끄는데 불리하다.

⑥ 이상한 발음은 말의 의미를 잘못 이해할 수 있으므로 올바른 발음을 한다.

⑦ 너무 작은 목소리로 두런거리는 모양은 관광객이 설명을 듣는데 어려움을 느낄 수 있다.

## 8 관광객을 사로잡는 화술

① 첫마디는 재치 있고, 유머 있게 해야 한다.

② 관광객의 질문을 귀담아 들어주어야 한다.

③ 짧게 설명하고 반응을 관찰한다.

④ 소극적인 설명보다는 적극적으로 설명해야 한다.

⑤ 얼굴에 미소를 띠면서 설명해야 한다.

⑥ 관광객의 감정을 공유하는 방법으로 설명해야 한다.

⑦ 중요한 내용은 가끔씩 반복해서 설명해 준다.

PART 2

# 제2부

# 한국의 관광자원

Chapter » 01

# 제1장 서울권

## 1 국립공원

### (1) 북한산국립공원

서울의 진산인 북한산국립공원(北漢山國立公園)은 우이령을 경계로 서남쪽의 북한산과 동북쪽의 도봉산(道峰山) 지역으로 크게 나뉜다. 행정적으로는 서울의 도봉구 · 은평구 · 성북구, 경기도의 고양군 · 양주군 · 의정부시에 걸친 넓은 지역이 해당된다.

북한산은 주봉인 백운대(8백 36m)를 비롯하여 인수봉(8백 3m) · 만경대(7백 99m)의 3봉이 3각으로 솟아 있어 일명 삼각산(三角山)이라고 부르고 있다. 그밖에 자운봉(7백 39m) · 문수봉(7백27m) · 노적봉(7백16m) 등 많은 산정들이 우뚝 솟아 있고, 철 따라 변하는 자연경관으로 인하여 등산객들로부터 많은 각광을 받고 있다.

북한산 전경

등산로는 우이동, 정릉, 세검정, 구파발, 도봉산 입구를 통해서 능선으로 오르는 코스가 있고, 볼만한 곳은 북한산성, 진흥왕 순수비, 승가사, 도선사, 천축사 등이 있다.

### 1) 북한산성

북한산성(北漢山城)은 이조 숙종 37년(1711)에 쌓은 산성으로 평균 높이는 7m, 성벽의 길이는 8km에 달한다.

### 2) 진흥왕순수비

국보 3호인 진흥왕순수비(振興王巡狩碑)는 승가사 뒤쪽의 비봉절벽에 위치해 있으며, 신라 24대 진흥왕의 북한산 순행을 기념하여 세운 것이다

### 3) 승가사

승가사(僧伽寺)는 비봉절벽 남쪽 중턱에 위치해 있다. 이 절은 신라 경덕왕 15년(756)에 낭적사의 수대스님이 창건한 것인데, 이곳 석굴 속에는 당나라 승가대사의 석상을 새겨 놓았다

### 4) 도선사

도선사(道詵寺)는 우이동에서 백운대로 올라가는 산길 중턱에 위치해 있다. 이 절은 원래 신라 말엽인 경문왕 2년에 도선국사가 세운 것인데, 그 후 대웅전은 이조 철종 14년(1863)에 다시 재건되었다. 현재의 건물은 최근에 들어 와서 시멘트로 다시 확장한 것이다.

### 5) 천축사

천축사는 만장봉 동쪽 기슭에 위치해 있다. 원래 신라 문무왕 12년(673)에 의상대사가 창건했을 때는 석암천이라고 하였으나, 그 후 태조 때 천축사라고 고쳐 부르게 되었다.

### 6) 화계사

화계사는 수유리에 위치해 있으며, 조선 중종 17년(1522)에 신원선사가 세운 절이다.

#### 북한산국립공원 현황

| 공원명 | 위치<br>(시도별 면적, $km^2$) | 면적<br>($km^2$) | 지정<br>연월일 | 주요자원 |
|---|---|---|---|---|
| 북한산<br>국립공원 | 서울<br>도봉 21.43<br>성북 4.7<br>종로 4.16<br>은평 9.42<br>서대문 0.31<br>경기<br>의정부 9.23<br>고양 14.93<br>양주 14.58 | 78.45 | 83. 4. 2 | • 산봉 : 북한산, 백운대, 인수봉, 만경봉, 노적봉, 장군봉, 도봉산, 만장봉<br>• 계곡 : 도봉계곡, 우이계곡, 정릉계곡, 진관계곡<br>• 기암 : 우이암, 노적암, 만경대, 인수봉<br>• 사적 · 사찰 : 신라진흥왕순수비(국보 3호), 구기리마애석가여래좌상(보물 215호), 도선사, 망월사, 천축사, 승가사, 경국사, 화계사, 봉국사, 문주사, 상운사, 회룡사 등 |

## 2 명산 · 사찰

### (1) 도봉산

국립공원인 도봉산(道峰山)은 주봉인 자운봉(7백39m)을 비롯하여 만장봉(7백18m) · 신선봉 등이 아름다운 산세를 이루고 있을 뿐만 아니라 계곡물이 풍부하여 휴일이면 많은 인파로 붐빈다.

도봉산 전경

특히 송추계곡 · 망월사계곡 · 오봉계곡 · 용어촌계곡 등은 서울근교의 시민들로 만원을 이룬다. 도봉산의 등산로는 다양한 코스가 있으나, 일반적으로 망월사 코스를 꼽을 수 있다.

### 1) 망월사

도봉산 3대 사찰 중의 하나인 망월사(望月寺)는 도봉산 북쪽 의정부 쪽에 위치해 있다. 이 절은 선덕 여왕 8년(640) 해조에 의해 건립되었는데, 당시 해조 스님이 경주의 월성(月城)을 바라보며 신라왕실의 번영을 빌었다고 하여 이런 이름이 붙게 되었다고 한다. 지금의 건물은 정조 4년(1780)에 다시 세운 것이다.

망월사

### 2) 회룡사

회룡사(回龍寺)는 도봉산 북쪽 기슭에 위치한 석굴암을 말한다. 이 절은 고려 우왕 11년(1385)에 무학대사(無學大師)에 의해 창건되었는데, 이성계(李成桂)와 무학대사가 3년 동안 이곳에서 수도를 했다고 전해지고 있다.

## (2) 수락산

수락산(水落山)은 해발 6백 38m로 경기도의 의정부시 · 남양주시, 그리고 서울의 노원구에 걸쳐 우뚝 솟은 아름다운 산이다. 수락산 산행의 백미는 하얀 화강암의 봉우리들과 멋진 능선을 보는 것이다. 특히 608봉 주변과 홍국사 뒤의 377봉 · 540봉 등 특이한 봉우리들이 원경의 스카이라인을 멋지게 장식하고 있는데, 이곳이 바로 수락산 절경의 진면목을 보여주는 대표적인 곳이다.

볼만한 곳은 흥국사(興國寺)의 대영산 괘불탱화, 대원군 친필, 흥국사 현판, 목조삼존불좌상, 육각전, 만월보전 등이 있다.

## (3) 관악산

관악산

관악산(冠岳山)은 서울의 관악구 · 금천구, 경기도의 안양시 · 과천시를 경계로 우뚝 솟은 나지막한 산이다. 이 산은 해발 6백 32m에 불과하지만, 산괴가 방대하고 계곡이 깊어 언제 찾아도 산행의 즐거움을 맛 볼 수 있다. 특히 지리적으로 서울에 가깝기 때문에 사시사철 많은 관광객들로 붐빈다.

관악산은 암괴(岩塊)로 이루어진 석산(石山)이다. 따라서 어느 능선에 가든지 암벽이 줄을 이어 나타나는데, 그 중에 팔봉능선과 육봉능선이 가장 대표적이다. 또한 이곳에서의 시원한 조망은 관악산 산행의 즐거움을 배가시키는 데 그 특징이 있다.

또한 관악산은 아름다운 바위산으로 계곡 곳곳에 샘도 여러 군데 있고, 계류(溪流)도 여기저기로 흘러내려 봄에는 진달래, 여름에는 녹음, 가을에는 단풍, 겨울에는 설경을 반영한다.

등산로는 장군봉, 삼성산, 연주암, 안양수목원, 과천, 봉천동 등으로 오르는 코스가 있다.

## (4) 조계사

종로구 견지동에 위치한 조계사(曹溪寺)는 1895년에 창건된 절이다. 당시에는 현재의 사찰 옆에 지어졌으며, 각황사(覺皇寺)라고 불렸다. 그 후 1910년 이해광 스님이 왕실의 허락을 얻어 확보한 현재의 절터에 한용운 스님과 함께 사찰을 건립하였는데, 절 이름을 태고사(太古寺)라 하였고, 각황사는 폐합시켰다.

조계사

고려말기에는 태고 보우국사(普愚國師)의 이름을 딴 태고종의 총 본산으로서 개기(開基)한 것인데, 1954년에 일어난 불교정화 후에 조계사로 개칭되었다. 현재는 대한불교 조계종의 총본산으로서 역할을 하고 있다.

볼만한 곳은 대웅전(大雄願)과 수령 5백 년이 넘은 백송(천연기념물 9호)을 꼽을 수 있다

### (5) 봉은사

봉은사(奉恩寺)는 한국종합전시관과 무역센터 부근에 위치하고 있으며, 지하철과 버스로 쉽게 찾아갈 수 있다.

봉은사의 원래 이름은 견성사였으나, 1498년 연산군 때 성종의 계비인 정현왕후가 성종의 묘인 선릉을 위해 봉은사로 이름을 바꾸었다고 한다. 봉은사는 794년 신라 원성왕 때 연희국사가 세운 절로 원래는 현 위치에서 서남쪽으로 1km되는 선릉의 동쪽에 자리잡고 있었다. 그러나 그 자리에 정릉을 만들기 위해 1562년 영종 때 이 자리로 옮겨 중건하게 되었다.

봉은사

또한 봉은사는 1592년 임진왜란과 1636년 병자호란 때 불타 1637년 인조 때 중건하였으나, 또 다시 1939년에 불에 탄 것을 1941년에 중건하였다. 그 후 1982년 대웅전을 크게 다시 짓고 협소한 일주문을 철거한 뒤, 그 자리에 진여문이라는 삼

문을 세웠다.

현재 봉은사 정문 앞쪽에 봉은사, 그 뒤쪽에 진여문이라는 현판을 달고 있는 문이 바로 그것이다. 봉은사에서 볼만한 것은 대왕전 선불당 그리고 판전 등이다. 선불당은 승과를 실시하던 곳으로 다른 절에서는 찾아볼 수 없는 건물이다 서산대사와 사명 대사도 이곳에서 승과에 합격했다고 한다.

선불당의 팔각지붕은 다른 건물과는 달리 앞쪽과 뒤쪽 지붕에 네 개의 작은 합각을 만들어 매우 특이한 형태를 하고 있다. 또한 경내에는 서울시 유형문화재 84호로 지정된 대방광불 화엄경 수소연 초판이 3천 1백 75개가 보존되어 있다.

## 3 공원 · 유원지

### (1) 남산공원

서울 한복판에 위치한 남산공원(南山公園)은 서울의 발전상과 자연경관을 한눈에 조망할 수 있는 곳으로 서울시민의 휴식처로서 역할을 하고 있다. 이곳에는 동 · 식물원을 비롯하여 분수대, 야외 음악당, 김소월 시비 (詩陣) 등이 있고, 주변에는 시립도서관이 자리하고 있다 이 공원은 남대문, 회현동, 퇴계로 3가, 장충공원, 이태원, 후암동 등 여러 갈래의 산책로를 통하여 오를 수 있다.

남산 식물원

최근 공원관리소 측에서는 공원시설의 활발한 운영을 위해 시민건강 달리기 코스 프로그램을 연중 실시하고 있고, 봄 · 가을에는 자원봉사자를 배치해 시민들의 혈압 · 맥박 등을 체크해 주기도 한다. 또한 단체 이용객들에게는 매년 6월부터

10월까지 남산현장교실이라는 관람코스를 제공해 시민들의 이용에 도움을 주고 있다.

## (2) 파고다공원

사적 354호로 지정된 파고다공원은 우리나라 최초의 근대공원이다. 원래 이 공원은 조선 세조 13년에 원각사(圓覺寺)로 건립하였던 것을, 고종 34년인 1897년에 영국인 브라운에 의해 공원으로 조성되어 1920년에 공원으로 개원한 것이다.

1919년 3 · 1운동 때 민족 대표 33명이 이곳에서 독립선언(獨立宣言)을 낭독함으로써, 한 때 일제(日帝) 항거의 진원지가 되기도 하였으며, 일명 '탑공원', 탑동공원 또는 탑골공원이라고도 부른다.

현재 남아 있는 것은 독립운동 봉화(峰火)에 불을 당겼던 팔각정을 중심으로 국보 2호인 원각사지 10층석탑, 보물 3호인 원각사비(圓覺寺陣) 등의 문화재와 3 · 1운동 기념탑, 3 · 1운동 벽화, 손병희(孫秉熙) 선생의 동상, 한용운 선생의 기념비 등이 있다.

### ■ 원각사지 10층 석탑

원각사지 10층 석탑은 높이 약 12m에 이르며, 국보 2호로 지정되었다. 이 탑은 조선시대의 석탑으로서 현존하는 한국의 석탑으로서는 형태와 평면이 특수하며, 수법이 세련되고 의장이 풍부하여 당대의 석탑으로서는 다시 찾아 볼 수 없는 최우수작품이다.

## (3) 사직공원

사직공원(社稷公園)에는 조선왕조의 사직단(사적 121호)이 보존되어 있다. 원내에는 사직단 아래에 어린이 놀이터가 길쭉하게 마련돼 있고, 향나무 정원

수 사이사이에 벤치 등의 편의시설도 갖추어져 있다. 공원 북쪽에는 율곡 이이(栗谷 李珥) 선생과 그의 어머니 신사임당(申思任堂) 동상이 있다

### (4) 장충공원

남산의 동북쪽 기슭에 자리잡은 장충공원(奬忠公園)은 소나무 숲으로 우거져 있고, 계곡 사이로 물이 흘러 내려 분수가 솟는 등 어린이와 함께 나들이 하기에 최적의 장소이다. 공원 내에는 사명대사(四溟大師)의 동상이 있고, 자그마한 연못 위에는 수포교(水標橋)라는 구름다리가 놓여 있어 운치가 그만이다.

### (5) 올림픽공원

올림픽공원은 백제 초기에 축조된 몽촌토성과 해자(垓字), 서울올림픽 당시 세계 유명선수들이 기량을 겨루었던 6개의 경기장과 올림픽 기념조형물, 그리고 세계 5대 조각공원으로 손꼽히는 올림픽 조각공원 등이 조화롭게 어울려 시민들뿐만 아니라 외국인 관광객들로부터 사랑을 받는 세계적 수준의 관광명소로 손꼽히고 있다.

특히 몽촌토성과 해자를 중심으로 한 드넓은 잔디밭과 30만 4천 그루의 푸른 녹지는 시민들을 위한 휴식장소와 산책로 등으로 널리 이용되고 있으며, 연간 6백만 명의 시민들과 외국인 관광객들이 찾아오고 있다.

올림픽 공원

### (6) 여의도공원

영등포구 여의도동에 위치한 여의도공원은 면적 6만 9천 4백 35평의 규모

로 한국 전통의 숲, 잔디마당, 문화 마당, 자연생태의 숲 등 4개의 공간으로 이루어져 있다. 주요시설은 관리사무소, 매점, 팔각정, 사모정, 자전거도로(2.4km), 산책로(3.9km), 공원, 연못을 비롯해 약 20만 8천 4백주의 나무가 심어져 있다.

#### 1) 한국전통의 숲

이곳은 우리나라에서 자라고 있는 나무들로 조성된 한국전통의 숲으로 연못과 계류, 팔각정, 사모정, 오솔길 등이 있어 고향의 정취를 느낄 수 있다.

#### 2) 잔디마당

잔디마당은 낮은 언덕을 이루는 잔디밭과 산책로로 연못 주변을 산책하거나 편히 쉴 수 있는 곳이다 특히 이곳에 있는 세종대왕(世宗大王) 동상에는 세종대왕의 약사가 새겨져 있고, 그의 발명품과 업적을 새긴 그림들이 동상을 둘러싸고 있다.

#### 3) 문화마당

이곳은 각종 공연과 집회 등 시민 모두가 참여할 수 있는 열린광장이다

#### 4) 자연생태의 숲

자연생태의 숲은 도심 속에서 자연을 관찰하고 체험할 수 있는 생태연못과 숲이 어우러진 공간이다.

### (7) 한강시민공원

서울의 상징인 한강, 시원하게 불어오는 강바람, 유람선의 고동소리를 들으

며 오리보트를 즐기는 연인들, 잔디밭을 뒹구는 어린아이들의 해맑은 웃음소리와 축구장에서 들려오는 함성소리 여름 한낮 한강시민공원에서 흔히 볼 수 있는 정경들이다.

한강시민 공원

가족들과 잠깐의 여유를 즐기고 싶을 때, 교통체증 걱정없이 자연의 위로를 받고 싶을 때 훌쩍 나갈 수 있는 그 곳, 한강시민공원에 가면 가족 모두를 만족시키는 넉넉함이 있다. 한강시민공원은 광나루지구 · 잠실지구 · 뚝섬지구 · 잠원지구 · 반포지구 · 이촌지구 · 여의도지구 · 양화지구 · 망원지구의 9개 지구로 되어 있다.

### 1) 광나루지구

광나루지구는 길이 11.6km로 한강시민공원 중 가장 길다. 이곳은 철새들의 서식처로 경관이 아름다우며 모형비행기 등 항공스포츠 장소로 이용되고 있다.

### 2) 잠실지구

잠실지구는 한강시민공원 가운데 볼거리 및 놀이시설이 가장 많은 곳이다. 길이는 5.4km로 잠실종합운동장, 롯데월드, 올림픽공원이 인접해 있어 스포츠와 레저도 덤으로 즐길 수 있다.

### 3) 뚝섬지구

뚝섬지구는 길이 9.6km로 성동구와 광진구에 인접해 있다. 이곳은 선상 레스토랑과 수영장 등 각종 레저시설이 갖추어져 있어 수상스포츠가 가장 활발하게 이루어지는 곳이다.

### 4) 잠원지구

잠원지구는 길이 5.2km로 강남 제일의 번화가인 압구정동 · 신사동 · 잠원동이 있는 강남구와 서초구 사이에 인접해 있다. 이곳은 강변의 경관을 즐기며 조깅과 하이킹하기에 좋은 곳이다.

### 5) 반포지구

반포지구는 길이 6.4km로 반포 아파트단지, 고속터미널 등이 부근에 있고 서초구와 동작구에 인접해 있다. 이곳은 연인과 가족들의 산책코스로 애용되고 있다.

### 6) 이촌지구

이촌지구는 한강대교와 동작대교 사이 강변북단에 위치하고 있으며, 길이는 8km에 이른다. 한강대교에서 동작대교에 이르는 한강주변을 따라 달맞이꽃, 갈대, 억새, 코스모스가 철따라 피어나 시민들의 산책과 조깅코스로 자주 이용된다.

### 7) 여의도지구

여의도지구는 샛강 상류에서 당산철교 남단까지 길이 3.8km로 이어지며, 주변에는 대단위 아파트단지와 국회의사당, 63빌딩 등이 자리하고 있다. 특히 둔치내에는 야외무대, 유람선 선착장 등 유락시설이 설치되어 있어 많은 시민들이 이용하고 있다.

### 8) 양화지구

양화지구는 당산철교에서 김포군 진호리까지 약 11.7km로 한강 남단에 위치해 있다. 이곳은 다양한 수상스포츠 체험은 물론 낚시 여건이 좋아 낚시인들이 자주 찾는 곳이다.

### 9) 망원지구

망원지구는 성산대교와 양화대교 사이 강변북단에 위치해 있으며, 길이는 8.8km로 마포구와 인접해 있다. 주변에는 망원정, 절두산성지, 행주산성 등의 관광명소가 자리하고 있다. 특히 이곳은 넓은 산책로와 휴식공간이 짜임새 있게 조성되어 있다.

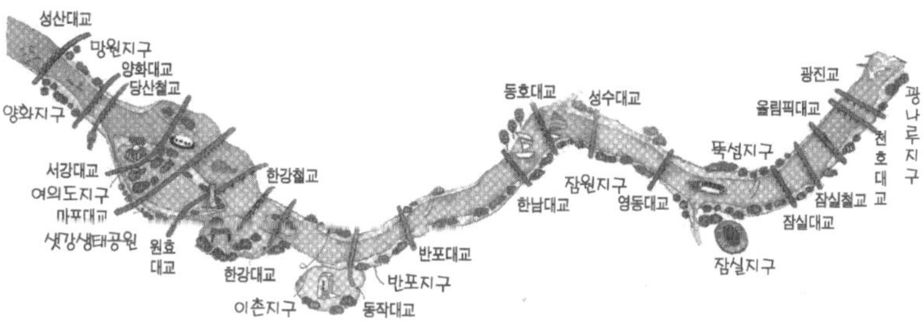

한강시민공원 안내도

## 4 문화유적지

### (1) 경복궁

경복궁(景福宮)은 광화문 사거리 북쪽에 위치해 있으며, 사적 117호로 지정되었다. 이 궁은 조선 태조 때 세운 왕궁으로 임진왜란 · 한일합방 등의 국난 때마다 어려움을 겪어 왔으며, 조선왕조 5백 년의 영욕이 얽혀 있는 역사의 현장으로 널리 알려져 있다.

원래 경복궁은 1592년 임진왜란 때 전소되어 1867년까지 폐허상태로 남아 있었는데, 홍선대군(興宣大君)이 그의 아들 고종임금의 거처로 사용하기 위해 재건축한 것이다.

현재 경복궁 내에는 경천사 10층석탑(국보 86호) · 법천사 지광국사 현묘탑(국보 101호) · 갈황사 3층석탑(국보 99호) · 정토사 홍법국사 실상탑(국보 102호) · 산청 범학리 3층석탑(국보 105호) · 진흥법사 염거화상 석탑(국보 104호) · 남계원 7층석탑(국보 100호) 등 국보 7점과 보물 11점이 있다.

### 1) 광화문

경복궁과 함께 세워진 광화문(光化門)은 임진왜란 때 소실되었다가 고종 때 다시 세운 것이다 그 후 6 · 25 때 전소된 것을 1969년에 다시 세웠으나 철근 콘크리트조로 재건된 광화문의 구조물과 위치가 원래의 것과 다르기 때문에 2006년 철거 해체되었다. 경복궁 복원사업의 일환으로, 고종 중건기 모습으로 복원하기 위해 2010년 현재 공사 중이다.

### 2) 경천사 10층석탑

높이 135m인 경천사 10층석탑(敬天寺十層石搭)은 왕가의 혼례를 경축하여 세운 것으로, 1384년 고려 말기에 지금의 판문점 부근의 경천사에 세워졌다. 그러나 1907년에 일본 국내성의 고관에 의해서 일본으로 반출되었다가, 그 후 1918년에 경복궁으로 되돌아온 것이다.

### 3) 근정전

경복궁 근정전

근정전(勤政殿)은 경복궁의 정전(正殿)이며, 국보 223호로 지정되었다. 이 건물은 원래 1395년에 창건되었는데, 1867년에 경복궁을 재건할 때 복원한 것이다. 근정전은 밖에서 보면 2층으로 된 건물이지만, 내부는 1, 2층의 층막이가 없는 통층(通層)으로 되어 있다.

## 4) 사정전

사정전(思政殿)은 평소 국왕이 신하들과 정무를 집행한 장소이다. 원래 이 건물은 태조 4년(1396년)에 창건되었는데, 1592년에 임진왜란으로 불탄 것을 1867년에 복원한 것이다.

## 5) 천추전

천추전(千秋殿)은 왕실과 국왕전하의 만수무강을 빈다는 뜻이다. 주로 국왕이 학자들과 함께 학문을 탐구했던 곳인데, 1443년 10월 9일 이곳에서 한글이 창제되었다.

## 6) 경회루

경회루(慶會樓)는 경복궁에 있는 왕실의 연회장이며, 경사스러운 연회가 개최된 곳이다. 특히 외국사신의 접대나 축제가 있을 때 임금과 신하들이 이곳에서 주연을 베풀었다.

경회루

원래 경회루는 태종 12년(1412)에 창건되어 그 후 1867년에 복원한 것인데, 국보 224호로 지정되었다. 경회루의 지붕을 떠받치는 돌기둥은 모두 48개로, 이는 불교에서 말하는 아미타여래의 48 비원을 나타낸 것이라고 한다.

### 7) 향원정

향원정

향원정(香遠亭)은 경회루에서 북쪽으로 조금 가면 아담한 연못 가운데 세워진 전각으로 중국 건축양식을 빌린 6각형의 2층 건물이다. 남쪽으로 목교가 놓여 있으며, 주위 경관과 함께 매우 수려한 경치를 이룬다.

## (2) 덕수궁

덕수궁(德壽宮)은 조선조 제9대 성종임금의 형인 월산대군의 집이었으나 임진왜란 이듬해인 1593년부터 15년간 행궁(行宮)으로 사용되었다. 그 뒤 선조의 뒤를 이은 광해군은 1611년에 이곳을 경운궁(慶運宮)으로 고쳐 부르고 7년동안 왕궁(王宮)으로 사용하였다.

그러나 1623년 인조가 임금이 되어 거처를 창덕궁으로 옮기면서 이곳은 270년 동안 별궁(別宮)으로 사용되었다. 1897년에는 고종 황제가 러시아 공관에서 이곳으로 돌아오면서 다시 왕궁으로 사용되었는데, 그때 고종황제의 장수를 비는 뜻에서 이름을 덕수궁으로 고쳐 부르게 되었다.

그 후 1904년에 궁궐 내에 불이나 많은 건물이 전소되었고, 1906년에 불에 탄 건물을 복구하고 대안문을 대한문으로 개명하였다. 지금은 대한문, 중화전, 광명문, 석어당, 준명당, 즉조당, 함녕전, 덕홍전, 석조전 등이 남아 있다.

### 1) 대한문

대한문(大漢門)은 덕수궁의 정문으로 광무 1년(1897)에 지어 대안문(大安門)으로 불렀으나 광무 10년(1906)에 순종이 창덕궁으로 이어한 후 대한문이라 개칭하였다. 현재 대한문의 현판은 당시 예조판서였던 남정철의 글씨이다.

**▶ 덕수궁 수문장 교대식 월요일 제외 매일 개최**

'영국엔 버킹엄궁 근위병, 한국엔 덕수궁 왕궁 수문장'.
서울 덕수궁 대한문 앞에서 매주 토 · 일요일 실시되는 왕궁수문장 교대의식이 서울의 대표적인 전통문화행사로 자리를 잡아가고 있다.
서울시는 30일 국내외 관광객들이 교대의식에 많은 관심을 보여 월요일을 제외한 매일 이 의식을 개최키로 했다고 밝혔다. 또 오후 2시부터 1시간 30분 동안 진행되는 행사는 그대로 유지하되 오전 11시부터 오후 4시까지 대한문 앞에 수문장 2명을 보초로 세워 관광객들이 함께 사진촬영을 할 수 있도록 했다.

### 2) 중화전

중화전(中和殿)은 덕수궁의 정전으로 건물 정면 양쪽에는 큰 향로가 있고 뜰에는 품계석이 세워져 있다.

### 3) 석조전

석조전(石造殿)은 순종 3년인 1909년에 건립되었다. 이 건물은 영국의 하딩이 설계하였으며, 조선조 궁중 건물로서는 최초의 르네상스식 석조건물이다. 한 때 이 건물은 고종황제의 어소로 외국사신을 접대하는 곳이었으나 해방 이후 1946년에 이곳에서 미 · 소공동위원회가 열렸으며, 현재는 국립미술관으로 사용되고 있다.

덕수궁 석조전

### 4) 석어당

석어당(昔御堂)은 의주에서 환도한 선조가 처음 거처하던 곳인데, 1608년에 선조가 승하한 후 광해군의 계비 인목대비를 10일간 감금 · 유폐시킨 곳이다.

#### 5) 즉조당

즉조당(卽祚堂)은 광해군과 인조가 즉위한 곳으로 1904년에 소실된 것을 1906년에 다시 지었다.

#### 6) 준명당 · 함녕전

준명당(浚明堂)은 고종이 한 때 편전으로 사용했던 곳이고, 함녕전(咸寧殿)은 순조가 엄비와 더불어 승하할 때까지 거처하던 곳이다.

### (3) 창덕궁

사적 122호인 창덕궁(昌德宮)은 조선왕조 500년의 5대 궁궐 중 가장 잘 보존되어 온 궁궐이다. 1405년에 경복궁 다음으로 건립된 별궁이었으나, 제9대 성종(1470~1494) 때부터는 역대임금이 거처함으로써 본궁이나 다름없는 궁궐이 되었다. 창덕궁도 경복궁과 같이 1592년의 임진왜란 당시 소실되고 많은 병화를 당했으나, 19년 후인 1611년에 광해군에 의해 중건되어 1910년 한 · 일 합방시까지 295년간 왕궁으로 사용되었다. 지금 이곳에는 인정전과 선정전, 대조전, 낙선재 등의 전각이 남아 있다.

창덕궁 전경

#### 1) 돈화문

돈화문(敦化門)은 창덕궁의 정문으로 측면 2칸에 3문으로 출입하도록 되어 있다. 이 문은 처음에 석단위에 세워졌으나, 현재는 초석이하가 흙에 묻혀있다. 단층으로 지어진 이 문은 궁전이 세워진 뒤 7년 후인 태종 12년(1412)에 건립되었는데, 임진왜란 때 병화를 모면한 문으로서 서울에서는 오래된 목조건물에 속한다. 현재 보물 383호로 지정되었다.

### 2) 인정전

인정전(仁政殿)은 1405년에 지어진 창덕궁의 정전이다. 건물은 2층기단 위에 세워져 있고, 그 지붕은 매우 장중하며, 내부는 통층(通層)으로 되어 있다.

### 3) 대조전

대조전(大造殿)은 왕비가 기거한 곳으로서 근대유럽의 값진 생활용품이 갖추어져 있으며, 당시의 왕궁생활의 일면을 엿볼 수 있다.

### 4) 선정전

선정전(宣政殿)은 인정전의 편전(便殿)으로 국왕의 집무실이 있었던 곳이다. 이 건물의 청기와는 세계에서도 아주 드문 것으로, 각각의 기와에는 용의 무늬가 새겨져 있다.

### 5) 낙선재

낙선재(樂善齋)는 헌종 12년(1846)에 후궁 경빈김씨를 위해 지어진 집으로 조선 말기의 전형적인 저택이다. 다른 건물과는 달리 화려한 단청이 없는 소박한 건물이어서 주변에 피어나는 꽃과 잘 어울리게 했다는 것이 특징이다.

## (4) 비원

비원(秘苑)에는 각종 희귀한 수목과 수많은 건물, 그리고 연못 등이 있는데, 이곳에서는 역대 왕족들이 여가를 즐기고, 심신을 수양하고, 연회를 베풀기도 하였다.

특히 비원은 우리나라의 전통적인 정원으로서 자연적인 지형에다 꽃과 나무를 심고 못을 파서 아름답고 조화 있게 건물을 배치한 세계에 자랑할 수 있는 왕궁의 후원이다. 또한 이곳에는 천년 묵은 아름드리 나무와 천연기념물 94호로 지정된 7백년 묵은 향나무가 서식하고 있다.

#### 1) 영화당

영화당(瑛花堂)은 숙종 18년(1692)에 중건된 것으로 매년 앞뜰인 춘장대에서 과거시험이 거행되었다.

#### 2) 부용정

부용정(芙蓉亭)은 건물 일부가 연못 위에 세워진 아름다운 정자로서 임금님의 낚시터로 사용되었다.

#### 3) 주합루

부용정 연못 앞 언덕에 어수문이 있고, 이 문을 들어서면 숙종 때 건립되어 국왕과 왕족의 연회장으로 사용된 주합루(宙合樓)가 있다. 이곳에는 숙종의 친필로 된 편액(扁額)이 걸려 있다.

주합루

### (5) 종묘

종묘(宗廟)는 서울의 종로구에 위치해 있으며, 조선시대의 역대 왕과 왕비 그리고 추존된 왕비의 신주를 봉안한 묘로서, 태조 4년(1395년) 2월에 사직단(社稷壇)을 기공하여 동년 9월 경복궁과 함께 준공하였다. 그 규모는 중앙에

종묘

정면 7칸의 태실(太室)을 남향하여 세우고, 그 좌우에 7사(祀) 및 공신의 배향묘(配享廟)를 두었으며, 다시 정전(正殿)의 서쪽에서 옮겨진 신주를 모시기 위해 세종 3년(1421년)에 건립된 영녕전(永寧殿)이 있다. 그러나 지금 남아 있는 묘우(廟宇)는 임진왜란 당시 소실되어 선조(宣祖) 41년 (1608년)에 중건된 건물이며, 그 후에도 여러 차례에 걸쳐 개수되었다.

#### 1) 정전

정전(正殿)은 역대 왕 중의 공이 많은 왕과 왕비의 위패(位牌)를 봉안한 곳이다. 국보 227호로 지정되었다.

#### 2) 영념전

영념전(永寧殿)에는 송도에서 옮겨온 이태조, 그리고 선대 4조의 위패와 정전에 봉안되지 않은 왕과 왕비의 위패가 있다.

#### 3) 공신당

공신당(功臣堂)은 이조 5백년을 통한 공신 83위의 위패를 배양하였다.

### (6) 태릉

태릉(太陵)은 조선 제11대 중종의 계비 문정왕후의 능이다. 태릉과 가까운 곳에 조선 13대 명종과 그의 비 인순왕후를 모신 강릉이 있는데, 우리가 흔히 태릉이라 부르는 곳은 사적 201호로 일괄 지정된 태릉과 강릉을 말한다.

태릉

태릉은 능 자체보다 육군사관학교와 선수촌 앞에 있는 푸른동산으로 더 유명하다. 질서 정연하게 늘어서 있는 푸른 가로수 밑으로 곧게 뻗은 화랑로를 달리는 짜릿함과 푸른동산의 맑고 신선한 공기가 이곳을 찾는 이들의 마음을 사로잡는다.

푸른동산은 실외수영장과 놀이시설 · 식당 등으로 이루어진 가족공원 같은 곳이다. 입구에서 표를 끊고 들어서면 오른쪽으로 야외수영장과 관리사무소, 운영본부 건물이 있고, 그 앞에 사격장이 있다. 클레이 사격장에서는 선수들이 사격하는 모습을 볼 수도 있고, 원한다면 직접 사격도 할 수 있다.

### (7) 정릉

정릉(貞陵)은 조선 태조 이성계의 둘째 왕비인 신덕왕후 강씨의 능이다. 신덕왕후는 상산부원군 강윤성의 딸로서 태조가 즉위한 뒤 현비로 책봉되었고, 방번 · 방석 두 왕자와 경순공주를 낳았다. 이 능은 원래 도성인 중구 정동에 있었으나 태조가 승하하자 왕위에 오른 태종(정안군 방원)이 신덕왕후를 미워하게 되어 정동에 있던 왕후의 능을 현재 정릉동으로 이장시켜 지금에 이르고 있다.

### (8) 남대문

남대문(南大門)은 태조 4년(1392)에 공사를 시작하여 태조 7년(1398)에 준공한 것으로, 우리나라 국보 1호로 지정되었다. 2008년 전소된 건물은 세종 29년(1447)에 개축한 것이며, 원래의 이름은 숭례문(崇禮門)이다.

남대문

숭례문이라는 편액(扁額)은 양녕대군이 직접 쓴 것으로 전해져 왔다. 남대문은 현재 서울에 남아 있는 목조건물 가운데 가장 오래된 것이었으나, 2008년 2월 10일 방화사건으로 석축을 제외한 건물이 붕괴되어 현재 복구공사 중이다. 2012년 12월 공사가 완료되면 원형에 가장 가까운 숭례문의 모습을 볼 수 있게 된다.

## (9) 동대문

원래 동대문(東大門)의 이름은 흥인지문(興仁之門)이며, 보물 1호로 지정 되었다. 태조 5년(1396)에 공사를 시작하여 다음해 4월에 낙성되었다. 지금의 동대문은 고종 6년(1869)에 개축한 것이다.

석축 중앙에는 홍예문을 두고, 그 위에 정면 5칸, 측면 2칸의 중층 문루를 세웠으며, 지붕은 우진각이다. 기둥 위의 공포는 다포식이며, 세부기법이 연약하고 장식 위주로 되어 있어 조선 후기의 전형적인 양식을 잘 나타내고 있다.

## (10) 독립문

독립문(獨立門)은 종로구 교북동에 위치해 있으며, 사적 32호로 지정되었다. 1896년 조선왕조 말기 개화기에 만들어진 독립문은 독립정신을 고취하기 위해 독립협회에서 세운 것인데, 이 문은 원래 러시아 출신 사바진이 프랑스 파리의 개선문을 모방해 설계한 것이라고 한다.

독립문

## (11) 보신각

보물 2호인 보신각종은 조선 세조 14년(1468)에 주조되어 원각사에 있다가 절이 폐사된 후 광해군 11년(1619)에 현재의 보신각(普信閣) 자리에 옮겨져 파루(오전 4시)에 33번, 인정(오후 7시)에 28번 울려 도성의 문을 여닫고 하루의 시각을 알려는데 쓰였다.

보신각

이 종은 오랜 세월 동안 많은 병화와 재화로 인하여 몸통에 균열이 생겨 더 이상 타종할 수 없게 되어 경복궁 안에 종각을 짓고 보관 중이며, 지금 보신각에 걸려 있는 종은 국민의 성금에 의하여 새로 주조된 종으로 1985년 8월 14일 보신각에 걸고, 8월 15일 광복절에 처음 타종되었다.

종각은 태조 4년(1395)에 창건된 이래 네 차례의 소실과 여덟 차례에 걸쳐 중건이 있었고, 고종 32년(1895)에 「보신각」이란 사액을 내린데서 보신각이라 하였다.

현재의 종각은 서울시가 1979년 8월에 동서 5칸, 남북 5칸의 중층 누각으로 세운 것이다

## (12) 암사동 선사유적지

암사동 선사유적지(사적 267호)는 약 6천 년 전 신석기시대 사람들이 살았던 집터 유적지로 지금까지 우리나라에서 발굴된 신석기시대 최대의 집단 취락지이다. 1925년 한강 홍수 때 모래 언덕이 패이면서 흔적이 드러나기 시작해 1967년부터 1973년까지 본격적인 발굴작업을 벌였다.

이때 신석시대의 집터 5기와 빗살무늬토기, 돌도끼, 돌화살 등의 석기가 출토되었다. 유적지내에는 수렵 · 채집으로 생활하며 취락을 형성했던 신석기시대인들의 움집을 그대로 복원해 놓았다

### (13) 몽촌토성

몽촌토성(사적 297호)은 올림픽공원 안에 있는 백제초기의 토성이다. 기름진 평야와 한강을 낀 지리적 여건 때문에 백제 한성시대의 중요한 토성 중 하나로 꼽힌다. 이 토성은 자연 구릉을 최대한 이용해 축조했으며, 남북 최장길이 7백 30m, 동서 최장길이 5백 40m이고, 총 면적이 약 6만7천 평에 이른다.

이곳에서는 약 8천~1만 명 정도가 살았을 것으로 추측되는데, 주위엔 적을 막기위한 목책과 해자가 둘러져 있고 동 · 남 · 북 3곳에 출입문이 갖추어져 있다. 토성내의 백제몽촌역사관은 백제 초기의 문화유적, 주거지, 고분 등의 모형과 몽촌토성, 석촌동고분 그리고 구의동에서 발굴된 유물들을 전시해 놓았다.

## 5 박물관 · 기념관

### (1) 국립중앙박물관

국립박물관은 약 12만 점의 귀중한 문화유산을 소장하고 있는 5천년 민족문화유산의 보고인 동시에 점차 사라져 가는 전통문화의 얼을 간직하고 있는 소중한 교육문화의 전당이다. 원래 국립박물관은 1996년부터 경복궁 내에 있었으나, 2005년 용산구 용산동에 새 보금자리를 마련하게 되었다.

국립중앙박물관

새 박물관은 우리의 전통적인 건축정신을 현대적으로 재해석한다는 입장에서 건축의 기본개념을 설정하였다. 장대하게 하나로 보이는 두 건물 가운데에 우리 건축의 고유 공간인 마루를 상징한 열린마당을 두어 모든 사람에게 개방, 전시실이나 사무동 등 박물관의 모든 시설을 이용할 수 있는 시작점이 된 곳이다.

건립부지는 중심부에 연못과 옥외에 전시 공간, 휴게시설 등을 조화롭게 배치해 핵심공간으로 구성하였고. 용산 가족공원의 자연스러운 경관을 보전하면서도 박물관 건물과 자연스럽게 조화될 수 있도록 하였으며. 폭포, 계류, 녹지공간 등을 조성하여 격조 높은 문화공간으로 만들어 이용도를 극대화하였다.

연중 휴관일은 1월 1일과 매주 월요일이고, 2006년부터 매월 넷째 토요일을 무료관람일로 지정하여 운영하고 있다.

### (2) 국립민속박물관

국립민속박물관

국립민속박물관은 서울 종로구 세종로 경복궁 내에 위치하고 있다. 조상들이 남긴 민속자료를 수집 · 보관하고 전통적인 생활상을 전시하며, 나아가서는 국제문화 속에 한국문화를 부각시키고자 설립된 박물관이다.

1945년 11월 8일 한국민속학의 선구자인 안석하의 소장품 기증으로 서울 중구 예장동에 개관된 국립민속박물관이 그 시초이며, 그 후 문화재관리국에 의하여 경복궁 수정전에 한국민속관이 설립되었다. 국립중앙박물관이 고고미술품을 전시하고 있는 데 대해, 민속박물관은 토속적으로 일상생활에 관련된 전통생활문화의 유산을 전시하고 있다.

현재 이곳에는 3개의 전시관이 있는데, 15개의 소전시실과 1개의 기획전시실에 4천여점이 전시되어 있고, 소장품은 총 2만여 점에 달한다.

### (3) 육군박물관

서울 노원구 공릉동 육군사관학교 내에 위치한 육군박물관에는 외침에 항거 하던 옛 선조들의 전투무기를 비롯해서 현대식 무기에 이르기까지 모두 한 자리에 모아두었다.

1956년 육군사관학교 기념관으로 문을 연 박물관은 1966년 육군박물관으로 확대되었으며, 현재는 약 2천 2백 평의 부지 위에 실내전시실과 옥외전시설, 그리고 야외 무기전시장을 갖추고 본격적인 군사전문 박물관으로 발돋음했다.

## (4) 철도박물관

철도박물관은 1988년 경기도 의왕시 부곡 철도교육단지 내에 처음 개관하였고, 1997년 4월 서울 역사내에 서울역관을 추가로 개설하였다. 전시관 내에는 각종 철도관련 유물 및 모형, 열차의 작동원리 등 기차에 대한 모든 것을 전시하고 있어, 철도 1백 년 역사를 한눈에 관람할 수 있도록 했다.

## (5) 농업박물관

1987년 11월 서울 서대문구 충정로에 개관한 농업박물관은 도심 속 농경문화의 배움터로서 우리 조상들의 값진 농경문화 유산을 한 곳에 모아 전시하였다. 특히 박물관 앞 정원에는 원두막과 물레방아, 그리고 1백여 평의 논밭을 일구어 도섬 속에 전원풍경을 연출해 놓았다.

## (6) 김치박물관

강남구 삼성역에서 내려 공항터미널쪽으로 가다 보면 김치박물관이 나온다. 1986년에 개관한 김치박물관은 우리 민족의 대표적인 김치의 변천사와 발달사를 한눈에 볼 수 있다.

상고시대부터 현재에 이르기까지 김치에 대한 문헌과 풍습을 비롯해 김치

재료, 기구 및 1백여 가지나 되는 각종 김치들을 보관 · 전시하는 한편, 한국 음식문화의 연구사업도 하고 있다.

### (7) 전쟁기념관

전쟁기념관

전쟁기념관은 용산구 용산동에 위치해 있으며, 전쟁과 역사의 교훈을 되새긴다는 취지로 1988년에 입법된 전쟁기념 사업법에 따라 1990년 9월에 착공 하여 1994년 6월에 개관하였다. 전시장은 실내 전시실과 옥외 전시장으로 구성되어 있고, 전시자료는 약 1만 3천 6백여 점에 이른다.

또한 이곳에는 삼국시대부터 최근까지의 전쟁과 군사에 관한 자료들을 실증적이고 역동적으로 전시하고 있다. 기념관 양측 회랑에는 한국전쟁과 월남전에서 전사한 장병들의 명비가 새겨져 있으며, 중앙광장에는 인공호수와 녹지가 조성되어 있어 시민들의 휴식공간으로도 이용되고 있다.

### (8) 국립서울과학관

서울 종로구 와룡동에 위치한 국립서울과학관은 우리나라 과학 · 산업기술의 현주소를 살펴볼 수 있도록 모두 3개의 전시관을 꾸며놓았다.

이 과학관은 생활과학 중심의 본관전시관과 산업기술 위주의 산업기술관, 사안에 따라 기획 · 전시하는 특별전시관 등 3개의 전시관 외에도 일반인과 어린이들이 직접 참여할 수 있는 과학 프로그램도 운영하고 있다

### (9) 홍릉수목원

서울 청량리에 위치한 홍릉은 원래 조선 26대 고종의 비인 명성왕후의 능이었다. 1919년 고종이 승하하자 능을 지금의 경기도 금곡으로 옮겨 합장하였다. 1922년부터 산림청 산하 임업시험장이 이곳에 수목원을 가꾸기 시작했으며 현재 13만 평의 부지에 다양한 수종과 야생화를 가꿔놓았다.

## 6 종합레저시설

### (1) 어린이대공원

어린이대공원은 약 22만여 평의 대지 위에 건설되었으며, 어린이 중심의 가족놀이 공원이다. 1973년 5월 5일 어린이날에 준공 · 개원하였는데, 이 공원은 어린이의 교육, 보건, 정서발달과 학습을 목표로 하고 있다.

공원 내에는 동물원을 비롯해 분재와 열대식물 등 3백 96종을 전시한 식물원, 인공폭포, 영농단지, 운동시설, 각종 편의시설, 원자력 이동전시관, 한국통신 홍보관 등이 있다.

### (2) 서울드림랜드

서울드림랜드는 서울의 도봉구 번동 월곡 근린공원 내에 있는 종합휴양업체를 말한다. 이곳은 시민들의 휴식, 오락, 교양, 문화 및 체육시설을 포함한 종합위락 기능의 휴양시설을 갖추고 있다.

서울드림랜드

주요 시설로는 만남의 광장, 휴식광장, 한국민속광장, 스포츠 프라자, 환상의 나라 등이 있다.

### 1) 만남의 광장

만남의 광장은 공원의 기능과 역할을 담당하는 곳이다. 또한 이곳에는 각종 편익시설과 스포츠시설이 갖추어진 식당가, 실내수영장, 기념관이 있어 만남의 장소로 이용되며, 특히 한옥은 전통 회갑연 및 혼례식장으로 사용되고 있다.

### 2) 휴식광장

백색의 건물을 끼고 정문에 들어서면 르네상스식 스타일의 각종 건축물이 시야를 깨끗하게 해주는데, 이곳이 바로 휴식광장이다. 특히 야간에는 휘황찬란한 조명과 더불어 물개 쇼가 진행된다.

### 3) 한국민속광장

한국민속광장에서는 순수한 한국 고유의 맛과 각 지방의 향토음식을 맛볼 수 있을 뿐만 아니라, 각종 토산품과 공예품도 구입할 수가 있다.

### 4) 스포츠 프라자

스포츠 프라자에서는 카리브해의 푸른 모래를 연상케 하는 분위기 속에서 수영과 운동 그리고 휴식을 즐길 수 있다.

### 5) 환상의 나라

환상의 나라에는 바이킹과 펀하우스 등을 비롯해서 아토믹코스타, 길이 1천 1백m의 제트코스타 등 총 26종의 각종 시설이 설치되어 있어 동적인 관광 활동을 경험할 수 있다. 그밖에 환상의 나라에는 각종 전자게임을 즐길 수 있는 종합게임센터와 3D 입체영화관 등이 있다.

### 6) 푸른동산

공원 전체를 에워싼 푸른동산은 가족 단위로 쉴 수 있는 잔디공원을 말한다.

## (3) 롯데월드

롯데월드

롯데월드는 서울의 잠실에 위치한 종합 휴양업체로서 서울의 균형적인 발전을 꾀하고, 민족문화의 전통을 계승 · 발전시키기 위하여 설립되었다. 역점사업으로는 미래 지향적인 첨단생활 공간의 형성은 물론 사회적 욕구를 적극 수용하고, 더 나아가 외화획득과 고용창출 그리고 관련 산업의 파급효과와 지역경제 발전에 기여하는 데 그 뜻이 있다.

### 1) 어드벤처

작은 지구마을을 주제로 한 어드벤처는 최첨단시설과 다양한 휴식시설, 공연프로그램을 갖춘 실내 테마파크로서 기네스북에서도 공인한 현존 실내테마파크 중 세계 최대의 규모를 자랑한다.

### 2) 매직 아일랜드

매직아일랜드는 인공호수인 석촌호수 위에 위치하고 있으며, 어드벤처와 연결된 다양한 레저시설과 마법의 성을 중심으로 펼쳐져 있는 옥외 호수공원이 있다.

### 3) 민속박물관

민속박물관은 역사전시관, 모형촌, 놀이마당, 저자거리로 구성된 새로운 차원의 박물관으로써 우리 선조의 슬기와 전통문화를 한눈에 볼 수 있는 역사·문화의 산교육장이다.

#### 4) 수영장

롯데월드 수영장은 약 4천 평에 5천 명을 동시에 수용할 수 있는 규모로서 천장의 유리돔을 통해 들어오는 햇살과 함께 남국풍의 분위기를 만끽하며 수영을 즐길 수 있는 레저형 실내수영장이다.

주요 시설로는 수심 6m의 잠수 풀, 국내 최대의 곡선 슬라이드 풀 등을 비롯한 8종의 다양한 풀과 7천여 개의 국내 최대 로커시설, 간단한 식사와 음료를 즐길 수 있는 휴식공간, 원시 동굴시대를 연상케 하는 동굴탕 사우나 시설을 구비하였다.

#### 5) 아이스링크

유리 돔을 통하여 들어오는 자연광 아래서 사계절 스케이트를 즐길 수 있는 아이스링크는 실내 스케이트장으로서 휴식시설을 구비하고 있으며, 종종 해외 유명 아이스쇼단 초청 공연 및 국내 아이스댄싱 대회를 개최하고 있다.

#### 6) 쇼핑몰

쇼핑몰은 각 상품별 전문점으로 구성된 새로운 형태의 상가로서 재래식 시장, 패션 전문상가, 생활용품 전문상가, 식당가로 구분하여 총 4백여 개의 전문점이 입점해 있다.

## 7 기타 관광명소

### (1) 대학로

대학로를 흔히 연극의 거리 혹은 젊음의 거리라고 부른다. 혜화동 로터리에서 이화동 로터리까지의 왕복 8차선 도로 좌우에 자리하고 있는 40여 개의 크고 작은 극장에서 연극이 공연되기도 한다.

대학로라는 이름은 서울대 문리대가 자리했던 곳이었기 때문에 붙여진 모양인 것 같다. 그런데 지금 그 시절의 분위기를 느낄 수 있는 곳은 별로 없다. 그들 세대가 젊은 시절 독점했던 이곳은 새로운 젊은 세대가 선호하는 서구식 대형 레스토랑과 카페, 노래방, 호프집이 대신하고 있기 때문이다.

대학로는 주말과 휴일이면 거리 전체가 볼거리로 가득해 진다. 젊음의 거리답게 연인들로 물결을 이룬다. 초상화를 그려주는 거리의 화가들, 그리고 반지, 팔찌, 목걸이 등 액세서리를 길바닥에 늘어놓고 파는 외국인 노점상도 요즘 들어 부쩍 늘었다.

대학로

그러나 이곳의 볼거리는 뭐니뭐니해도 마로니에공원 안팎에서 펼쳐지는 거리공연을 꼽을 수 있다

### (2) 인사동

인사동(仁寺洞)하면 전통의 거리, 문화의 거리가 떠오른다. 인사동 길은 삼청동에서 시작한 개천을 따라 관훈동 · 인사동 · 광교통으로 흐르면서 그 개울을 따라 생긴 길가로 마을이 형성되면서 생겨났다.

인사동의 동명(洞名)은 일제시대 때 행정구역명이었던 관인방 대사동에서

골동품 상가가 밀집한 인사동

관인방과 대사동 가운데 인(仁)자와 사(寺)자를 조합해 만든 것이라고 한다.

옛날에 이 거리에는 골동품과 고서적을 취급하는 화랑은 없었고 유명한 가구점과 병원, 그리고 규모가 큰 한옥이 많았던 곳이었는데, 6 · 25전쟁으로 생활이 어렵게 되자 인사동의 고급가구점들이 사양길로 접어들었고, 그 자리에 외부로부터 몇몇 골동품상과 필방이 들어오면서 새 거리로 변모하였던 것이다.

지금은 1년에 한 번 전통문화축제가 개최되고, 1997년 4월 13일 차 없는 거리 지정 이후 매주 일요일 전통문화장터가 개최되어 국내외의 많은 관광객들로 붐빈다.

### (3) 명동

명동거리

명동(明洞)은 서울을 상징하는 번화가이면서, 유행을 창조하는 패션의 중심가이다. 특히 명동에는 백화점, 아케이드, 바, 레스토랑 등이 밀집해 있어 야간에는 불야성을 이룬다. 이곳 명동은 서울시민은 물론 외국인 관광객에게도 매우 각광을 받는 곳이다.

### (4) 남대문시장

국내에서 가장 다양한 품목을 취급하는 남대문시장은 대지면적 약 2만여 평으로 한국 최대의 전문종합시장이다. 가격이 매우 저렴하다는 것이 최대 장점인 남대문시장은 1414년에 시작되었는데, 전통과 역사뿐만 아니라, 규모와 거래에 있어서도 한국 최고를 자랑하는 대표적인 시장으로 남대문에서 구할 수 없는 것은 한국 어디에도 없다고 할만큼 다양한 상품을 갖추고 있다.

남대문 시장에는 의류, 그릇, 식품, 장신구, 문구, 꽃, 인삼 등 온갖 물건이 다 거래되고 있으며, 약 1만여 개의 점포가 상품을 직접 생산 · 판매하는 독립된 기업체로서 생산자와 소비자를 직접 연결하는 유통구조를 가지고 있다. 새벽 2시에 남대문시장은 가장 활기를 띤다. 새벽시장을 열 만한 가게들은 모두 문을 열고 손님을 맞고 있는 시각이다. 일반인들이 새벽시장에 들러서 유리한 점이 있다면 새로 나온 상품을 먼저 살 수 있다는 점이다. 새벽 5시쯤 도매거래가 끝날 때쯤 찾아가면 조금은 여유 있게 원하는 물건을 살 수 있다.

### (5) 서울타워

서울의 명물 서울타워는 해발 4백 79.7m로 1975년 8월 서울 민영방송 3국이 공동 출자하여 종합전파시설을 겸한 관광전망용으로 건설되었다.

서울타워

타워의 부지는 3천 평, 연건평 4천여 평에 레스토랑, 커피숍, 휴게실, 수족관, 전망대 등을 갖추고 있다.

서울타워의 하이라이트는 4층의 회전전망대로 20분 간격으로 한 번씩 회전한다. 그리고 날씨가 맑은 날에는 인천 앞 바다와 개성의 송악산까지 관망할 수 있다.

### (6) 국립극장

남산의 중턱에 위치한 국립극장은 1천 4백 70석의 대극장과 4백 30석의 소극장, 실험무대, 놀이마당을 갖춘 공연장으로 1973년에 개장되었다. 이곳에는 극단, 창극단, 발레단, 합창단, 무용단, 오페라단이 각 분야별로 활동하고 있다.

### (7) 한강유람선

한강은 한반도를 남북으로 잇는 태백산맥에서부터 시작하여 5백14km나 흐르는 강이다. 1986년 한강종합개발이 완공되면서 새롭게 한강의 명물로 등장한 유선형의 유람선은 여의도 선착장을 기점으로 하여 행주대교 북단과 잠실대교 남단 사이를 운행하고 있다. 강변을 따라 뻗은 시원한 도로, 대규모 아파트단지, 한강변에 위치한 문화유적 등을 선상에서 관람할 수 있다.

### (8) 예술의 전당

예술의 전당에는 국립국악당과 각종 공연이 가능한 2천 5백석 규모의 서울오페라극장을 비롯해서, 2천 2백석 규모의 서울음악당, 그리고 미술작품을 전시한 한가람미술관, 예술에 관한도서 및 시청각자료를 소장하고 있는 서울예술자료관, 10개의 전시설과 2개의 갤러리로 구성된 서울서예관, 6천 명을 수용할 수 있는 야외극장과 놀이터 등의 시설을 갖추고 있다.

### (9) 세종문화회관

세종문화회관의 대극장은 첨단 시설을 갖춘 세계적 수준의 공연장으로 1, 2, 3층에 걸쳐 3,022석의 객석을 갖추고 있다. 특히 객석이 크고 편안하며, 1,2층은 국내최초로 액정모니터를 설치하여 오페라 자막이나 공연정보 동영상 서비스를 받을 수 있다.

또한 최신 음향장치를 설비하여 음향 수준이 탁월하며, 객석 구석구석까지 소리가 전달되고 있다. 대극장은 클래식뿐만 아니라, 다양한 장르를 소화해낼 수 있는 다목적 홀로, 외국의 유수 공연장과 비교해도 손색이 없는 세계적 수준의 공연장이다.

## (10) 청계천

2005년 10월 회색빛 콘크리트에 묻혀 있던 청계천(淸溪川)이 맑은 물 흐르는 도심 속 개천(開川)으로 다시 태어났다. 청계천의 원래 이름은 개천으로 서울의 서북쪽에 위치한 인왕산과 북악의 남쪽 기슭, 남산의 북쪽 기슭에서 발원하여 도성 안 중앙에서 만나 서에서 동으로 흐르는 연장 10.92km의 도시 하천이다. 청계천은 1394년 서울이 조선왕조의 도읍지로 정해진 이후 도성 안을 지리적으로 구분했을 뿐 아니라 정치 · 사회 · 문화적으로도 구분하는 상징적인 경계선으로 작용했다.

청계천

옛 서울지도를 살펴보면 물길과 도로가 만나는 곳곳에 많은 다리가 표시되어 있는데, 비교적 다리가 풍부하게 표시된 수선총도에는 약 190여개의 다리가 표시되어 있다. 이 중에서 명칭과 위치가 확인되는 것만 약 80개 정도이며, 1760년 청계천 본류에는 모전교, 광통교, 장통교, 수표교, 하랑교, 효경교, 마전교, 오간수문, 영도교 등 9개의 다리가 있었다.

Chapter » 02

# 제2장 경기편

## 1 도립공원

### (1) 남한산성도립공원

남한산성(南漢山城)은 경기도 광주군과 성남시의 경계에 위치하고 있으며, 사적 57호로 지정되었다. 남한산성은 천혜의 요새를 이루고 있어 백제 초기에는 왕도(王都)가 자리하였고, 특히 병자호란의 한이 서린 산성(山城)으로 널리 알려져 있다.

그러나, 병자호란 때 왕이 이곳으로 피난했지만, 결국 45일 만에 굴욕의 항복을 하고 말았다. 지금 남아 있는 성곽은 조선 인조 4년(1626)에 청나라의 침입을 막기 위하여 쌓은 것이다. 정상에는 길이 4.5km의 산성이 있고, 그 안에는 수어장대, 청량대, 숭렬전, 현절사, 연무관 등이 남아 있다.

남한산성의 남문

#### 1) 수어장대

수어장대(守禦將臺)는 남한산성 최고봉인 일장성 산마루에 위치해 있으며, 2층 기와집의 누각(樓閣)이다.

### 2) 청량대

청량대(淸凉臺)는 서장대 바로 밑에 있는 조그마한 건물이다. 이곳은 남한산성 성축의 총감독을 맡았던 이회가 모략을 받아 사형되자, 그의 혼을 위로하기 위해 세운 것이라고 한다.

### 3) 숭렬전

숭렬전(崇烈殿)은 서문 안 일장산 중턱에 위치해 있으며, 인조 16년(1638)에 백제 시조 온조왕이 초혼각으로 지은 것이다.

### 4) 현절사

현절사(顯節寺)는 홍익환 · 윤집 · 오달재 등 3학사의 충절을 기리기 위해 세운 사우(祠宇)이다.

### 5) 연무관

연무관(演武館)은 무예의 길을 닦아 인재를 양성한 곳이다.

**남한산성도립공원 현황**

| 공원명 | 위치 (시도별 면적, km²) | 면적 (km²) | 지정 연월일 | 주요자원 |
|---|---|---|---|---|
| 남한산성 도립공원 | 경기(광주 36.44) | 36.44 | 71.3.17 | 남한산성, 묵주산, 천대문, 서장대, 숭렬전, 매바위, 1자우물, 송안정, 온수욕, 영춘창 등 |

## 2 명산 · 사찰

### (1) 명성산

명성산(鳴聲山 · 9백 22m)은 포천군 영북면 산정리에 위치한 산정호수의 물이 흘러나오는 근원이며, 강원도 철원군과 경계를 이루고 있는 산이다. 명성산은 광주산맥에 속해 있으며, 산정호수와 어우러져 경치가 매우 뛰어나다. 특히 험준한 암벽을 이루고 있는 서쪽의 산세가 유독 아름답고, 가을이 되면 억새꽃이 물결을 이룬다.

명성산 전경

명성산, 즉 울음산이란 이름은 궁예가 자신의 부하였던 고려 태조 왕건에게 패한 후 이곳으로 쫓겨와 크게 울었다는 전설에서 비롯됐다고 한다. 볼만한 곳은 폭포수의 물안개를 타고 용이 승천하였다는 등룡폭포(登龍瀑布)와 수정같이 맑은 물에 선녀가 놀고 갔다는 비선폭포(飛仙瀑布)가 볼만하다.

현재 국민관광시로 개발된 산정호수(山井湖水)까지는 교통이 편리하고, 숙박시설도 잘 구비되어 있다.

#### ■ 자인사

명성산 기슭에 자리잡은 자인사에는 경내의 왜소한 대웅전에 비해 턱없이 큰 석불이 위치해 있다. 그밖에 관세음보살상과 몇 개의 석탑이 오밀조밀하게 구색을 갖추고 있고, 경내에는 물맛이 좋기로 소문난 깨끗한 샘물이 솟아나고 있다.

### (2) 백운산

포천군 이동면 도평리에 위치한 백운산(白雲山 · 9백 4m)은 강원도의 화천군과 경계를 이루는 광덕산(1천 46m)의 크고 작은 연봉들이 어우러져 고산 준령을 이룬 산이다.

백운산은 기암괴석과 깊은 계곡에서 흐르는 옥수가 어우러져 구비마다 전설을 간직하고 있고, 또한 사계절 모두 독특한 절경을 이루고 있어 도심에 찌든 세인들의 심신을 달래주기도 한다.

볼만한 곳으로는 흥룡사, 금강폭포, 백운폭포 등이 있다. 또한 이곳에서는 포천의 특산물인 이동막걸리와 이동갈비의 별미도 즐길 수 있다.

■ **흥룡사**

흥룡사(興龍寺)는 포천시 이동면 백운산에 자리잡고 있으며, 포천시에서는 규모가 가장 큰 전통사찰로 정평이 나 있다. 사찰 북쪽에는 백운당이 있고, 서쪽으로는 금불상을 모신 관음전이 있으며, 그리고 뒤편에는 스님이 기거하는 암자와 향토유적 35호로 지정된 청암부도가 있다.

원래 흥룡사는 조선시대 때 무학대사가 중건하였는데, 인조 16년(1638)에 무영대사에 의해 중수되었다. 그 후 인조 26년(1648)에는 청암대사가 보문암을 창건하였고, 정조 10년(1786)에 진천화수가 다시 중수하고 사명을 백운사라 개칭하였다.

흥룡사 내에는 대웅전 외에 불전 4동 그리고 주지실 등이 있으며, 홍룡사라는 이름은 일제시대 때 붙여진 것이다.

## (3) 광덕산

광덕산(廣德山 · 1천 48m)은 경기도의 포천시와 강원도의 화천군에 걸쳐서 위치해 있으며, 나무가 우거진 능선과 계곡이 조화를 이루고 있어 아름다움을 자아내고 있다.

광덕산 정상에 오르면 북으로는 철원평야가 보이고, 남으로는 백운 · 국망

능선과 무학봉 사이의 계곡과 들판을 한눈에 볼 수 있다.

그리고 굴곡이 많은 능선과 계곡의 조망, 초입 능선의 송림, 급경사가 별로 없는 밋밋한 능선, 눈앞을 가로막듯 역광 속에 파도쳐 오는 번암산, 화악산의 장쾌한 능선이 볼만하다.

### (4) 소요산

소요산(逍遙山 · 5백 87m)은 동두천시의 소요동과 걸산동에 위치하고 있으며, 한수 이북 최고의 명산으로 정평이 나 있다. 소요산은 규모는 작지만 산세가 특이하고, 봄에는 진달래와 철쭉이 장관을 이루고, 가을에는 불타는 듯한 단풍으로 아름답다.

소요산 전경

특히 이곳은 원효대사가 고행 수도하며, 큰 도를 깨친 곳으로 유명할 뿐만 아니라 서화담 · 양봉래 · 매월당 등이 수련하기 위해 자주 소요(逍遙)하였다 하여 소요산(逍遙山)이라고 부르게 되었다. 소요산의 산세는 뾰족뾰족한 기암괴석이 절묘하게 봉우리를 이루고 있어 마치 만물상을 연상케 한다. 산정으로 오르는 길목에는 소담스러우면서도 앙증맞은 청량폭포가 있고, 폭포 위에서 조금만 더 오르면 높이 10m의 우렁찬 낙하의 절규를 토하는 원효폭포가 나온다.

그밖에 자재암 등의 관광명소가 있고, 입구에는 넓은 주차장과 눈썰매장, 수영장 등이 있어 수도권 지역의 하루 관광코스로 각광을 받고 있다. 소요산은 1977년 3월에 국민관광지로 지정되었다.

■ 자재암

소요산에 위치한 자재암(自在庵)은 신라 무열왕 때 원효대사가 창건한 유서 깊은 고찰로 원효대사와 요석공주가 이곳에 기거했다는 전설 때문인지 무수한 승려들이 수도하기 위해 거쳐가는 곳으로 유명하다. 또한 자재암은 거대한 바위산 협곡 위에 위치하고 있어 수도하기에는 더없이 좋은 곳이다. 자재암이 유명한 것은 이곳에 귀중한 보물인 「반야심경」 언해본이 전하기 때문이다. 1994년 암자의 서책들을 정리하는 과정에서 우연히 발견된 이 반야심경은 현재 보물 1211호로 지정되었다.

## (5) 운악산

운악산(雲岳山 · 9백 35m)은 포천시와 가평군 경계에 위치하고 있으며, 일명 경기도의 소금강(小金剛)이라고 불리고 있다. 마치 구름을 뚫을 듯이 바위가 우뚝 솟았다고 해서 운악산이란 이름을 갖게 되었다. 특히 시원하게 펼쳐진 화강암과 죽순처럼 뻗어 올라간 돌순, 그리고 수려한 암봉들은 마치 숨쉬고 있는 생명체처럼 느껴진다.

정상에서의 조망은 어느 산보다도 시원하다. 그것은 한쪽이 단애와 절벽으로 이루어진 곳이 많기 때문이다. 바위의 형상은 서울의 북한산이나 도봉산과 비슷해 경기도의 명산으로 꼽히고 있다 운악산에는 가평군내에서 가장 오래된 사찰인 현등사(懸燈寺)가 있다.

운악산 전경

■ 현등사

운악산 동쪽 단애 아래 자리잡은 현등사(懸燈寺)는 신라 법흥왕 27년 (540년) 인도에서 불법을 전하기 위해 건너온 마라가미 스님을 위해 왕이 지어준 절이다 현등사는 오랫동안 폐사되었다가, 신라 효공왕 2년(898년)에 도선국사가 다시 중창하였다.

경내에는 3층석탑, 지진탑(보조국사 사리탑), 화담당경화탑, 함허대사 부도, 북악부도 등의 문화재와 사찰건물 내에는 아미타불 좌불상, 후불탱화, 동종 등 많은 유물들이 보존되어 있다.

## (6) 용문산

용문산(龍門山)은 경기도 양평에 위치해 있으며, 1982년에 관광지로 지정되었다. 고봉준령의 묘미를 고루 갖춘 용문산은 울창한 숲과 아름다운 계곡 등 경관이 뛰어나 경기도 제일의 명산으로 꼽힌다.

해발 1천 1백 57m의 백운봉(白雲峰)을 중심으로 온 산이 험한 바위와 수목으로 뒤덮여 골짜기마다 절경을 이루고 정상에서 보면 높고 낮은 산들이 파도치듯 이어져 있다. 용문산의 원래 이름은 미지산(彌智山)이었다고 하는데, 조선 태조가 등극하면서 경기도의 최고봉이라고 해서 용문산으로 이름을 바꾸었다고 한다.

용문산 산행은 보통 용문사 입구인 신점리에서 시작된다. 아름드리 나무들이 도열한 길을 따라 한참 올라가면 용문사 앞의 거대한 은행나무가 나타난다. 여기서 왼편으로 난 길을 따라 올라가면 상원암에 닿을 수 있다. 상원암에서 계곡을 건너 1백m쯤 올라가면 능선이 나오고, 계속해서 암릉이 나타나기 시작한다.

용문산 전경

용문산은 온통 암반으로 뒤덮인 듯 바위들이 산 전체에 널려 있으며, 장군약수터를 비롯한 약수터도 군데군데 자리잡고 있다. 또한 절묘한 기암괴석과 차고 청명한 계곡물이 산세의 수려함을 한층 돋보이게 한다.

### 1) 용문사

용문사(龍門寺)는 신라 신덕왕 2년(913년)에 대경대사가 창건했다는 설과 진덕여왕 3년(649년)에 원효대사(元曉大師)가 창건했다는 설이 각각 전해지고 있다. 창건 당시에는 3백 4칸에 3백여 스님이 머물렀다고 전해지고 있으나, 그 동안 많은 건물들이 불타버리고, 지금은 대웅전과 종각의 부속건물만이 남아 있다.

### 2) 용문사 은행나무

일설에 의하면 용문사 경내의 은행나무는 마의태자(麻衣太子)가 금강산에 들어가는 도중에 심었다고 하는 설이 있고, 또한 신라 고승 의상대사(義湘大師)가 짚고 다니던 지팡이를 꽂아 놓은 것이 뿌리가 내려 이처럼 장성했다고 하는 설도 전해지고 있다.

천년이 넘은 거대한 이 은행나무는 높이 61m, 둘레가 10m에 이르며, 나라에 변고가 있을 때면 미리 알고 울었다고 한다. 현재 용문사 은행나무는 천연기념물 30호로 지정되어 있으며, 연간 다섯가마의 은행이 열리고 있다고 한다.

### 3) 상원사

용문사에서 서쪽으로 3.5km 정도 떨어진 곳에 위치한 상원사(上元寺)는 신라 선덕여왕 때 보국사찰로 세운 절인데, 그 뒤 조선 태조 7년(1398)에 조안대사가 다시 짓고, 무학대사가 이곳에서 수도를 했다고 한다. 한편, 세조 8년(1463)에 다시 중건한 상원사는 6 · 25 때 전소되어 그 뒤 다시 지었다.

## (7) 유명산

유명산 전경

가평군 설악면과 양평군 옥천면에 있는 유명산(有明山 · 864m)은 산 전체에 숲이 우거져서 봄부터 가을까지 하늘을 가릴 정도로 무성하고, 기이한 모양의 바위들과 깊은 계곡들이 숲과 함께 어우러져 있다.

유명산 등산은 계곡과 능선을 연결시키는 코스로 진행되기 때문에 다른 산보다도 다양한 산행을 즐길 수 있다. 게다가 산은 별로 높지 않고 급경사도 없어 산행하기가 매우 좋다.

유명산 등산의 매력은 계곡을 보는 것이다. 계곡의 발원지는 용문산이며, 계류의 수량은 항상 풍부한 편이다. 특히 경기도 일대에서는 칼봉산계곡 · 운악산계곡과 함께 가장 아름다운 계곡으로 손꼽힌다.

유명산의 등산로는 계곡을 여러 번 가로질러 오르는 것이 특징인데, 이 과정에서 박쥐 소와 용소, 마당소 등의 시원한 광경을 만날 수 있다. 또한 정상일대는 넓은 갈대밭이 펼쳐져 있고, 멀리 북한강과 남한강이 내려다 보인다.

원래 유명산은 마유산(馬遊山)이라고 불렸는데, 1973년 엠포르산악회가 순천에서 자오선을 따라 북상하던 중 이 산을 발견하고, 그 빼어난 아름다움에 넋을 잃고 산 이름을 짓는데 애태우다가, 마침 대원 중에 홍일점(紅一點)인 진유명이라는 여자의 이름을 따서 유명산이라고 지었다고 한다.

## (8) 천마산

경기도 남양주시 화도읍에 있는 천마산(天摩山 · 8백 12m)은 경춘선 철도 산행지 가운데 가장 가까운 산이다. 옛날 천마산 정상에 쇠로 만든 작은 말이 있어 천마산이라는 이름이 유래되었다.

현재 스키장으로 널리 알려진 천마산은 방사형으로 뻗은 다섯 개의 등산로를 따라 2시간 정도 가면 정상에 오를 수 있어 하루 코스로 산행할 수 있다. 평내역에서 산행을 시작할 경우에는 호평동에서 출발해 상명여대 생활관과 천마의 집을 통과하는 코스를 통해 정상에 갈 수 있다. 그리고 마석역을 산행 코스로 삼는다면 천마산 자연심신훈련장을 거쳐 정상까지 가는 길이 가장 일반적인 등산로이다.

■ **보광사**

보광사(普光寺)는 고려 광종 때 혜거국사가 창건한 절인데, 6 · 25동란 때 거의 전소되어 현재는 요사채만 남아 있다.

## (9) 마니산

마니산(摩尼山 · 4백 69m)은 인천시 강화군 화도면에 위치해 있다. 마니산으로 가는 길은 그동안 도로 확장으로 다녀오기가 훨씬 수월해 졌고, 최근에는 서울이나 인천에서 강화도로 가는 교통편도 많아졌다. 강화도는 무엇보다도 서울에서 가깝고 볼 것이 많다는 것이 큰 매력이다.

마니산으로 가려면 강화에서 3.6km 정도 밑으로 내려가다가 강화도로 가는 전등사 길과는 다른 방향인 우측의 보문사 방향으로 들어가 해변을 따라 남쪽으로 내려가면 된다. 마니산은 사시사철 많은 사람들이 찾아오는 명산이며, 또한 국민관광지역으로 지정되어 각종 편의시설이 들어서 있다.

마니산에서 참성단까지의 산행시간은 약 1시간 정도 소요된다. 산등성의 일부를 제외하고는 대부분이 숲으로 덮여 있어 한여름에도 산행이 가능하다. 마니산은 원래 마리산(摩利山) 또는 두악산(頭岳山)이라고 하였는데, 그 뜻은 머리산 또는 거룩한 산을 의미한다.

마니산의 정상에는 국조 단군이 기원전 2282년에 민족만대의 영화와 번영을 위해 친히 단(壇)을 쌓고 10월 상달에 하늘에 제사를 올렸다는 참성단이 자리하고 있다 참성단은 오래 전부터 허물어져 방치되어 왔던 것을 조선말기(1716)에 최석항이 중수하였다.

## (10) 청계산

양재 인터체인지를 지나 경부고속도로로 접어들면 오른쪽으로 보이는 산이 청계산(靑溪山)이다. 얼핏보기에는 부드러워 보이지만, 청계산 정상 망경대 주변의 바위는 자못 위압감마저 들게 한다.

인파의 시달림을 받지 않고 조용한 산행을 즐길 수 있는 청계산은 야생 밤나무와 도토리 나무가 많이 서식하고 있다. 청계산은 고려 말 조윤(趙胤)이 이태조의 반역을 비판하고, 분연히 송도를 떠나 입산했던 곳이라고 전해지고 있다.

### ■ 청룡사

청계산 남쪽 산기슭에 위치한 청룡사(靑龍寺)는 통일신라 때 창건되어 세종 때 1차로 중창하고, 숙종 때 다시 2차 중창을 거쳐 오늘에 이르고 있다. 특히 주변경관이 아름다워 주말이면 많은 등산객들로 붐빈다.

## (11) 신륵사

신륵사

여주군 북내면 천송리 봉미산(鳳尾山) 자락에 위치한 신륵사(神勒寺)는 신라 진평왕 때 원효대사가 지은 절이다. 임진왜란 때는 5백여 명의 승병이 왜군을 맞아 싸우다 극락전 등 일부 건물이 소실되었으나, 현종 12년, 숙종 28년 (1702)에 보수를 해 오늘에 이르게 되었다.

유구한 역사와 웅장한 규모 못지 않게 아름다운 풍경이 신륵사의 매력이다. 은모래 유원지에서 건너다보면 흰 구름을 머리에 인 울창한 숲 속에 고색 창연한 대웅전의 용마루가 드러나 마치 봉미산 전체가 신륵사인 것처럼 보인다.

경내에 들어서면 웅장하면서 화려한 극락전을 비롯해 조사당(보물 180호), 명부전, 시왕전, 산신당 등의 불각과 다층석탑(보물 225호), 석종비(보물 229호)와 석등(보물 231호), 대장각기비, 다층전탑(보물 226호) 등의 보물이 있다. 특히 다층전탑은 온전한 형태로 남아 있는 국내에 하나밖에 없는 전탑이다 그밖에 고려의 고승 나옹화상이 친필로 쓴 현판 천추 만세도 이곳의 자랑거리이다.

## 3 폭포 · 계곡

### (1) 재인폭포

높이 20m에 달하는 재인폭포(才人瀑布)는 경기도 연천군 연천읍에 위치한 폭포로 평지가 움푹 꺼지면서 협곡을 이룬 곳에 자연스럽게 생긴 것이다. 검은 석벽이 반원을 둘러친 듯 한 이 폭포는 한탄강으로 흘러들고 있고, 폭포 양쪽은 수십 길 낭떠러지의 단애(斷崖)를 이루며 절묘한 조화를 이루고 있다.

또한 검은색의 현무암으로 뒤덮인 용암지대를 이리저리 흐르다가 굉음을 내며 쏟아지고 있어 한여름 더위를 씻기에는 안성맞춤인 곳이다.

폭포 입구 마을에는 다양한 먹거리를 제공하는 식당이 있고, 폭포는 주말과 피서철에 한해서만 개방된다. 재인폭포 주변에는 신촌 낚시터를 비롯해서 야영을 할 수 있는 캠프장과 각종 부대시설이 있다.

### (2) 백운계곡

포천시 이동면과 강원도의 화천군에 걸쳐 펼쳐진 백운산(白雲山 · 9백4m) 기슭에 위치한 백운계곡은 주변의 광덕산(1천 46m)과 박달봉(7백99m) 계곡에서 발원하여 흐르는 맑은 물과 바위가 한데 어울려 한없이 머물고 싶은 곳으로 예로부터 포천8경의 하나로 손꼽히고 있다. 특히 여름 가뭄에도 얼음처럼 차고 맑은 물이 흘러 삼복더위도 저 멀리 물러앉게 하는 이 계곡은 예로부터 구름 가운데 신선이 앉았다라고 일컬을 만큼 아름다운 절경을 이루고 있다.

백운계곡

그리고 천년 고찰인 흥룡사 좌측을 지나 계곡을 건너면 회백색의 넓은 암반 지대가 나오는데, 이곳에는 높이 30m의 금광폭포가 그 웅장한 자태를 드러내며, 하얀 물거품을 토해내듯 뿜고 있고, 장장 6km에 걸쳐 펼쳐져 있는 백운계곡은 발길 닿는 곳마다 시원한 그늘과 구슬같은 맑은 물이 흐르고 있어 찾는 이의 발걸음을 더디게 한다. 관광명소는 광암정, 학소대, 금병암, 옥류대, 취선대, 금광폭포 등의 명소가 있고, 백운계곡 입구에서 매년 12월에 동장군 축제가 개최되고 있다.

### (3) 관음산계곡

포천시 영북면 · 영중면 · 이동면에 걸쳐 있는 관음산은 산정호수, 백운계곡, 한탄강, 영평천계곡을 잇는 네모꼴 지대 한복판에 들어 있는 명산으로 알려져 있다.

1984년 산정캠프가 생기면서부터 식당, 매점, 숙박시설 등이 갖춰져 단체 또는 가족단위의 피서객들이 편리하게 이용할 수 있게 되었다. 관음산계곡의 길이는 10리이며, 계곡 곳곳에는 낙엽송, 잣나무 등이 울창해 삼림욕에도 안성맞춤이다. 특히 주변에는 명성산과 산정호수 등이 있어 산길이나 호숫가를 호젓하게 걸을 수 있다.

### (4) 운악산 현등사계곡

현등사계곡은 가평군과 포천시와의 접경에 있는 경기도의 소금강이라 불리는 운악산(9백 35m) 동쪽 계곡을 말한다. 계곡의 계류를 끼고 올라가다 보면 주변의 경치가 좋고 특히 회백색의 암반위로 흘러내리는 계류와 수림이 볼만하다. 폭포를 지나 현등사에 이르면 하늘을 덮은 울창한 수림에 대낮에도 길이 어두컴컴할 정도이다. 현등사 왼쪽 계곡으로 들면 다소 음산한 분위기의 협곡이 나타나는데 비교적 사람의 발길이 드문 곳이어서 조용한 곳을 찾는 이들에게 좋은 곳이다.

### (5) 익근리계곡

익근리 계곡

가평읍에서 약 20km 정도 떨어진 가평군 북면에 위치한 익근리계곡은 유명한 명지산을 끼고 있어 사시사철 사람들의 발길이 끊이지 않는다. 특히 깨끗하고 넓은 모래땅과 암반지대가 널려 있고, 수영을 할 만한 커다란 연못을 비롯해서 작은 폭포도 수없이 이어져 있어 경기도 제일의 계곡이라 일컬어지고 있다.

### (6) 용추계곡

용추계곡은 가평일대에서 관광명소로 이름난 용추폭포가 있는 계곡을 말한다. 이 일대는 유원지화되어 주말이면 많은 인파로 붐비기도 한다.

용추폭포는 높이 5m 정도의 작은 폭포이지만, 수량은 많은 편이다. 용추폭포는 하늘에서 내려온 용이 누워 있는 형상을 하고 있으며, 지금도 가끔씩 용녀가 내려와 목욕을 한다고 믿어지고 있을 정도로 그 신비스러운 경관을 상상할 수 있다.

용추폭포

## 4 해수욕장 · 섬

### (1) 월미도 · 송도

도시에서 느낄 수 있는 바닷 내음과 바다에서 즐길 수 있는 도시 풍경을 두루 갖춘 곳이 바로 월미도(月尾島)와 송도(松島)이다. 월미도는 원래 섬이었으나, 현재는 간척사업으로 육지와 이어져 있다. 4km의 섬 둘레에는 일주도로가 있으며, 서해쪽으로는 작약도와 영종도가 눈앞에 펼쳐져 있고, 관광유람선이 취항하고 있기에 많은 관광객이 이곳을 찾고 있다. 또한 풍어제, 뱃노래, 운율탈춤, 강경탈춤, 국악제 등 문화의 거리가 조성되어 있어 때를 맞추어 가면 구경하는 기회를 가질 수 있다.

그 밖에 해수욕장을 비롯해서 낚시터, 보트장 등 각종 놀이시설을 갖춘 송도 역시 월미도 못지 않은 도회적 풍경을 지닌 종합유원지로 인천의 관광명소로 손꼽히고 있다.

### (2) 영흥도

인천에서 남서쪽으로 32km 지점에 위치한 영홍도(靈興島)는 해안경관이 수려하고 노송지대가 자리하고 있어 시원한 그늘 공간을 제공해 주고 있으며, 또한 백사장이 넓게 펼쳐져 있어 일출과 일몰 때는 주변의 경치와 어우러져 아름다운 경관을 이룬다. 관광명소로는 십리포와 장경리해수욕장을 꼽을 수 있다.

#### 1) 십리포해수욕장

십리포해수욕장은 영흥도의 북쪽 끝에 있다. 이곳에는 약 9백 평에 달하는 대지 위에 서어나무 숲이 조성되어 있다. 이 나무는 여름에 피서객들의 더위를 식혀주는 정자나무 역할을 하고 있으며, 약 4km 정도의 고운 자갈 해변과 1km 정도의 모래밭이 펼쳐져 있다.

#### 2) 장경리해수욕장

장경리해수욕장에는 노송지대 1만 평이 자리하고 있어 피서객들에게 시원한 그늘 공간을 제공해 주고 있으며, 길이 약 1.5km 달하는 백사장이 펼쳐져 있다. 특히 이곳은 여름 피서철 가족단위 여행의 최적지로 손꼽힌다.

### (3) 영종도 · 용유도

차를 타고 섬과 섬을 오갈 수 있는 낭만의 섬 영종도(永宗島)는 영종~삼목~용유도를 잇는 4.3km의 연륙도로가 시원스럽게 펼쳐져 있어 누구나 쉽게 갈 수 있다.

바다 위에 떠 있는 세 개의 섬 중에 가장 규모가 큰 영종도는 국제공항청사가 들어서 있고, 삼목도는 6 · 25 때 난민들이 개척한 염전으로 유명하다. 그리고 풍광이 빼어난 용유도(龍遊島)에는 오성산과 왕산이 솟아 있다. 예로부터 선인들은 왕산의 낙조와 오성산의 단풍을 꼽아 용유 8경이라 하였고, 이곳의 산천과 바다를 예찬하였다.

■ 을왕리해수욕장

을왕리해수욕장은 용유도의 서남쪽 해안에 위치해 있다. 이 해수욕장은 인천 연안부두에서 서북쪽으로 약 31km 정도 떨어져 있으며, 모래밭 길이가 7백m, 평균 수심이 1.5m 정도 되는 해수욕장이다.

해수욕장 뒤편에는 소나무 숲이 우거져 있고, 넓은 잔디밭이 있어 각종 놀이와 함께 바다 낚시도 겸할 수 있으나, 조개 껍질과 자갈이 많이 섞여 있는 것이 흠이다.

## (4) 승봉도

승봉도는 인천 연안부두에서 50km 정도 떨어져 있으며, KBS 드라마 느낌의 촬영장소로 쓰이면서 더욱 유명해 졌다. 승봉도의 매력은 사람과 자동차가 적고 조용하다는 점이 특징이다. 관광명소로는 이일레해수욕장과 남대문바위, 촛대, 부두치 등을 꼽을 수 있다.

### 1) 이일레해수욕장

흰 백사장으로 유명한 이일레해수욕장은 모래가 곱고 단단하며, 간조 때는 펄이 드러나지 않는 것이 특정이다. 백사장의 길이는 1.3km, 폭은 물이 빠졌을 때 4백m 정도되며, 뒤쪽으로는 소나무 숲이 시원한 그늘을 드리우고 있다.

### 2) 남대문바위

남대문바위는 승봉도 북쪽 해안에 있으며, 거대한 바위가 마치 사람이 만들어 놓은 문처럼 뚫려 있다. 바위 꼭대기에 자라고 있는 소나무가 이색적이다.

### 3) 촛대바위

촛대바위는 남대문 바위에서 해안선을 따라 동쪽으로 20분 거리에 위치해 있다. 우뚝 솟은 바위가 마치 촛대를 연상시킨다.

### 4) 부두치

섬의 남동쪽 끄트머리에 위치한 삼각형의 독특한 생김새를 가진 부두치는 모래와 자갈, 조개껍데기가 섞인 아름다운 해안이다. 부두치는 밀물 때는 물에 잠겼다가 물이 빠져야 모래톱이 드러난다.

## (5) 대부도 · 제부도

대부도(大阜島)는 1989년에 방조제가 연결되어 육지가 된 섬이지만, 아직도 섬이 가진 독특한 낭만과 서정이 곳곳에 남아 있으며, 특히 햇빛을 받아 반짝이는 드넓은 염전과 소금창고, 산굽이를 돌 때마다 나타나는 바다는 정말 감상적이다.

그러나 무엇보다 대부도로 가는 길목은 섬과 섬을 잇는 색다른 드라이브를 즐길 수 있어 좋다. 특히 징검다리처럼 흩어져 있는 탄도, 불도, 선감도 등을 지나면 마침내 대부도에 이르게 되는데, 이곳은 그야말로 환상의 여로이다.

대부도와 이웃해 있는 제부도는 심한 조수간만의 차로 하루 두 차례 바다가 열리면서 육지와 연결된다. 바닷물이 갈라지면 조개와 해초 등을 채취할 수 있다. 그리고 제부도 남쪽에 우뚝선 3개의 바위는 마치 매가 먹이를 노리고 앉아 있는 모습과 흡사해 일명 매바위라고 부르고 있는데, 이곳 매바위 일대는 자연석화가 많이 산재해 있다.

제부도의 매바위

## (6) 강화도

39년 동안 천도한 고려의 도읍지, 그리고 조선 왕실의 피난처였던 강화도(江華島)는 대한제국 말기에는 일본의 강압에 못이겨 강화도조약을 맺었던 역사의 땅으로 산과 바다가 지척에 있고 도처에 명소가 널려 있어 관광명소로 각광받고 있다.

강화도는 몇 개의 권역으로 나누어서 돌아보는 것이 편리하다. 즉 덕진진, 광성보, 초지진 등 고려와 조선시대의 대외 항쟁지를 돌아보는 전적지 코스와 전등사, 마니산으로 이어지는 산행 코스로 나눌 수 있고, 고인돌 및 선사시대 유적지를 비롯해 하점면 오층석탑, 고려궁터, 강화성 등을 한 코스로 묶을 수 있다.

또 외포리에서 카페리에 차를 싣고 석모도와 교동도를 찾는 코스가 있고, 함허동천, 정수사 등을 낀 강화도 남단 드라이브 코스도 있다. 그리고 고려 왕릉을 찾아 달리는 이색 드라이브를 즐겨도 좋다. 정족산 정상에서 수해에 묻힌 강화의 대사찰 전등사를 굽어보거나, 석모도 보문사에서 1천개의 돌계단을 올라 관음전 마애불상을 만나거나, 마니산에 올라 단군이 하늘에 제사를 지냈던 참성단을 보면 강화의 아름다움에 절로 감탄하게 된다.

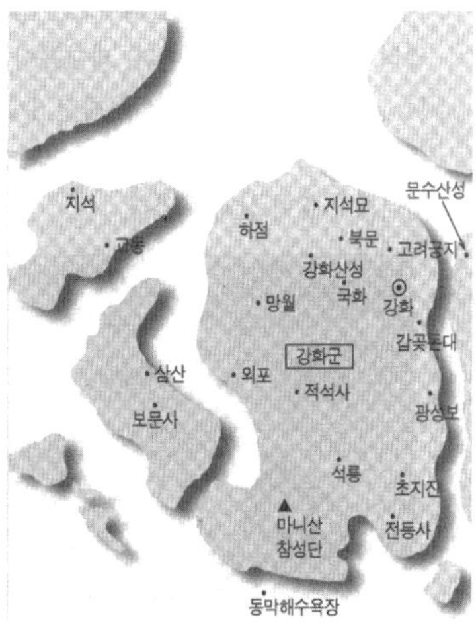

강화도 관광안내도

강화도는 인사모와 화문석의 고장이다. 가오하음 입구에 있는 토산품 판매장에 가면 질 좋은 인삼과 화문석을 싸게 살 수 있다. 1970년대 중반까지만 해도 우리나라 인삼시장을 이끌던 강화인삼은 개성인삼의 대를 잇는 명물로 손꼽혀 왔고, 꽃돗자리 화문석은 흰 왕골로 짠것을 제일로 친다.

강화도에는 보물사찰과 지방유형문화재 47호인 강화유수부, 보물 11호인 강화동종, 지방유형문화재 48호인 이방청 그리고 사적 133호인 강화산성을 비롯해서 전적지로 유명한 광성보(사적 227호), 덕진진(사적 226호), 초지진(사적 225호) 등이 있다.

### 1) 갑곶돈대

사적 306호로 지정된 갑곶돈대는 고려가 1232년부터 1270년까지 강화도에 도읍을 옮겨 몽고와 항전을 계속할 때 강화해협을 지켰던 중요한 요새였다. 1679년에 축조된 갑곶돈대는 8문의 대포를 설치한 포대가 있다. 한편, 1866년 9월 병인양요 때 프랑스함대가 이곳으로 상륙해 강화성과 문수산성을 점령한 바 있으나, 정족산성 전투에서 양헌수 장군의 공격으로 패주 하였다. 갑곶돈대 아래에 세워진 강화역사관은 강화의 모든 역사를 한 눈에 조감할 수 있으며, 전시관의 12층에는 선사실과 역사실이 있고, 2층에는 국난극복실이 있다.

### 2) 강화산성

사적 132호로 지정된 강화산성은 고려 제 23대 고종 때 축조한 토성으로 규모가 매우 광대하다. 조선 초에는 석성으로 개축하였지만, 인조 14년(1636) 병자호란 때 파손되었다. 그 후 효종 3년(1652)에 성곽 일부를 증축하였고, 숙종 37년(1711)에 유수 민진원에 의해 완성되었다.

### 3) 광성보

사적 227호인 광성보(廣城堡)는 1618년(조선 광해군 10년)에 고려 시대 외성을 보수하고 1656년에 광성보를 설치했으며, 완전한 석성으로 개축된 것은 1745년이다.

이곳은 신미양요의 최후 격전지로 1871년 4월에 미국 로즈함대의 통상표방

광성보

을 이유로 침입 초지진과 덕진진을 점령한 후 광성보에 이르렀다. 이에 조선군은 어재연 장군을 중심으로 용감히 항전하였으나, 전력 열세로 전원 전사하였다. 광성보에는 광성돈, 안해루, 손돌목돈, 용두돈, 신미양요 무명용사비, 재연장군 쌍충비 등이 있다.

### 4) 덕진진

사적 226호인 덕진진(德律鎭)은 고려시대 강화해협을 지키는 외성의 요충지였다. 원래 수영에 예속된 청사의 진으로 1679년에 축조된 덕진돈대와 포좌 15문이 설치된 강화 제1의 포대인 남장포대, 그리고 대포 10문이 설치된 덕진포대가 이 진에 소속되었다. 한편, 1866년 병인양요와 1871년 신미양요 때는 가장 치열한 포격전이 전개 되었다.

### 5) 초지진

사적 225호인 초지진(草芝鎭)은 해상으로부터 침입하는 외적을 막기 위해 1656년에 구축한 요새이며 병인양요, 신미양요, 일본군함 운양호 침공 등 외침에 맞서 싸운 격전지이다.

초지진

## (7) 덕적도

덕적도(德積島)는 인천 연안부두에서 74km 정도 떨어져 있다. 덕적도는 한적한 섬의 정취를 그대로 간직하고 있을 뿐만 아니라 곱고 깨끗한 모래와 아름드리 해송으로 유명한 서포리해수욕장과 밭지름해수욕장 그리고 일몰과 갈대가 아름다운 능동자갈마당 등 볼거리, 먹거리가 풍부한 리조트형 섬으로 정평이 나 있다.

덕적도 전경

### 1) 서포리해수욕장

서포리해수욕장이 이름난 까닭은 덕적도의 크고 작은 해변 가운데 가장 길고 보드라운 백사장을 가졌기 때문이다. 물이 빠져도 펄이 드러나지 않을 만큼 백사장이 길고, 해안 뒤쪽으로는 아름드리 소나무가 숲을 이루고 있다. 민박, 매점, 식당, 나이트클럽, 노래방 · 자전거 대여소 등 섬에서는 보기 어려운 각종 위락시설이 제대로 갖춰져 있다. 선착장 끝에 서서 바라보는 일몰이 일품이다.

### 2) 밭지름해수욕장

밭지름해수욕장은 서포리해수욕장에 비해 규모가 작은 대신 보다 한적한 해수욕을 즐길 수 있다. 파도에 둥글게 닳은 굴 껍데기가 하얗게 줄을 지어 밀려와 있고, 해당화가 드문드문 피는 운치있는 곳이다. 해안 뒤쪽으로는 해송이 그늘을 드리우고 있어 더위를 피하기에는 안성맞춤이다.

### 3) 능동자갈마당

능동자갈마당은 해변 전체가 자갈로 이루어져 있고, 해변 뒤쪽으로는 서어나무와 갈대, 소나무가 숲을 이루고 있다. 이곳은 일몰이 가장 아름다울 뿐만 아니라 가을이면 황금빛으로 일렁이는 갈대 숲에서 날아오르는 새떼가 볼만하다.

## (8) 백령도

서해 북단의 5도 가운데 가장 북쪽 끝에 위치한 섬 백령도(白翎島)는 뭍 쪽으로는 오히려 북한과 더 가까이 있다. 장산곶에서 닭 우는소리가 갯바람에 실려 이곳 백령도까지 들릴 정도로 북한과의 거리는 불과 17km 밖에 떨어져 있지 않다.

몇 해 전만 해도 백령도는 **접적지역**이라고 해서 검문검색이 까다롭고 뱃길이 멀어 일반인들의 발길이 드물었다. 그러나 최근에는 출입이 자유로워진 데다가 1992년 말에 쾌속선(시속 92.3km, 승선인원 3백 36명)이 취항하면서 12시간이나 걸리던 뱃길이 4시간 30분으로 단축되었다.

백령도는 때묻지 않은 천연관광자원을 고스란히 간직하고 있다. 그리고 다른 섬에서는 볼 수 없는 바닷가의 아름다운 경치와 예기 거리가 많아 색다른 분위기를 느낄 수 있다.

### 1) 두무진 기암괴석

백령도의 두무진 기암괴석

백령도 북시쪽 끝에 위치한 두무진은 서해를 향해 두팔을 벌리고 있는 듯한 지형을 지닌 미항이다. 두무진은 몇 천년 동안 파도와 매서운 서풍에 의해 깎인 바위들이 마치 장군들이 회의를 하는 모습 같다고 해서 붙여진 이름이다.

두무진항 왼편 해안을 따라가서 통일전망대에 오르면 12km 남짓 떨어진 장산곶의 모습이 손에 잡힐 듯 펼쳐진다. 장산곶 앞 바다는 효녀 심청이 빠졌던 인당수로 유명하다. 해안가에는 선대바위 · 형제바위 · 병풍바위가 장엄하게 펼쳐져 있다.

### 2) 사곶해수욕장

천연 비행장으로 유명한 사곶해수욕장은 주변이 크고 작은 기암절벽으로 둘러싸여 절경을 이루고 있고, 해변 뒤편에는 검푸른 해송지대와 해당화가 어우러져 시원한 휴식공간을 제공한다.

백사장은 경사가 거의 없을 뿐만 아니라 고운 모래로 이루어져 있고 수심도 매우 낮아 해수욕하기에는 그만이다. 물이 빠지면 나타나는 길이 3km, 넓이 3백m의 단단한 규소토의 백사장은 비행기가 자유자재로 이 · 착륙할 만한 활주로가 된다. 그리고 워낙 모래밭이 단단해 평상시에는 자동차 도로로 이용된다.

### 3) 콩돌해수욕장

콩만한 돌들이 1km가 넘는 해변을 가득 메우고 있어 콩돌해수욕장이라고 부르고 있다. 돌 위를 걸을 때마다 뽀드락, 뽀드락하는 소리가 정겹다. 햇볕에 달구어 따끈한 콩돌에 누워 바닷바람을 맞으면 세상 근심이 모두 사라진다. 콩돌이 예쁘다고 가지고 오는 것은 금물이다. 특히 이곳의 자갈은 악성 피부염에 효과가 있다는 것으로 소문 나 있다.

## (9) 자월도

자월(검붉은 달)이라는 다소 낭만적인 이름을 가진 자월면에는 우열을 가리기 힘든 세 개의 섬, 자월도 · 이작도 · 승봉도가 나란히 떠있다. 자월도는 세 개의 섬 가운데 가장 큰 섬이다. 자월도는 어촌의 분위가 물씬 풍기고, 한적해서 조용한 피서를 보내려는 이들에게도 제격이다.

### 1) 장골 · 큰마을해수욕장

장골해수욕장은 물이 들고 남에 따라 해변의 모양이 수시로 달라지는데, 모래사장의 높낮이가 서로 달라서 해변 군데군데 모래섬이 생긴다. 그리고 큰마을해수욕장은 해변가에 파란 잡초가 자라서 흰빛의 모래와 푸른 빛이 조화를 이루고 있는 곳이다.

### 2) 사슴개와 변남금

사슴개와 변남금은 가족들과 갯벌체험하기에 좋은 곳이다. 물이 빠지면 광활하게 드러나는 갯벌에서 소라와 고동, 낙지를 잡는 재미를 맛볼 수 있다. 이곳은 민가가 많지 않고 한적해서 섬 마을 정취에 빠져볼 수 있다.

### 3) 국사봉

자월도 여행에서 빼놓지 말아야 할 코스는 국사봉 등산이다. 곧장 등산로로 오르기 보다는 산의 허리께에서 임시도로로 빠지는 길로 접어들면 자월도를 한눈에 내려다보면서 국사봉의 오솔길을 따라 걸어볼 수 있다.

## 5 온천

### (1) 이천온천

서울에서 가장 가까운 이천온천(利川溫泉)은 버스로 1시간 정도 걸린다. 게다가 중부고속도로가 개통됨으로써 시간과 거리는 더욱 짧아졌다.

이천온천은 5백년 이어 온 유서 깊은 온천으로 한 농부가 사시사철 솟아나는 더운 샘물을 기이하게 여겨 눈을 씻었더니 눈병이 말끔히 나았다는 전설이 있는 곳으로 온천이 발견된 것은 1870년 경이다. 이천온천은 나트륨 함량이 많아 각종 피부질환, 피부미용, 신경통, 부인병, 임산부 산후조리 등에 효과가 있다.

그리고 천연온천수 수영장에서 수영도 즐기면서 온천욕의 효과를 볼 수 있다. 게다가 노천온천과 연결되어 있어 이용하기에 편리할 뿐만 아니라 지상 5층에서 떨어지는 1백 40m의 아쿠아튜브 슬라이더가 있어 재미를 더해 준다.

### (2) 일동하와이 유황천

포천시 일동면 사직리에 위치한 일동하와이 유황천은 1982년 국내에서 가장 좋은 유황온천으로 첫 발견되어, 1983년 8월에 일동하와이가 있는 곳을 중심으로 유황천지구 87만 평이 고시 되었다.

표출온도는 29~33℃이며, 특징은 PH 8,68의 약알칼리성 단순 유황천으로 나트륨 탄산수소형의 비화산성을 나타내고 염소, 플로오트, 황화수소, 산화 규소 등은 전국 온천 중 최고의 수치를 나타낸다. 주요 성분은 황화수소, 나트륨, 칼숨, 염소, 탄산수소, 산화규소, 칼륨, 아연, 리륨, 망간 등이다.

특히 유화수소 가스의 함량이 5.1~5.6ppm으로 전국 최고 수준이며, 이 유화수소는 말초 모세혈관, 관상동맥, 뇌동맥을 확장시켜주는 작용과 피부 각 질환 치료에 도움을 주며, 또한 유황천은 혈량을 낮추기 때문에 당뇨병에도 효과가 있다. 그밖에 유황천은 만성피부병, 만성관절염, 신경통, 금속중독, 동맥경화증, 당뇨병, 만성기관지염, 만성변비 간질환, 외상후유증 등에 유효하다.

**유황천**

유황천이란 물 1킬로그램 중에 유황이 1리그램 이상 함유된 온천을 말한다. 색깔은 흰빛을 띠며, 삶은 달걀 썩은 냄새가 난다. 비누를 사용해도 거품이 일지 않는게 특징이다.
유황천은 동맥경화증, 동상, 피부병, 당뇨병, 변비, 만성기관지염에 효능이 있다. 그러나 피부가 약한 사람이나 몸이 허약한 사람, 노인들에게는 좋지 않다.
북한 지역의 온천이 주로 유황천이며, 우리나라에는 부곡온천, 도고온천이 유명하다.

### (3) 약암온천

서울에서 1시간 30분 거리에 김포 약암온천이 있다. 인근 강화도의 해변과 연계관광이 가능하다. 강화에는 고인돌 등 선사유적지와 초지진 등 역사유적지가 많고, 대명포구 등 바다도 가깝다. 약암온천은 지하 4백m에서 끌어올린 라듐천으로 짠맛이 나는 것이 특징이다. 대명포구와 불과 10여 분 거리이다.

> **라듐천**
> 라듐천은 라돈천 또는 방사능천이라고도 부르는데, 주로 화강암 지대에서 많이 분출된다. 온도가 높지 않고 온천수에 라듐의 양이 많은데, 목욕을 하거나 마시는 것보다 흡입하는게 더욱 효과적이다.
> 라듐천은 목욕을 하면 신경통과 류머티스 등에, 음용하면 당뇨병, 통풍, 불임병 등에 효과가 있다. 그리고 흡입하면 신장결석에 좋다. 대표적인 온천으로는 유성온천과 백암온천을 들 수 있다.

## 6 공원 · 호수 · 유원지

### (1) 일산호수공원

일산신도시 주엽동, 장항동 일원에 조성된 국내 최대규모의 인공호수인 일산호수공원은 1996년 5월에 개장되어 고양시민을 비롯한 인근 수도권 시민들의 새로운 휴식 공간으로 각광을 받고 있다.

호수공원은 물 등 자연적 요소를 도입하여 도시민들이 접하기 힘든 자연생태계를 재현해 시민들에게 다양한 레크리에이션 장소로 제공되고 있다.

호수의 면적은 31만 5천 평(호수면적 9만 평), 총공사비 2백 16억 원, 시설물로는 수변광장, 인공섬, 약초섬, 자연학습원, 팔각정, 야외무대, 보트장, 자전거 전용도로, 야외 식물원, 어린이 놀이터, 인공폭포, 광장, 운동장 등이 있다. 매년 이곳에서는 고양세계꽃박람회가 개최된다.

### (2) 자유공원

인천의 자유공원(自由公園)은 우리에게 전쟁의 아픈 역사를 일깨워 주는 곳이다. 공원에 우뚝 솟아 있는 맥아더 장군 동상은 많은 생각을 하게 해준다. 응봉산 일원에 조성된 이곳은 원래는 고종 20년인 1883년에 개장된 우리나라 최초의 서구식공원이다. 그러던 것이 시대의 변천에 따라 공원의 모습도 변해 지금의 모습으로 남게 된 것이다.

### (3) 산정호수

포천시 영북면 산정리에 위치한 산정호수(山井湖水)는 1925년 영북면 토지개량조합 저수지로 개축된 인공호수이다.

호수의 만수면적은 25만 8천$m^2$ 정도이고, 수심은 23.5m, 둘레는 2.1km 정도가 된다. 산정호수는 1977년 3월 31일에 당시 교통부로부터 국민관광지로 지정 받은 포천시의 대표적인 관광명소이다.

호수 주변은 사방이 심산으로 둘러싸여 있어 경관이 매우 빼어나고, 뒤편에는 해발 9백 93m의 명성산을 비롯한 많은 산봉우리들이 그 자태를 호수에 드리우고 있어 한폭의 그림을 연상케 한다.

산정호수 풍경

그밖에 호수 주변에는 비선폭포, 등룡폭포 등이 있고, 호수 양측에는 망봉으로 둘러 싸여 있어 산행을 하는 이들에게 즐거운 눈맛을 준다.

숙박시설 및 야영시설로는 산정가족호텔, 한화리조트, 산정캠프, 유스타운 등이 있다.

## (4) 장흥유원지

장흥유원지는 양주시 장흥면 석현리에 위치해 있다. 일명 장흥 분위기촌으로 부르는 이곳은 국민관광지로 지정될 만큼 다양한 편의시설과 카페, 토속 음식점, 전문음식점, 야외미술관 등이 들어서 있다.

원래 야산 기슭에 위치한 장흥유원지는 곡릉천 상류의 맑은 개울을 끼고 있으며, 도봉산, 오봉산, 인수봉, 원효봉, 백운대가 바라다보이는 경치가 매우 뛰어난 곳이다.

1980년대 초반부터 통나무집이 들어서기 시작한 장흥유원지에는 움막으로 지어진 카페, 나무계단을 오르는 주막, 아늑한 커피숍 등 저마다의 개성을 앞세우며 관광객들을 유혹하는 장소가 많기로도 유명한데, 그 중에서도 특히 유명한 곳이 토탈미술관과 예뫼꼴이다.

1984년 10월에 개관한 토탈미술관은 6천여 평의 조각공원과 실내전시실, 소극장 등을 갖춘 숲 속의 미술관으로 조각과 회화 등 많은 미술품을 소장하고 수시로 기획전을 연다

## (5) 일영유원지

일영유원지는 장흥면 일영리를 흐르는 곡릉천을 중심으로 한 주변일대를 말한다. 노고산 줄기가 구릉을 형성하며 아름답게 뻗어 내려 곡릉천에 머문 곳이 장포골인데 , 이곳은 수량이 풍부하여 자연을 이용한 수영장과 소규모 유원지가 곳곳에 산재해 있다.

또한 일영유원지는 곡릉천변의 지대와 장포골 주변의 야산을 배경으로 한 자연공원을 연상케 하는 곳인데, 밤나무와 활엽수림이 전원풍경을 이루고 있으며, 솔밭은 단체관광객들이 각종 야유회를 열기에 좋은 장소이다.

특산물로는 딸기와 밤이 있고, 또한 인근에 산돼지, 사슴 등 각종 동물사육장이 있어 어린이 자연학습장으로 많이 활용되고 있다.

### (6) 송추유원지

송추유원지는 서울과 경기도의 고양군 · 양주군 일대의 북한산국립공원의 한 자락에 위치하고 있는 곳이다. 송추유원지는 약 4km에 달하는 아름다운 계곡으로 이루어져 있어 일찍부터 많은 사람들로부터 사랑을 받아왔다.

송추(松湫)라는 이름은 소나무와 가래나무가 많다는 뜻에서 유래된 것이다. 송추유원지는 수영장, 낚시터, 놀이시설, 식당 등의 편의시설을 갖추고 있고, 또한 주변의 농원에서 계절에 맞추어 딸기, 복숭아, 포도 등의 과일이 생산되고 있어 주말이면 관광객의 발길이 끊이지 않는다.

### (7) 한탄강국민관광지

경기도 연천군 전곡읍에 위치한 한탄강국민관광지는 주변의 화려한 자연경관으로 수도권 시민의 피서지로써 안성맞춤이다.

한탄강국민관광지

한탄강국민관광지는 전곡교 바로 북쪽에 있는 경원선 한탄강역 맞은편으로 내려가는 진입로에서 시작된다. 폭넓은 강 너머로는 거의 절벽에 가까운 산줄기가 있고, 넓은 강변은 고운 자갈과 모래로 덮여 있다.

이곳에는 가족들이 즐길 수 있는 보트장, 족구장 등의 시설을 갖추고 있고, 주위에 구석기시대의 선사유적지도 많이 남아 있어 교육장으로서의 면모도 갖추고 있다. 또한 관광지 내에 야영장이 설치되어 있어 야영 및 민박이 가능하며, 맑고 깨끗한 물에서 잡은 물고기로 끓인 매운탕도 유명하다.

## (8) 청평호반

청평호반

청평호반은 이웃처럼 느껴지는 수도권 드라이브코스이다. 너무 잘 알려져 식상한 느낌도 없지 않으나 이만한 코스가 흔치 않아 서울지역 시민들이 종종 찾는 곳이다.

청평호반이라 하면 청평역에서 인공호수 사이의 강변에 설치된 유원지 일대를 일컫는 것으로 국민관광지로 지정되었다. 주변의 경치가 아름답고 무엇보다 서울에서 가깝기 때문에 인기 있는 관광지로 발전하였다. 호반에는 안전, 송포, 산장, 나이애가라, 대성리 등의 유원지가 함께 모여있고, 이들 유원지에는 수상스키를 비롯해 각종 오락시설이 완비되어 있을 뿐만 아니라 숙박시설은 물론 야영을 할 수도 있어 주말을 이용한 유양지로 적당한 곳이다. 특히 이곳은 계절을 가리지 않고 많은 인파가 몰려들고 있다.

## (9) 남이섬

남이섬은 수도권 시민들의 나들이 코스로 각광을 받는 곳이다. 지방도로 363호선을 이용해 남이섬에서 청평댐으로 이어지는 북한강 코스는 경춘가도로 달리는 호젓한 강변 드라이브를 즐길 수 있는 곳이다.

북한강 물줄기인 청평호 속에 가두어진 남이섬은 각종 놀이시설과 편의시설을 갖춘 대규모 유원지로 이미 오래 전부터 이름난 서울근교의 대표적인 유원지이다.

우거진 밤나무 숲과 10만여 평의 드넓은 초원이 있어 가족 나들이로도 좋고, 친구들끼리의 가벼운 나들이에도 더없이 좋은 곳이다. 또 천연기념물인 미선 나무와 청사조 등 희귀식물을 비롯해 230여 종의 수목이 자라고 있어 자연의 싱그러움을 만끽할 수 있다. KBS 드라마 **겨울연가** 방영 이후 국내외 관광객들로 인산인해를 이루고 있다.

## (10) 양수리

양수리만큼 오랜 세월 그림같은 풍광으로 연인들의 마음을 사로잡아온 곳도 드물다. 잡지 또는 소설의 한 귀퉁이에서 그림처럼 펼쳐지곤 하던 한강을 거슬러 올라가면 북한강과 남한강이 만나는 강변마을 양수리에 이른다. 아름다운 강변로를 따라 꿈결처럼 펼쳐지는 환상의 여로는 능내리 마현마을에서 절정을 이룬다. 마현마을에는 다산유적지가 있고 향토색 짙은 카페와 맛 집들이 모여있다.

마현마을 초업에 있는 다산유적지는 조선 후기 실학을 완성하고 **목민심서 · 흠흠신서 · 경세유표** 등 수많은 저서를 남긴 다산 정약용 선생의 생가인 여유당과 사당 등이 있다. 생가와 사당은 근래에 지어져 옛 정취를 찾기는 어렵지만 다산의 고고한 인품을 느끼기에는 충분하다

## (11) 대성국민관광지

12만여 평에 이루어진 대성국민관광지는 강과 계곡에서의 물놀이를 함께 즐길 수 있는 곳이다. 특히 유원지 안에는 각종 위락시설과 야영장 등이 조성되어 있어 하루 나들이 코스로 알맞은 곳이다. 경춘가도를 따라 가다가 마석을 지난 다음 양수리 방향의 45번 국도와 만나는 새터에서 46번 국도로 2.5km를 달리면 유원지가 나온다.

## (12) 안양유원지

안양유원지는 관악산과 삼성산의 깊은 계곡에서 흘러내리는 맑고 깨끗한 물을 이용하여 만든 수영장을 중심으로 이루어진 유원지이다.

안양유원지는 보트장, 어린이놀이터, 방갈로 등이 잘 정돈된 위락시설과 편의시설을 갖추고 있고, 계곡을 따라 변함없이 밝고 푸르른 냇물이 우거진 수림과 어우러져 있어 언제든 편하게 찾을 수 있는 수도권의 휴식처로 사랑을 받고 있다.

## 7 문화유적지

### (1) 동구릉

동구릉은 태조의 건원릉(建元陵)터로 쓰여지기 시작한 뒤 조선시대 일대를 통하여 32기 가운데 9기 17위의 왕과 왕비 등을 안장한 왕릉군(王陵群)이다. 현재 이곳에는 건원릉을 비롯하여 현릉 · 휘릉 · 숭릉 · 혜릉 · 원릉 · 경릉 유릉 등 9개의 능이 자리잡고 있다. 동구릉은 1970년 5월 26일 사적으로 지정되었다.

### (2) 수원성곽

원래 수원은 지금보나 남쪽으로 약 8km 떨어신 화산 아래가 그 중심이었으나, 조선 정조 13년(1789)에 그의 생부인 장헌세자(속칭 사도세자)의 원침인 현륭원(후에 융릉으로 추증함)을 양주의 배봉산에서 수원의 화산으로 옮기면서, 그 아래에 있던 민가들을 수원 팔달산 아래로 집단 이전시킴으로써 현재의 수원이 형성되었다.

정조대왕은 28세의 꽃다운 나이에 뒤주에 갇힌 채 죽임을 당한 부친 사도세자에 대한 효심과 왕권강화의 일환으로 정조 18년(1794)에 축성공사를 시작, 2년 뒤인 1796년에 성곽을 완성하였다.

수원성곽

이 성곽은 실학자로 불리는 유형원과 정약용의 설계의 기본 지침으로 삼아, 좌의정 채제공이 성역을 주관하고 화성 유수 조심태 등이 전력하여 이룩한 것으로 우리나라의 성곽 중에서는 가장 과학적인 구조물을 갖춘 것이다.

성곽의 전체 길이는 5.5km이며, 동쪽에는 창룡문, 서쪽에는 화서문, 남쪽으로 팔달문, 북쪽으로 장안문 등 4대문이 있고, 그밖에 암문 4개 , 수문 2개, 적대 4개, 공심돈 3개, 봉돈 1개, 포루 5개, 장대 2개, 각루 4개, 포대루 5개 등 다양한 구조물을 배치하였다. 6 · 25동란 때 문루가 파손되었는데, 1975년부터 3년간에 걸쳐 복원하였다.

### (3) 참성단

사적 136호로 지정된 참성단(塹城壇)은 인천광역시 강화군 화도면 상방리에 위치해 있다. 참성단은 단군이 하늘에 제사를 올리던 제단으로 하부는 둥글게 하였고, 그 위에 네모난 단을 쌓아 올렸다. 둥근단의 지름은 8.7m이며, 네모난 단은 6.6m의 정방형이다.

참성단은 숙종 26년(1700)에 보수하였다. 지금은 매년 개천절 날 이곳에서 단군에게 제사를 지낸다. 그리고 전국체전 때 마다 대회장에 타오르는 성화는 이 참성단에서 채화되어 대회장으로 봉송 점화되고 있다. 특히 88서울올림픽 대회의 성화도 이곳에서 채화되어 대회기간을 밝힌 바 있다.

### (4) 행주산성

덕양산 정상에 위치한 행주산성(幸州山城)은 임진왜란 당시 2천 3백명의 의병과 승병이 왜군 3만여 명을 크게 물리친 곳으로 임진왜란 3대첩의 하나로 꼽히고 있다. 이 싸움에서는 우리나라 전쟁의 역사

행주산성

에 처음으로 재주머니 던지기라는 전법이 쓰였으며, 아낙네들은 긴 치마를 잘라 덧치마를 만들어 입고는 치마폭에 돌을 주워 담아 싸움을 거들었는데, 행주치마라는 이름은 바로 여기에서 비롯되었다.

행주산은 성 안에서 백제시대의 기와 조각과 토기들이 많이 나와 아마도 백제 때에 처음 쌓은 것으로 추정된다. 최근 자유로가 개통되고 신행주대교가 완공되면서 교통이 훨씬 편리해져 휴일이면 이곳을 찾는 사람들이 많아졌다.

### (5) 서오릉 · 서삼릉

서오릉(西五陵)과 서삼릉(西三陵)은 통일로(고양군)에서 쉽게 찾아갈 수 있는 곳이다. 서오릉은 동구릉 다음으로 큰 능으로 홍릉 · 명릉 · 익릉 · 경릉 · 창릉 등 다섯 능이 모여 있다. 홍릉은 원래 영조가 왕비와 같이 묻히고자 준비한 능이지만 왕비만 모셔지고 영조는 사후에 동구릉으로 모셔졌다. 최근에 숙종의 후궁인 장희빈의 묘도 이곳으로 이장되었다.

서삼릉은 희릉 · 예릉 · 효릉 등 세 개의 능이 있는 곳이다. 자연 그대로의 산세를 살려 조성된 묘역으로 산책로로 일품이며, 특히 멜로드라마에 자주 등장하는 진입로의 풍경은 무드 만점이다.

### (6) 화석정

파주시 율정리에 위치한 화석정은 원래 유학자 길재(吉再)의 유지(遺址)라고 전한다. 이곳에 율곡의 선조가 정자를 세우고 화석정이라 붙였으며, 그 후 율곡이 중수해 여생을 보내며 제자들과 함께 시와 학문을 논했다고 한다. 정자 일대에는 노송이 우거져 있고, 아래는 임진강이 유유히 흐르고 있다. 화석정은 6 · 25 때 불탄 것을 1966년에 복원한 것으로 정자 안에는 율곡이 8세 때 지었다는 시액(詩額)이 걸려 있다.

### (7) 고달사지

여주군 북내면 상교리의 2천여 평에 달하는 들과 야산에는 한 때 사세를 크게 떨쳤던 고달사의 터가 남아 있다. 고달사는 신라 경덕왕 23년(764)에 창건돼 고려 원종 이후 역대 왕들의 비호를 받으며 크게 부흥하였으나, 언제 어떻게 폐사되었는지는 알 수 없다. 현재 이곳에는 8각원당형부도(국보 4호)를 비롯해 원종대사 혜진탑비(보물 6호), 원종대사 혜진탑(보물 7호), 석불좌(보물 8호) 등이 남아 있다.

## 8 박물관 · 기념관

### (1) 경기도박물관

경기도박물관은 1996년 6월 용인시 기흥읍 상갈리에 개관하기까지 건립기간만도 약 9년이 소요되었다. 특히 지방자치제 실시 이후 지방문화의 육성에 힘입어 지역박물관의 새로운 건립이 요청 되고 있던 시기에 건립된 우리나라 최초의 도립박물관이라 할 수 있다.

박물관은 약 4만 7천 평에 이르는 부지에 연 건평이 3천 71평으로 지하 1층, 지상 3층 규모의 구조이다. 건물구조는 철근콘크리트와 화강석으로 마감처리 되었으며, 수원성을 형상화한 모형을 갖추고 있다.

전시실 규모는 모두 1천 1백여 평으로 자연사실, 고고미술실, 문헌자료실, 민속산앙실, 서화실, 기증유물실 등 6개의 상설전시실과 기획전시실이 별도로 마련돼 있고, 부대시설로 야외전시장, 팔각정, 원형극장도 갖추고 있다.

경기도박물관 전경

## (2) 마사박물관

과천경마장내에 위치한 마사박물관은 말에 관한 모든 것을 전시해둔 곳이다. 잊혀져가는 마문화의 전통을 널리 알리기 위해 지난 1988년 9월에 설립되었다.

약 1백 23평 규모의 현대식 건물에 전국 각지에서 수집된 마문화 관련 유물 1천 3백여 점이 소장되어 있고, 그 가운데 2백 50여 점이 진열되어 있는 국내 유일의 마사전문 박물관이다.

## (3) 국립수목원

포천시 소흘면 직동리에 위치해 있는 광릉은 세조와 정희 왕후 윤씨의 능인 광릉이 있어 광릉수목원으로 더 잘 알려져 있다.

광릉의 숲은 세조가 재위할 때 이곳에 묘 자리를 정해놓고 일체 벌채를 못하도록 보살폈기 때문에 울창하게 보존되었다. 수목원은 원래 1913년 일제에 의해 시험림으로 지정되었다가 해방후 임업시험장으로 개정되어, 1987년에 산림박물관 개관과 함께 일반에게 공개되었고, 1989년에는 삼림욕장이 개장되면서 산림교육과 휴양지로 각광을 받게 되었다.

수목원의 총 면적은 2천 2백 40ha로 이중 시험림이 1천 7백 23ha, 수목원은 5백ha이다. 특히 이곳은 자생 동 · 식물의 서식지로 유명하며, 동물의 경우 총 2천 8백여 종이 있고, 식물은 9백 83종(수목 2백 92종, 초목 6백 91종)에 이른다.

국립수목원내의 산림욕장

수목원의 조성 목적은 첫째, 산림의 자연학습 교육장. 둘째, 산림역사 진보와 영구적 보전. 셋째, 88올림픽대회 개최기념이라 할 수 있으며, 총 공사비는 68억 원이 소요되었다. 수목원의 제반시설 건립기간은 1983~1986년이고, 1987년 4월에 준공하였다.

### (4) 산림박물관

산림박물관은 국립수목원에 위치한 박물관으로서, 1987년 현장학습교육 및 산림사료의 영구보존을 위해 개관하였다. 5개 전시실과 시청각실, 표본실, 특별전시실로 구성되어 있으며, 13,000여 종 35,000여 점이 전시되어 있다.

**전시실 안내**

제1전시실 산림자원과 기술 임업용 기도구, 국내외 주요 목재표본 전시 등 전시, 제2전시실 산림과 인간 산림의 생성역사, 산림과 환경, 목재의 가공과 이용 등 전시, 제3전시실 세계의 임업 임업사료, 산림의 생태, 임목의 육종, 미래의 목재이용 등 전시, 제4전시실한국의 임업 임업사료, 산림의 생태, 임목의 육종, 미래의 목재이용 등 전시

### (5) 전통술박물관

포천시 화현면 화현리에 위치한 전통술문화 갤러리 산사원은 전통주의 과거와 현재 그리고 미래를 보고, 느끼고, 체험하는 곳이다. 물 맑고 공기 좋은 포천시에 자리한 산사원은 과거의 전통술을 현대에 맞게 빚어내어 세계 속에 우리의 술 문화를 널리 알리고 있다.

특히 전통술 박물관에는 1,000여 점에 달하는 전통술 역사자료와 약틀, 누룩틀, 겹오가리, 소주고리 등 전통술 관련 주기 등이 전시되어 있다. 그밖에 가양주교실에서는 전통술에 대한 강의와 술 빚기 실습이 함께 이루어지고 있고, 시음 및 시식마당에서는 전통주 칵테일 시음과 술 찌꺼기를 이용한 술약과, 술빵, 술과자, 주편 등을 맛 볼 수 있다.

## (6) 아침고요 원예수목원

잣나무 숲이 울창한 것으로 유명한 가평 축령산, 그 기슭에는 원예 수목원인 아침고요가 내려앉아 있다.

한국의 자연을 울타리 안에 그대로 들여놓은 듯 한국적 선의 미가 살아 있는 이곳에는 모두 8개의 테마정원이 있다.

아침고요 원예수목원에 들어서 가장 먼저 만나는 한국정원은 사람의 마음속에 향수를 불러 일으킬 만한 풍경을 보여준다. 그리고 한국정원을 뒤로하고 조금 걸어 들어가면 분재정원이 있다. 이곳에선 한국의 수종을 위주로 가꾸어 놓은 분재들과 이와 자연스럽게 어울린 수석의 모습을 볼 수 있다.

야생화정원은 한국의 산과 들에서 계절마다 피고 지는 1백여 종의 풀꽃들이 모여 있는 곳이다. 그리고 전나무와 각종 침엽수로 둘러싸인 침엽수정원을 감상한 뒤 올라온 정원을 따라 왼쪽으로 내려가면 하경정원이 나타난다. 위에서 내려다보는 정원을 말하는 이곳을 제대로 감상하려면 전망대로 올라가야 한다. 전망대에서 바라본 하경정원은 신기하게도 한반도 지도 모양을 하고 있다.

정원나라에는 우리 주택 규모에 적합한 12개의 작은 정원 모델들을 만날 수 있다. 각종 풀꽃들과 물레방아, 원두막 등이 어우러져 한국민가의 고향 정취가 물씬 풍긴다. 그밖에 이곳에는 에덴같은 이름을 가진 성서정원이 조성되어 있고, 이 수목원의 마지막 코스인 하늘나라정원이 있다.

## (7) 서울대 관악수목원

서울대학교 부속 수목원인 관악수목원은 안양시 안양유원지 끝에 위치해 있다. 1967년 우리나라에서 최초로 수목원의 모습을 갖추고 설립되었으며, 1천 5백ha의 넓은 부지에 다양한 나무와 식물들을 가꾸어 놓았다. 특히 이곳에는 우리나라의 자생식물과 유용식물 그리고 외래식물 등 다양한 나무 1천 7백여 종이 식재되어 있다.

> **삼림욕 요령**
> 피톤치드는 일사량이 많고 온도와 습도가 높을 때 많이 발산되므로 삼림욕은 겨울보다는 수목의 생육이 왕성한 여름이 좋으며, 시간은 아침 6시부터 12시까지가 적당하다. 숲속을 천천히 산책하면서 3시간 정도 삼림욕을 즐기는 것이 좋다.

## 9 종합레저시설 · 민속촌

### (1) 서울랜드

서울랜드

청계산 기슭의 맑고 수려한 자연경관 속에 건전한 휴식과 위락의 기능을 갖춘 서울랜드는 우리에게 꿈과 희망을 심어 주고, 관광명소로서는 국내 최초로 교육과 문화적 내용이 담긴 다양한 시설에 독특한 프로그램을 구성하여 국민의 건전한 여가 선용과 정신문화 창달에 기여하고자 1988년 5월에 개장하였다.

#### 1) 세계의 광장

서울랜드의 중심부 4천여 평의 섬 지역에 위치한 세계의 광장에는 세계 각국의 고유 건축양식을 고려해서 지은 건축물이 들어서 있다. 또한 이곳에서는 민예품의 전시 판매와 더불어 각국의 고유 풍물을 기획 · 연출하고 있다.

#### 2) 모험의 나라

용기와 모험심을 길러 주는 모험의 나라에는 스스로 도전하고 극복하며 쾌감을 느낄 수 있도록 킹바이킹, 급류타기, 박치기보트, 회전미로 등 각종 시설이 준비되어 있다.

### 3) 환상의 나라

어린이에게 꿈을 키워 주는 유쾌한 공간으로 꿈과 환상의 세계를 연출하는 환상의 나라는 유아에서부터 12세 어린이까지 모두가 안전하게 마음껏 뛰어 놀 수 있도록 연령별 성장 수준을 고려하여 과학적으로 고안된 어린이 전용시설이다.

### 4) 미래의 나라

과학의 세계, 별의 세계를 직접 체험할 수 있는 미래의 나라에서는 환상적인 우주과학의 테마가 펼쳐진다.

### 5) 삼천리동산

우리민족의 얼과 풍부한 문화유산을 재현하는 삼천리동산에서는 한국의 정취가 물씬 풍기는 전통 건축물과 전국 각지의 토산품, 향토음식을 즐길 수 있는 장터, 첨단과학기술을 동원한 이야기 나라, 그리고 국내 최고의 삼천리 야외 대극장에서 재미있고 다채로운 쇼를 즐길 수 있다.

## (2) 용인에버랜드

1976년에 개장한 용인에버랜드는 대단위 자연놀이동산이다. 대자연 속에 잘 조성된 위락시설이 넉넉하고, 그 속에서 뛰노는 동물과 아름답게 자라는 식물이 적절한 조화를 이루고 있다.

용인 에버랜드 전경

여름이면 장미축제, 가을이면 튤립축제, 겨울이면 눈썰매장이 열리고, 야간 개장을 하는 여름밤에는 다양한 라이브콘서트가 벌어진다. 또한 연중 특별전시회가 장기간 기획되어 열리기도 한다.

이곳의 놀이시설로는 하늘을 자유 비행하며 스릴을 만끽할 수 있는 독수리옷과 밀림의 신비를 배우는 밀림탐험전 등 40여 종에 이르고 어린이 전용 코스 와 청소년 코스, 가족 코스 등으로 나뉘어 있어 편리하다.

또한 1987년에 우리나라에서 처음 선보인 눈썰매장은 규모나 수용인원면에서 세계 최고를 자랑한다. 특히 3만 평 대지에 스키썰매장과 눈썰매장을 설치하였고, 4인승 리프트를 비롯한 제설기 등의 장비를 고루 갖추고 있다.

그리고 1993년 용인자연농원 안에 문을 연 모터파크는 자동차경주를 위한 전용 서키트이다. 최근 국내에서도 인기 스포츠로 떠오르고 있는 자동차경주를 볼 수 있다.

그밖에 모터크로스와 MTB코스도 있고, 일반운전자와 어린이를 대상으로 안전운전교육도 실시하고 있다.

### (3) 양지스키장

양지스키장

1982년에 개장한 양지스키장은 경기도 용인군 내사면에 위치한 종합휴양지이다. 해발 4백 90m의 독조산 기슭 일대 약 1백만 평을 개발한 양지스키장은 각종 현대식 시설과 편리함을 갖춰 레저와 스포츠를 동시에 즐길 수 있도록 하였다.

또한 4계절 종합휴양지로서 각광을 받고 있는 이곳은 서울에서 40분 거리에 위치해 있으며, 스키장 이외에 골프장, 수영장 등의 각종시설과 오락시설을 갖추고 있다.

### 1) 슬로프 안내

총 길이 7천 5백 10m, 총 면적 1백만 평, 완만한 경사에서 급경사에 이르는 7개의 슬로프는 5~35도까지 다양한 코스가 마련되어 있어 초보자로부터 상급자까지 고루 만족을 느낄 수 있다

### 2) 리프트 안내

총길이 7천 1백 50m, 총 6기의 리프트가 설치되어 있어 신속하고 원활하게 이동할 수 있어 보다 즐거운 스키여행을 보장한다.

### 3) 주변 관광지안내

1976년에 개장한 종합레저단지와 용인자연농원이 있고, 쌀과 도자기, 온천으로 유명한 이천 그리고 한국민속촌 등이 자리하고 있다.

## (4) 도예촌

이천은 도자기의 본고장으로 널리 알려진 곳이다. 도예촌이라 불리는 신둔면 수광리 일대는 40여 개의 도자기 가마가 있어 학생들과 일반인들의 실습장으로 이용됨은 물론이고, 국내외 관광객들의 발길이 끊이지 않아 한국전통도자기의 메카로 부각되고 있다.

이천 도예촌

고려청자의 제1인자인 해강 유근형의 해강청자를 비롯해 지순택요, 우당청자, 동국요, 수광요, 청파요 등과 현대 도자기를 만드는 청봉 이준희의 청운요가 있어 광주에서 백자를 주로 하는 안동오의 번천요와 좋은 대조를 이룬다.

### (5) 천마산스키장

천마산스키장은 서울에서 32km 정도 떨어진 경기도 남양주군 화도면 묵현리 천마산(8백 12m) 기슭에 자리잡고 있다. 넓이는 52만 8천$m^2$에 이르고, 서울에서는 40분 정도면 갈 수 있다.

천마산스키장은 2백 50m급 플라스틱 인조 슬로프를 갖춘 곳으로 4계절 전천 후 스키장이라고 할 수 있으며, 4개의 슬로프가 있다. 슬로프A라인(7백m, 경사 26도)과 B라인(7백m, 경사 27도), C라인(1천 3백m, 경사 28도) 등은 모두 중 · 상급자용이고 D라인(1천 3백m 경사 1015도)은 초 · 중급자용이다.

### (6) 베어스타운

국내 최대 규모를 자랑하는 도시 근교형 스키장인 베어스타운 리조트는 1984년 12월에 국내에서 다섯 번째로 문을 연 4계절 종합휴양지로서 국내 최장 5km의 슬로프를 포함 4면이 신설되어 있다.

또한 초급자들을 위해 폭 1백 50m 이상의 초보자용 스키광장도 마련하였고, 총 12면의 슬로프는 1일 1만여 명 정도 수용할 능력을 자랑하고 있으며, 게다가 11개의 초고속 리프트가 준비되어 있어 기다리는 지루함을 덜어주고 있다. 스키렌탈 하우스에는 세계 최고의 알파인 스키를 5천여 대 보유하고 있어 시간당 1천 5백 세트를 고객에게 대여할 수 있는 기능과 스키장비를 사용하게끔 교육도 실시한다.

숙박시설로는 타운하우스(1백 96실) · 타워콘도(1백 97실) · 빌라콘도(1백 40실) 그리고 단체 숙박시설인 유스호스텔 타입의 베어롯지(48실) 등 총 6백여 개의 객실을 갖추고 있다.

부대시설로는 대강당, 회의실, 단체연수시설, 대식당, 커피숍, 실내수영장, 볼링장, 골프장 및 골프연습장, 슈퍼마켓, 캠프장 등 풍부한 시설을 갖추고 있다.

### (7) 한국민속촌

한국민속촌

용인시 기흥면 울창한 수목과 맑은 시내가 흐르는 분지에 자리하고 있는 한국민속촌(韓國民俗村)은 30만 평 부지에 우리 전통문화를 한눈에 생동감 있게 감상할 수 있도록 꾸며 놓은 야외 민속박물관이다.

각 지방에서 옮겨온 2백 70여 동의 가옥과 3만 2천여 점의 각종 유물들이 옛날 양식 그대로 전시되어 있어 우리 조상의 옛 문화를 배우는 현장학습장이 되고 있다. 민속축제행사로서 전국 민속연날리기 대회와 그네뛰기, 널뛰기대회 등 절기마다 세시풍속놀이를 재현하고, 매일 2회씩 농악놀이, 광대놀이의 상징인 줄타기 및 전통 혼례식을 공연한다. 그밖에 휴일 특별행사로는 북청사자놀이 등 주요 무형문화재로 지정된 민속놀이도 공연한다.

부대시설로는 박쥐기차, 꼬마기차, 회전목마, 승마장, 수영장 등이 있고, 그밖에 그네, 썰매, 윷놀이 등의 민속놀이도 마련되어 있다. 또한 시골장터에서는 동동주, 빈대떡, 장국밥 등 토속음식을 맛볼 수 있다.

## 10 기타 관광명소

### (1) 서울경마공원

서울경마공원은 약 35만 평의 부지에 현대식 시설을 구비하고 있다. 이 공원은 1983년 2월 국무총리지시에 의거, 한국마사회가 86아시안게임과 88서울올림픽 승마경기장 건설 사업체로 지정됨에 따라 1984년 5월에 기공하여 1988년 7월에 완공된 것으로 총 723억 원이 투입되었다.

한국마사회는 1989년 9월 마침내 서울경마공원을 개장하게 됨에 따라 이전의 뚝섬경마장(1954~1989) 시대를 마감하고 과천 서울경마공원의 새 시대를 맞이하게 되었다.

원래 서울경마공원의 부지는 자연상태의 임야, 전답, 하천 등으로 구성되어 있는 해발 30~90m 정도의 구릉성 산지로 형성되어 있었는데, 한국마사회는 이러한 자연지형을 최대한 활용하고, 자연경관을 살려 서 아름다운 경마장 환경을 조성할 수 있도록 총력을 경주하였다. 서울경마공원에는 길이 2백 10m의 관람대와 각각 1천 6백m, 1천 8백m 길이의 내 · 외주로, 예시장, 4만여 평에 이르는 주로내공원, 승마경기장, 연습마장, 실내승마장을 비롯해서 1천 5백여 두의 말을 수용할 수 있는 마사, 마필보건소, 말수영장, 그리고 본관을 비롯한 사무용 건물 등의 시설이 있다. 경마장의 주관람대는 지하 1층, 지상 6층, 연면적 1만 2천 평의 대형건물로, 약 2만 5천 명의 관람객을 수용할 수 있다.

### (2) 임진각

임진각(臨津閣)은 서울시청에서 북서쪽으로 약 54km, 휴전선에서는 남쪽 7km 지점에 위치해 있으며, 6 · 25 동란의 비통한 한이 서려 있는 곳이다. 6천 평 대지 위에 지하 1층 지상 3층의 임진각은 1972년에 북한 실향민을 위해 세워졌으나, 지금은 관광명소로 많이 알려져 있다.

임진각

이곳에는 또한 북한의 군사 · 정치 · 사회 등 생활상 전반에 대한 각종자료 및 화보 4백여점 및 6 · 25 때 사용했던 탱크, 비행기 등의 전투기 12종이 전시되어 있다.

Chapter » 03

# 제3장 강원권

## 1 국립공원

### (1) 설악산국립공원

설악산(雪嶽山)은 태백산맥에서 가장 높은 해발 1천 7백 8m의 대청봉(大靑峰)을 중심으로 울창한 숲과 맑은 계곡 그리고 웅장한 폭포 등으로 천하의 절경을 이루고 있어 제2의 금강산이라 일컬어지고 있다.

설악산은 외설악과 내설악으로 구분되는데, 대청봉을 경계로 동해쪽은 '외설악', 서쪽은 내설악이라 부르고 있다. 외설악은 천불동계곡, 울산바위, 권금성, 금강굴, 비룡폭포, 토왕성폭포 등 기암절벽과 폭포가 많이 있고, 내설악은 백담계곡, 수렴동계곡, 백운동계곡, 가야동계곡 등 산세가 아름답고 경치가 빼어난 계곡이 많다. 특히 최고봉인 대청봉을 비롯하여 화채봉, 한계령, 마등령 등 높다란 산봉우리가 무려 28개나 되며, 철따라 다채로운 경관을 연출한다.

설악산 전경

설악산국립공원은 늦가을에 눈이 내리기 시작해 이듬해의 여름이 돼야 비로소 눈이 녹는다. 봄에

초목이 소생하면 그 향기가 산 전체에 가득하여 향긋한 냄새가 바람을 타고 관광객들의 코를 자극시킨다. 또한 진달래와 철쭉이 만발하여 한바탕 꽃 잔치가 벌어지기도 한다.

여름이 되면 봉우리마다 구름에 덮이고 안개에 싸인다. 대청봉은 구름 위에 솟아 마치 섬과 같고 골짜기란 골짜기는 안개 속에 잠겨 설악산은 산이 아니라 안개바다로 변한다.

설악산은 1970년 3월 24일 국립공원으로 지정된 이후 3차례에 걸쳐 국립공원구역이 확장 · 변경되어 현재 설악산국립공원의 총면적은 373㎢에 이른다.

그밖에 설악산에는 7백여 종의 고산식물과 산짐승, 곤충 등이 서식하고 있어 귀중한 학술연구 장소로도 이용되고 있다. 등산로는 천불동계곡, 백담골, 마등령, 십이선녀탕, 오색리 등으로 오르는 코스가 있다.

## 외설악

### 1) 천불동

천불동(千佛洞)은 계곡 좌우로 불상처럼 생긴 바위가 천개나 된다고 하여 붙여진 이름으로 외설악 계곡에서는 단연 으뜸이다. 천불동은 한라산의 탐라계곡, 지리산의 칠선계곡과 함께 우리나라 3대 계곡으로 꼽힌다. 내설악의 수렴동과 쌍벽을 이루는 천불동계곡은 설악의 대표적인 계곡으로 하늘을 떠받드는 듯한 봉우리, 골짜기마다 걸린 수많은 폭포, 거울보다도 맑은 연못 등이 함께 어우러져 절경을 이루며 , 여름엔 푸른 숲과 구름바다, 가을엔

천불동 계곡

단풍, 겨울엔 눈 속에 핀꽃이 사철 관광객의 홍취를 돋군다.

그리고 이곳에는 설악의 경관을 대표하는 와선대, 비선대, 문주담, 귀면암, 오련폭, 양폭 천당폭 등 유수한 절경이 모두 모여 있다.

### 2) 비선대 · 금강굴

깎아지른 절벽 아래 짙푸른 물줄기가 포말을 일으키며 흐르고, 편편한 암반 위에는 풍류객들이 새겨 놓은 이름 석자가 바글바글하다. 물가에 앉아 미륵봉을 올려다 보면 1200년 전 원효가 불도를 닦은 곳이라 전해지는 금강굴이 보인다. 금강굴(金剛窟)은 깊이 18m 정도의 바위굴이다. 지금은 신흥사의 부속 암자로 새 불상을 모셔 놓고 있다.

### 3) 울산바위

울산바위

동양 최대 규모를 자랑하는 울산(蔚山) 바위는 설악의 얼굴이자 자랑이다. 높이 8백 73m의 울산바위는 8백 8개의 돌계단을 밟고 올라야 하는데, 고통을 참고 정상에 오르면 어디서고 맛볼 수 없는 상쾌함을 느낄 수 있다. 신흥사에서 울산바위 입구까지는 도보로 30분 정도 소요된다.

### 4) 계조암

계조암(繼祖庵)은 울산바위 바로 밑의 천연석굴을 이용하여 지은 하나의 석굴암으로 신라 진덕여왕 2년(652)에 자장율사가 지었다고 한다.

### 5) 권금성

케이블카를 타고 해발 7백m의 권금성(權金城)을 오르면서 설악산 일대를 굽어 내려다보면 산벚꽃, 진달래가 설악산 가파른 바위틈새에 봄을 옮겨 심고 있음을 한눈에 볼 수 있다.

산줄기를 향해 불꽃처럼 타오르며 솟구친 칠성봉, 노적봉 등의 암봉들이 앞다투어 솟구쳐 풍경을 더욱 빛낸다. 권금성은 먼 옛날 권씨와 김씨 성을 가진 두 장수가 성을 쌓았다고 해서 **권금성**이란 이름을 얻었다.

### 6) 비룡폭포

설악산에는 많은 폭포들이 있는데, 그 가운데서도 대표적인 폭포가 비룡폭포(飛龍爆布)이다. 외설악을 찾는 사람들이 제일 먼저 찾아가는 명소 가운데 하나인 비룡폭포는 용(龍)이 좁고 험한 골짜기에서 한가닥의 물줄기를 타고 승천하는 듯한 느낌을 준다하여 **비룡(飛龍)**이라 붙여진 것이다. 비룡폭포까지는 설악산 소공원에서 도보로 약 50분 정도 소요된다.

비룡폭포

### 7) 토왕성폭포

비룡폭포 왼쪽 석벽을 오르면 탁트인 골짜기 속에 떨어지는 거대한 물줄기를 만난다. 일명 **선광폭포(禪光瀑布)**라고도 불리며, 국내 최대의 폭포이면서 설악산을 대표하는 3대 폭포 중의 하나인 토왕성폭포(土旺城瀑布)가 나온다.

토왕성폭포는 신흥사 동남쪽의 석가봉, 문주봉, 보현봉, 문필봉, 노적봉 등이 병풍처럼 둘러싼 바위벽돌 한가운데로 3단을 이루며 떨어지는 연폭(連瀑)

으로서 그 모습이 멀리서 보면 마치 선녀가 흰 비단을 바위 위에 널어놓은 듯한 모습을 하고 있다. 겨울철 이 폭포는 산악인들의 빙벽 훈련장으로 애용되고 있다.

토왕성 폭포

### 8) 육담폭포

토왕성 계곡을 들어서면 처음엔 험준하다기 보다는 넓직한 골짜기란 것을 느낄 수 있다. 그러나 갈수록 좁은 골짜기가 이어진다. 골짜기에서 조금 올라가면 여섯 개의 담소(물이 깊이 관 곳)로 이루어진 육담폭포(六澤瀑布)가 있다. 이 폭포는 골짜기에서 내리쏟아지는 물줄기가 서서히 흘러내리면서 암반의 형상에 따라 하나씩 물이 괸 곳으로 하나의 굴목을 이루고 있다.

### 9) 신흥사

신흥사(神興寺)는 1912년부터 본산 건봉사의 말사였으나, 1971년 대한불교 조계종 제3교구 본사로 종무를 관장, 본사로 승격되었다.

원래 신흥사는 진덕여왕 1년(652)에 자장율사가 창건하였으며, 처음에는 향성사라 불렀다. 그리고 앞뜰에 9층석탑을 세우고 석가세존의 사리를 봉안하였다. 그 후 여러번의 화재가 있었으나, 인조 22년(1644)에 지금의 자리에 절을 짓고 절 이름을 신흥사라고 부르게 되었다

현재 신흥사 경내에는 극락보전, 삼존불상, 명부전, 삼성각, 일주문, 범종, 청도시루 등이 있다.

## 남설악

### 1) 오색온천

해발 6백m 고지에서 분출되는 오색온천(五色溫泉)은 옛날 선녀들이 이곳에서 목욕을 하고 승천하였다는 전설이 전해지고 있다. 오색온천은 섭씨 42℃로 염소, 유황, 망간, 철분 등 주요 성분이 골고루 포함되어 있으며, 특히 신경통, 근육통, 관절염, 피부질환, 당뇨, 혈액순환장애, 위장병 등에 특효가 있다.

### 2) 오색약수

오색약수터 전경

오색(五色)은 오색약수터 옆에 오색석사(五色石寺)란 절이 있어 오색이란 이름이 유래되었다. 오색석사의 화원에는 다섯 가지 색을 가진 신기한 꽃이 있어 절, 마을, 약수터의 이름도 오색으로 불리게 됐다. 오색약수는 탄산성분이 많아 위장병, 신경쇠약, 신경통, 빈혈증에 효험이 있다. 이 약숫물에 가재를 담그면 곧 죽어버릴 만큼 살충력이 강해 장기복용하면 몸의 기생충이 없어진다고 한다.

### 3) 주전골

남설악 오색약수터에서 선녀탕을 거쳐 점봉산(1천 4백 24m)의 서쪽 비탈에 이르는 주전골은 성국사에서부터 들어간다. 계곡이 깊어 한여름에도 추운 느낌을 받으며 주위에 선녀탕, 미륵암, 12폭포, 용소폭포가 있어 운치를 더해준다.

### 4) 성국사

성국사(城國寺)는 신라시대 자장율사가 세운 것으로 전해져 오고 있으나 확실하지는 않고, 다만 경내에 있는 3층석탑(보물 497호)과 돌사자상 등으로 미루어 보아, 통일신라시대의 사찰로 여겨지고 있다.

## 내설악

### 1) 백담계곡 · 백담사

백담사(百潭寺)는 인제군 북면 용대리에 위치해 있으며, 내설악의 첫 관문이다. 만해 한용운의 **백담사적**에 의하면 신라 진덕여왕 1년에 자장율사가 설악산 한계리에 절을 지어 아미타상 3위를 조성 · 봉안하고 이름을 **한계사**라고 지었다고 전해지고 있다. 한때 한계사는 자장이 창건한지 50여 년 만인 신무왕 10년(690)에 실화로 소실되었는데, 그 후 재건되었다. 지금의 백담사는 1919년 4월에 당시의 주지 인공선사가 복구한 것이다.

만해 한용운 시인이 속세를 등지고 이곳에서 사미계를 받았으며, 현대문학사에 찬연히 빛나는 **님의 침묵**을 집필했던 곳이다. 만해는 동학혁명(1896)에 가담했다가 혁명이 실패로 끝나자 몸을 숨기려 설악산으로 찾아 들었다. 백담사에 거처를 잡은 그는 오세암과 백담사를 오가면서 주옥같은 시를 남겼다. **님의 침묵**은 부처를 향한 수도승의 찬불이면서도 민족의 암울한 미래에 대한 좌절과 희망, 연민을 담은 작품이다.

### 2) 수렴동계곡

수렴동계곡(水簾洞溪谷)은 백담산장에서 수렴동 대피소까지의 골짜기를 말하는데, 이곳은 수많은 연못과 폭포, 기이한 바위 등이 함께 어우러져 신비로움을 더하고 있다. 특히 수렴동계곡은 외설악의 천불동계곡과 더불어 내설악의 대표적인 계곡이다.

### 3) 봉정암

봉정암(鳳頂庵)은 부처의 진신사리가 모셔진 5대 적멸보궁(寂滅寶宮)의 하나로 우리나라에서 제일 높은 곳에 위치한 암자이다. 이 암자는 용의 송곳니처럼 뾰족하게 치솟은 용아장성의 바위능선이 끝나는 1천 2백m 지점에 위치해 있다.

### 4) 대승폭포

금강산의 구룡폭포, 개성의 박연폭포와 더불어 우리나라 3대 폭포의 하나로 꼽히는 장수대 대승폭포(大乘瀑布)는 내설악에 위치해 있다. 이 폭포는 떨어지는 폭포수의 물보라와 이 물보라에 이어지는 무지개가 영롱한 아름다움을 자아낸다.

대승폭포

대승폭포는 신라 경순왕의 피서지였던 것으로 전해지는데, 폭포 아래쪽에 중간폭포라는 것이 있어 또 다른 자연미를 선사한다.

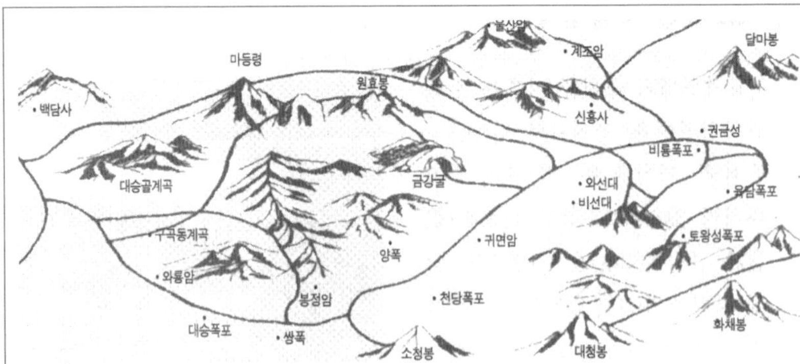

설악산관광 안내도

### 5) 장수대

장수대(將帥臺)는 원통에서 한계령쪽 14km 지점에 있으며 'ㄱ' 자 모양의 한옥집이다. 이 건물은 6 · 25때 설악산 전투에서 대승을 거둔 것을 기념하고, 장군들의 산장휴게소로 활용하기 위해 1959년에 오덕준 장군이 지은 것이다. 울창한 소나무 숲에 자리잡고 있는 장수대는 등산가들의 휴식처로 매우 좋은 곳이다.

설악산국립공원 현황

| 공원명 | 위치 (시도별 면적, km²) | 면적 (km²) | 공원보호 구역(km²) | 지정 연월일 | 주요자원 |
|---|---|---|---|---|---|
| 설악산 국립공원 | 강원<br>속초 43.98<br>양양 99.02<br>인제 221<br>고성 9 | 373 | 4.7 | 70.3.24 | • 산악 : 대청봉(1,708m), 화채봉, 한계령, 마등령-대승령, 안산, 가리봉, 점봉산<br>• 계곡 : 천불동, 가야동, 탕수동, 수렴동, 구곡담, 백담사, 백운동<br>• 폭포 : 토왕성, 비룡, 육담폭, 양폭, 음폭, 오운, 대승, 옥녀탕쌍폭, 천당폭, 독주<br>• 기암 : 귀면인, 울신암, 장수대하늘 벽, 망경대, 비선대, 와선대, 금강굴<br>• 온천 · 약수 : 오색온천, 오색약수<br>• 사찰 : 신흥사, 백담사, 봉정암, 계조암, 권금성 |

## (2) 오대산국립공원

태백산맥의 중핵을 이루는 오대산국립공원은 강원도의 명주군 · 홍천군 · 평창군 등 3개 군에 걸쳐 위치해 있으며, 주봉인 비로봉(毘盧峰 · 1천 1백 63m)을 정점으로 다섯 개의 봉우리가 U자형으로 되어 있어 오대산(五臺山)이라고 부르고 있다.

1975년 2월 1일 국립공원으로 지정된 오대산은 총면적 2백 98.5㎢에 이르며, 연간 80만 명의 관광객이 찾아온다. 오대산에는 월정사 입구의 전나무 숲을 비롯해 온 산이 아름드리 나무로 빽빽이 들어차 있어, 수목군락의 절경을 이룬다. 특히 월정사 주변의 울창한 전나무 숲은 우리나라 제일의 천연산림지대로 널리 알려져 있다.

오대산 전경

또한 노인봉을 시발로 동쪽으로 펼쳐진 소금강은 기암괴석의 모습이 금강산을 보는 듯하다고 해서 소금강(小金剛)이라 부르고, 또 학의 날개를 펴는 형상을 했다고 해서 일명 청학산(靑鶴山)이라고도 불리운다. 등산로는 상원사, 동피골 등으로 오르는 코스가 있다.

### 1) 월정사

평창군 진부면 오대산계곡 동산리에 위치해 있는 월정사(月精寺)는 25교구 본사 가운데 하나인 고찰이다. 이 절은 신라 선덕여왕 때 자장율사가 처음으로 세웠으나 6 · 25때 전소되어 지금의 건물은 그 뒤에 재건된 것이다. 경내에는 세련되고 섬세하게 만들어진 8각 9층석탑(국보 48호)과 석조보살좌상(보물 139호)이 있다.

### 2) 상원사

오대산의 울창한 수목으로 둘러싸인 상원사(上院寺)는 신라 선덕여왕 14년에 자장율사가 창건한 것으로 전해지고 있다. 상원사에는 우리나라에서 가장 오래된 범종인 국보 36호 상원사동종(上院寺銅鍾)을 비롯해서 부처의 정골사리를 모신 적멸보궁(寂滅寶宮) 등 많은 문화유적들이 산재해 있다.

### 상원사 동종

국보 36호로 지정된 상원사동종은 우리나라에서 가장 오래된 범종이다. 이 동종은 신라 성덕왕 24년(725)에 만들어 졌다는 명문이 종에 새겨져 있다.

### 3) 청학동 소금강

청학동 소금강은 우리나라 명승 1호로 지정되었으며, 금강산을 너무 닮아 소금강(小金剛)이라는 이름이 붙게 되었다. 1975년 오대산과 함께 국립공원오대산 안에 들어가게 되었지만, 소금강의 원래 이름은 청학산(靑鶴山)이다. 그것을 조선왕조 선조 때 이율곡 선생이 소금강이라 이름짓고 《청학사기》를 남긴데서 지금의 이름이 붙여지게 된 것이다.

#### 오대산국립공원 현황

| 공원명 | 위치 (시도별 면적, km²) | 면적 (km²) | 지정 연월일 | 주요자원 |
|---|---|---|---|---|
| 오대산 국립공원 | 강원<br>명주 113.7<br>홍천 44.4<br>평창 140.4 | 298.5 | 75. 2.11 | • 산악 : 비로봉(1,563m), 노인봉, 호령봉, 향변산, 동대산, 상왕봉<br>• 계곡 · 폭포 : 청학동소금강계곡, 구룡폭, 군자폭, 세심폭, 무릉계, 구룡연상팔담, 십자소, 연화담<br>• 기암 : 산선암, 청심대, 식당암, 만물상, 이능암, 귀새바위<br>• 약수 : 방아다리약수, 송천약수<br>• 사적 : 적멸보궁, 아미산성, 망군대, 학소대<br>• 사찰 : 월정사, 상원사, 금강사 |

> **'메밀꽃 필 무렵'으로 널리 알려진 강원도 평창**
>
> 평창은 우리에게 '메밀꽃 필 무렵'으로 널리 알려진 가산 이효석의 고향이다. 그래서 이효석을 기념하는 갖가지 기념물이 있다. 봉평면 창동리 남안동에는 이효석 생가터가 있고, 생가터로 오기 전, 남안교를 건너면 '이효석 문학의 터'임을 알리는 기념비와 물레방앗간이 있다. 봉평중학교 맞은편 가산공원에는 이효석의 흉상과 '이효석과 그 문학'이라는 글이 씌여진 기념석이 있다. 이효석 생가터를 찾는 길에 봉평면 창동리의 봉산서재와 판관대, 팔석정도 들러 볼만한 곳이다.

### (3) 치악산국립공원

1984년 국립공원으로 지정된 치악산(雉岳山)은 차령산맥 남쪽 끝에 위치하고 있으며, 해발 1천 2백 28m의 비로봉(毘盧峰)을 정점으로 동쪽은 횡성군, 서쪽은 원주시와 원주군에 접하고 있다.

남북으로 뻗어 내린 치악산맥은 비로봉을 중심으로 남대봉(1천 1백 81m)과 매화산(1천 85m) 등 1천m의 고봉들이 연이어 솟구쳐 사이사이로 가파른 계곡들이 자리잡고 있다. 이처럼 치악산은 매우 장엄하고 험준한 산세를 보이고 있으며, 또한 기암괴석과 폭포로 이루어진 계곡과 한데 어울려 아름답고 특이한 경관을 빚어내고 있다.

치악산 전경

예로부터 치악산은 동악명산, 적악산으로 불리었으나 꿩의 보은 전설로 인하여 치악산이 되었다고 한다. 춘하추동 계절에 따라 변화무쌍하며, 봄의 진달래와 철쭉꽃, 여름철 구룡사의 울창한 숲과 깨끗한 물, 가을 단풍과 특히 겨울 설경이 장관이어서 사시사철 등산객이 많이 찾는다.

그리고 남대봉을 중심으로 상원사와 원주지역 전란사가 담긴 유서 깊은 곳인 영원산성 · 해미산성 · 금두산성 등이 있으며, 북단으로 구룡사를 비롯하여 태종대, 주필대, 노고소, 대왕재 등의 명소와 세렴폭포, 사다리병창, 입석대 등 폭포와 기암절벽이 조화를 이루어 수려한 경관을 이루고 있다. 등산로는 구룡사, 상원골 등으로 오르는 코스가 있다.

## 1) 구룡사

구룡사(九龍寺)는 문무왕 8년(668)에 의상조사가 처음으로 세운 절이다. 그 후 조선 숙종 32년(1706)에 중건된 구룡사의 대웅전은 조선시대의 전형적인 건축물 가운데 하나이다. 특히 못 하나 쓰지 않고 나무를 깎아 맞춰 조립한 건물로 매우 정교하고 아름답다.

구룡사

일주문을 지나 절까지 오르는 숲길이 상쾌하고 맑은 물이 경쾌히 흐르는 계곡이 이어달리고 있어 구룡사는 여름철이면 피서객들이 더위를 식히는 기분으로 많이 찾아온다.

구룡사 주변은 몇 백년 묵은 소나무가 울창한 숲을 이루고 있다. 이 소나무는 조선시대 때 임금을 비롯해 왕족의 관을 만들거나 궁궐을 짓는데 쓴 황장목이다. 이를 함부로 베지 못하도록 **황장금표**를 붙여 놓았다.

## 2) 상원사

꿩과 뱀의 전설이 얽혀 있는 상원사(上院寺)는 신라시대 의상조사가 세운 절이다. 이 절은 1천m 남짓한 고지에 위치해 있어 구룡사와는 달리 관광객의 발길이 뜸한편이다. 경내에는 대웅전을 중심으로 조그마한 요사와 칠성각 등이 드문드문 서 있고, 법당 앞뜰에는 세 그루의 계수나무가 있다.

#### 3) 구룡폭포

구룡사에서 계곡을 따라 5분 정도 오르면 구룡폭포(九龍爆布)가 나온다. 폭포는 규모가 작으나 조그마한 못과 함께 시원한 풍경을 이루고 있다. 폭포 옆에는 널찍한 야영장도 있어 캠핑하기에 알맞다.

치악산국립공원 현황

| 공원명 | 위치 (시도별 면적, km²) | 면적 (km²) | 지정 연월일 | 주요자원 |
|---|---|---|---|---|
| 치악산 국립공원 | 강원<br>원성 0.09<br>원주 8<br>횡성 73 | 182.09 | 84.12.27 | • 산악 : 비로봉(1288m), 삼봉, 매화봉, 안봉<br>• 계곡 : 구룡사계곡, 입석대상원사 금대리, 태종대계곡<br>• 사적 · 사찰 : 구룡사, 상원사, 국향사, 영원사, 구룡사 대웅전, 영원산성, 황장금표, 상원사지석탑 성황림(천연기념물 93호) |

## 2 도립공원

### (1) 동해도립공원

동해도립공원은 1979년 6월에 도립공원으로 지정되었으며, 낙산사가 자리잡고 있는 오봉산을 중심으로 낙산해수욕장, 의상대, 하조대, 하조대해수욕장 등의 관광자원이 있다.

#### 1) 낙산사

양양군 강현면 전진리에 위치한 낙산사(洛山寺)는 국내 유일의 임해고찰로서 신라 문무왕 16년(671)에 의상대사(義湘大師)가 창건한 유서 깊은 사찰이다. 경내에는 수많은 문화재가 산재해 있고, 낙산사지는 지방문화재 35호로

치악산 전경

지정되었다. 그러나 2005년도에 화재로 모두 전소되어 원통보전을 비롯한 많은 당우가 소실되는 등 큰 피해를 입었으나, 2006년 보물동종복원을 시작으로 조화롭고 여유로운 21세기형 가람으로 복원되고 있다. 낙산사는 화재 이후 문화재청, 국립문화재 연구소, 강원도와 양양군의 전문가들로 구성된 낙산사 건물복구 지원단의 자문과 발굴조사 결과를 바탕으로 복원하였다.

## 해수관음상

낙산사에서 오솔길을 따라 5분 정도 걸어가면 동양 최대의 해수관음상(海水觀音像)이 동해를 향해 우뚝 서 있는 것을 볼 수 있다. 이 관음상은 1977년에 창건된 것으로 석불상의 높이는 16m, 좌대의 높이는 2.8m에 이른다.

## 홍련암

홍련암(泓蓮庵)은 바닷가 석굴 위에 세워진 독특한 법당이다. 법당 마루에 있는 조그만 구멍을 통해 석굴 아래로 출렁이는 시퍼런 바닷물을 볼 수 있어 더욱 유명해졌다.

## 의상대

낙산사지 내에 있는 의상대(義湘臺)는 낙산사 창건자인 의상대사의 업적을 기념하기 위하여 건립한 정자로, 낙산사의 동쪽 1백m 거리의 바닷가 절벽 위에 세워져 있다. 앞으로는 끝없이 맑고 푸른 동해 바

의상대

다를 마주하고, 오른쪽 절벽 아래로는 낙산해수욕장과 인접하여 있으며, 뒤로는 유서 깊은 낙산사와 울창한 소나무숲을 배경으로 하고 있어 주위 경관이 빼어나다. 특히 이곳에서 바라보는 동해일출은 과히 장관이다.

### 2) 설악해수욕장

설악해수욕장은 양양읍에서 북쪽으로 5km 떨어진 곳에 위치해 있다. 수심이 얕고 조용하며 1km의 백사장에 80m의 폭을 가진 해수욕장으로 오락시설, 샤워장, 숙박시설 등 편의시설도 잘 갖춰져 있다.

### 3) 낙산해수욕장

해마다 신년 해맞이 행사가 벌어질 정도로 일출이 근사한 낙산해수욕장은 양양군 양양읍 북동쪽 4km 지점에 위치해 있으며, 7월 초순부터 8월말까지 개장한다. 백사장의 길이는 1.8km, 너비 75m, 평균 수온 21.3℃로 동해안 3대 해수욕장의 하나로 1963년에 개장하였다. 양호한 모래 질과 송림, 그리고 드넓은 백사장 앞으로 바다가 얕아 가족단위 휴가지로 알맞다.

이곳은 주위에 자리 한 명찰과 고적지 때문에 많은 관광객들이 찾는다. 게다가 울창한 송림 뒤로 뻗은 백사장에는 설악산에서 흘러내려오는 남대천 하구의 큰 호수가 있어 담수(淡水)도 풍부하다.

특히 관동8경의 하나인 의상대와 낙산사가 가까이 있어 피서철에는 피서인파로 붐빈다. 그리고 이곳에는 야영장, 주차장, 급수대, 샤워장 등이 있으며, 그밖에 숙박단지와 매점 등이 잘 갖추어져 있다.

### 4) 하조대해수욕장

양양읍에서 남쪽으로 12km 되는 곳에 위치한 하조대해수욕장은 경사가 완만하고 수심이 깊지 않아 안전하게 해수욕을 즐길 수 있는 곳으로 울창한 송림을 배경으로 4km에 이르는 백사장이 펼쳐져 있다. 그리고 곳곳에 담수가 흐르고, 남쪽에 기암괴석과 바위섬이 산재해 있다. 부근에는 유명한 하조대(河趙臺)가 있는데, 하조대는 고려 말엽 하륜(河崙)·조준(趙浚) 두 사람이 은거하였다 해서 붙여진 이름이다.

### 동해도립공원 현황

| 공원명 | 위치 (시도별 면적, km²) | 면적 (km²) | 지정 연월일 | 주요자원 |
| --- | --- | --- | --- | --- |
| 동해 도립공원 | 강원(양양) | 9.1 | 79.6.22 (79.6.11) | 낙산사, 낙산해수욕장, 설악해수욕장, 의상대, 하조대, 해수관음상, 하조대해수욕장 등 |

## (2) 경포도립공원

강릉을 찾는 사람들이 제일 먼저 찾는 곳이 경포도립공원이다. 경포도립공원에는 경포해수욕장과 경포호수 그리고 경포대가 있다. 그 중에서도 경포호는 강릉시내에서 북쪽으로 6km 지점에 있다.

경포호는 이름 그대로 거울처럼 맑은 수면을 지닌 호수로 해수가 흘러 들어와 연중 낚시꾼들이 모인다. 그리고 연꽃과 갈대가 있어 경치가 좋고, 겨울에는 얼음낚시로 또 다른 풍치를 전해준다. 특히 고려 숙종왕 13년에 창건된 경포대는 관동8경 중 으뜸으로 경포호 가장자리 언덕 위에 있는 누각이다.

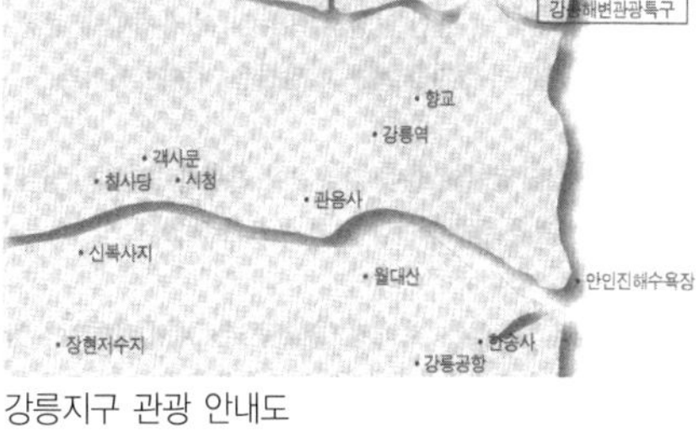

강릉지구 관광 안내도

이곳의 현판에는 제일강산이라 쓰여 있는데, 제일은 박숙정(경포대 창건)의 글씨이고, 강산은 양사언의 필체라 전해진다.

### 1) 경포대

강릉에서 북쪽으로 6km 정도 가면 해안모래와 만나는 곳에 민물과 바닷물이 섞이는 경포호가 있고, 이 호반 서쪽 언덕 위에 유명한 경포대(鏡浦臺)가 있다. 경포호는 예로부터 시인묵객들이 예찬한 곳으로 호수가 거울처럼 맑다고 하여 이름 지어졌는데, 일명 경호(鏡湖), 군자호(君子湖)라고 부른다. 정철(鄭徹)의 관동별곡(關東別曲)에 소개되는 이 호수는 바다에서 장엄하게 떠오르는 아침해, 붉게 타오르는 석양, 달밤의 호수경치, 짙푸른 바다를 배경으로 한 백사청송(白沙靑松)과 해당화가 어울려 경치가 절경을 이룬다.

늦가을이 되면 북쪽에서 철새들이 찾아와 월동을 한다. 호수 주위에는 과거 12개의 정자가 있었으나, 지금은 경포대, 금란정, 경포정, 방해정, 해운정만이 남아있다.

경포대에서 달뜨는 밤이면 다섯 개의 달을 볼 수 있다는 옛날 풍류객들의 표현이 있듯이 호수에 비치는 달은 볼수록 운치가 있다. 다섯 개의 달은 하늘에 떠있는 달, 출렁이는 호수 물결에 춤추는 달, 파도에 반사되어 어른거리는 달, 정자 위에서 벗과 나누어 마시는 술잔 속의 달, 벗(님)의 눈동자에 깃든 달이다.

경포대는 고려 충숙왕 13년(1326)에 인월사터에 세웠던 것을 조선 중종 3년(1508)에 지금의 자리에 옮겼고, 경포대와 주변 호수는 1981년 경포도립공원으로 지정되었고 바닷가에는 경포해수욕장이 있다.

### 2) 경포대해수욕장

경포대해수욕장은 동해에서 가장 대표적인 해수욕장이다. 강릉시에서 동쪽으로 약 6km쯤 되는 곳에 위치해 있으며, 경포대도립공원 종합개발계획에 따라 송정, 안목, 강문해수욕장을 통틀어 경포대해수욕장이라고 부르고 있다. 백사장의 길이는 6km, 너비 30km, 경사 10도, 평균 수심 1~2m, 평균 수온 22℃

안팎으로, 주옥같이 맑고 깨끗한 창파와 푸른 송림에 둘러싸인 백사장이 아름다운 풍치를 자랑하고 있어 이상적인 해수욕장으로 정평이 나 있다.

경포대 해수욕장

게다가 관동8경의 하나인 경포대와 아침 해돋이가 장관이어서 관광지로서 손색이 없을 뿐만 아니라 주변에 경포호수와 경포대 등의 관광자원이 풍부해 휴가철 피서지로는 최적의 장소이다.

**경포도립공원 현황**

| 공원명 | 위치 (시도별 면적, km²) | 면적 (km²) | 지정 연월일 | 주요자원 |
|---|---|---|---|---|
| 경포 도립공원 | 강원(강릉) | 9.471 | 82.6.26<br>82.6.16 | 방해정, 선교정, 경포대, 홍장암, 호해정, 조암, 금란정, 해유정 |

## (3) 태백산도립공원

예로부터 민족의 영산이라 일컫는 해발 1천 5백 68m의 태백산(太白山)은 《택리지》에도 우리나라 12대명산 중 하나로 기록되어 있을 만큼 장엄한 산이다.

백두산에서 남하한 백두대간이 두타산에서 백리쯤 떨어진 곳에 솟아오른 산이 태백산이다. 백두대간이 남하하다가 두 갈래로 갈라지는데 하나는 통고산 · 일월산 · 주왕산 · 가지산 · 영취산을 거쳐 부산의 금정산에 이르고, 다른 하나는 서남방으로 주행하며 그 줄기에 소백산 · 속리산 · 덕유산을 지나 지리산으로 분기되는 지점에 우뚝 솟은 산이라 하여 산중에 산이라고 한다.

태백산은 신라시대부터 성스러운 산으로 섬김을 받았기 때문에 북악(北岳)이라 부르며, 강화도의 마니산과 같이 하늘에 제사를 올렸던 곳이다. 태백산은 산신령의 우두머리이고 태백산 정기가 가장 크다고 믿고 있다. 정상에는 황웅

천왕, 단군왕검을 모신 성왕당이 있고, 돌로 쌓은 제단이 있으며, 지금도 많은 사람들이 이곳 제단에서 자신의 소원을 비는 제사를 올리고 있다.

또한 태백산에는 천년 고찰인 정암사가 있고, 식물로서는 주목나무, 전나무, 백양나무들이 군락을 이루고 있다. 그밖에 약 2억 5천만년 전에 살았던 삼엽충 화석이 산재해 있다. 1985년 5월 13일 도립공원으로 지정되었다.

### 1) 정암사

정암사(亭庵寺)는 태백산 산정 가까이에 위치해 있으며, 신라 진평왕 6년에 자장율사(慈裝律師)가 창건한 것이다.

### 2) 망경사

망경대에서 능선을 따라 10여분 내려가면 망경사가 나온다. 망경사는 신라시대 자장율사(慈裝律師)가 창건한 것이다. 절의 요사채는 등산객이나 기도객의 숙식처로 이용되기도 한다.

특히 망경사 절 입구의 용정은 우리나라에서 가장 높은 곳에 위치한 샘물인데, 이 샘물은 개천절에 올리는 천제(天察)의 제수(察水)로 쓰인다. 그리고 당골에는 매년 개천절에 제를 올리는 단군전이 있다.

#### 태백도립공원 현황

| 공원명 | 위치 (시도별 면적, km²) | 면적 (km²) | 지정 연월일 | 주요자원 |
|---|---|---|---|---|
| 태백산 도립공원 | 강원(태백) | 17.44 | 89.5.13 | 삼엽층화석, 정암사, 주목나무, 인삼 등 |

## 3 명산 · 사찰

### (1) 삼악산

삼악산(三岳山)은 춘천시 서면 덕두원리에 위치해 있으며, 비록 웅장하지는 않지만 주변에 의암호가 있어 더욱 절경을 이루고 있다. 특히 등선폭포와 상원사, 흥국사 등의 등산로를 따라가면서 발아래로 펼쳐지는 춘천시의 전경과 봉의산, 중도, 붕어섬, 의암댐 등이 어우러져 경치가 아름답다.

**등선폭포**

등선폭포(登仙瀑布)는 경춘가도에서 불과 1백 50m 정도 밖에 떨어져 있지 않아 쉽게 접근할 수 있다. 그리고 15m 길이의 제1폭포에서 제3폭포까지는 가파른 절벽에 계단과 쇠사다리가 놓여져 있어 폭포의 경관을 쉽게 볼 수 있다. 좁은 바위 틈을 따라 부서지듯 흘러내리는 맑은 물은 과히 장관을 이룬다.

### (2) 오봉산

소양댐으로 인해 더 널리 알려진 오봉산(五峰山 · 7백 79m)은 일명 경운산으로 불리기도 한다. 이름 그대로 다섯 암봉이 줄을 이은 아기자기한 산세로 정상의 능선을 따라 북쪽에는 화천지역, 남쪽으로는 부용산과 소양호가 펼쳐진다.

오봉산은 기암괴석으로 이루어진 암봉과 병풍을 두른 듯한 암릉이 절경을 이루는데, 특히 5월에는 온산이 철쭉으로 장관을 이룬다. 산행 들머리는 춘천에서 오음리로 넘어가는 배후령 마루턱으로 오르는 것이 일반적이다. 배후령에서 정상에 오른 다음 청평사인 구성폭포를 경유해 선착장까지 돌아오는 코스가 있는데, 산행시간은 3시간 가까이 소요된다.

또한 배후령에서 정상으로 이어지는 능선을 따라가다가 오른쪽의 남쪽 계곡으로 내려오는 코스도 있다, 이 경우 산행시간은 1시간 50분이 소요된다.

### 1) 구성폭포

청평사 매표소에서 계속 올라가면 높이 7m의 구성폭포가 나온다. 예로부터 폭포 소리가 아홉 가지로 들린다고 해서 붙여진 이름이다. 이곳에 계곡을 건너면 청평사가 나온다.

### 2) 청평사

선동계곡에 위치한 청평사(淸平寺)는 신라시대 아도화상이 창건한 절로 알려져 있는데, 고려 광종24년 백암선원이 개창되면서 뚜렷한 역사를 지니게 되었다. 경내에는 보물 164호인 회전문이 있다.

## (3) 매화산

원주시 횡성에 위치한 매화산은 1천 85m의 꽤 높은 봉우리로 정상에서 서남쪽으로 능선이 이어지면서 치악산과 합쳐지며, 동쪽으로는 백덕산과 마주보고 있다. 이웃한 치악산의 명성에 가려 일반 등산객들의 발길이 뜸한 산이지만, 치악산에 반해 그윽한 여성미를 자랑하고 있다.

매화산은 예전에 신선이 살았다고 해서 지금도 주민들은 신선봉이라 부른다. 8백 72m의 고개 길을 지나 참나무와 잡목이 우거진 능선 길을 헤치고 올라 가면 정상에 이르게 되며, 봄의 철쭉과 진달래꽃은 가히 장관을 이룬다.

## (4) 점봉산

한계령 오른쪽으로 보이는 점봉산은 해발 1천 4백 24m로 설악산 대청봉과 남북으로 마주보며 설악산국립공원의 일부를 이루고 있다. 주요 관광명소로는 12담구곡으로 불리는 주전골이 있는데, 좌우로 갖가지 모양의 바위 봉우리, 원시림, 맑은 계곡물이 어울려 절경을 이룬다.

### (5) 제왕산

강릉시 왕산면과 성산면에 위치한 제왕산은 높이 8백 41m의 완만한 산이다. 이 산은 계곡이 매우 뛰어 나며, 참나무 숲과 낙엽송이 우거진 수풀이 곳곳에 있어 경치가 아름답다.

강릉영림서의 임간학교가 제왕산계곡에 있어 산림욕을 즐길 수 있고, 어흘리에 대관령박물관이 있어 옛 얼을 느껴 볼 수 있다. 대관령에서 등반을 시작하면 성산 어흘리까지는 4시간 정도가 소요된다.

### (6) 황병산

평창군과 강릉시 연곡면에 위치한 해발 1천 4백 7m의 황병산은 바위보다는 흙지대가 많은 육산이다. 이 산은 그리 험하지는 않고, 골이 깊어 수목과 계곡의 수량이 풍부할 뿐만 아니라 희귀 식물도 많이 분포되어 있다. 특히 황병산은 인적의 자취가 드물어 태고의 원시림을 그대로 간직하고 있다. 또한 동북쪽으로 뻗어 내린 곳에 청학동 소금강이 흐르고 있어 여름철에는 시원한 피서를 즐길 수 있다.

### (7) 두타산

동해시 삼화동에 위치한 두타산(頭陀山)은 서남쪽으로 삼척시 미로면과 경계를 이루고 있는 해발 1천 3백 52m의 높은 산이다.

두타산 곳곳에는 성지의 유적이 남아있고, 과거에는 험준한 산세를 이용하여 외적의 침략을 막기도 하였다. 이 산은 많은 전설과 역사를 간직한 유서 깊은 산이며, 산수가 아름다운 명산으로 사계절 등산 코스로 이름이 높다.

두타산 전경

### (8) 청옥산

청옥산(靑玉山)은 두타산 서쪽 3km 떨어진 능선에 위치한 높이 1천 4백 3m로 주변 산들 중 가장 높은 산이다. 청옥산과 두타산 산아래 펼쳐진 국민관광지 1호인 무릉계곡은 1백여 명을 수용할 수 있는 무릉반석과 학소대, 선녀탕 그리고 계곡 양편에 깎아지른 듯한 병풍바위 등 웅장한 절경을 안고 있다.

산행기점인 무릉반석의 바로 아래 상가마을까지 동해시에서 수시로 운행하는 삼화사행 시내버스가 있다. 그러나 산행시간만 9시간 정도 소요되는 높고 험한 산이므로, 1박 2일 코스로 일정을 잡는 것이 좋다.

### (9) 건봉사

건봉사(乾鳳寺)는 한 때 설악산 신흥사와 백담사를 말사로 거느렸던 조계종 29본산 가운데 하나인 거찰이었다. 그러나 건봉사는 6 · 25를 거치면서 일주문을 제외하곤 6백 42칸의 당우가 모두 불에 탔다. 또 '금강산 건봉사'란 편액이 걸린 일주문의 돌기둥에는 총알이 스쳐간 자국이 역역하다.

건봉사는 사라진 거찰의 주춧돌이 주는 쓸쓸함, 수도의 10단계를 뜻하는 바라밀이 새겨진 돌기둥, 오리가 얹혀진 돌솟대, 아치형의 아름다운 다리인 능파교, 부처의 진신사리가 모셔졌다는 적멸보궁, 80여 기나 되는 부도가 모여 있는 부도밭 등 볼만한 것들이 많이 있다.

## 4 폭포 · 계곡

### (1) 삼부연폭포

삼부연폭포(三釜淵瀑布)는 철원군청에서 동쪽으로 약 2.5km 정도 떨어진 명성산 중턱의 계곡에 위치한 높이 20m에 달하는 폭포이다.

삼부연폭포

사계절 마르지 않는 물과 기이한 바위가 주위 경관과 조화를 이루어 신비로움을 불러일으키며, 폭포에서 떨어지는 물줄기가 세 갈레로, 그 모양이 가마솥 같다 하여 **삼부**라고 부른다. 또한 이곳에서 용이 승천했다는 전설이 있어 동네 이름을 **용화동**이라고 부르고 있으며, 상류 3km 지점에 용화저수지가 있고, 예로부터 가뭄이 들면 폭포 밑에 단을 차려놓고 기우제를 지냈다.

삼부연폭포는 도끼로 깎아내린듯 양감이 살아있는 바위와 그 틈으로 흘러내리는 삼베를 훑어 내린것 같이 희고 아름다운 물줄기가 어우러져 어스름한 저녁 나절 달빛이 고여드는 밤이면 선녀가 내려와 목욕을 할 것만 같은 환상을 불러일으킨다.

### (2) 직탕폭포

직탕폭포

직탕폭포(直湯瀑布)는 철원군 동송읍 장흥리 한탄강 상류에 기암절벽으로 이루어진 폭포로서 그 웅장함과 기묘함 그리고 아름다움이 겹쳐 철원8경의 하나로 손꼽히고 있다.

한탄강의 맑은 물과 풍부한 수량 등으로 자연미가 넘치는 이 폭포는 고석정에서 2km 상류에 위치하고 있으며, 폭 80m, 높이 3m로 속칭 '한국의 나이애가라'로 불리고 있다.

### (3) 구곡폭포

경춘선 강촌역에서 서남쪽으로 약 5km 지점의 봉화산 계곡에 있는 높이 50m에 달하는 웅장한 폭포가 구곡폭포이다.

아홉 개의 구비를 돌아 들어간다 하여 구곡폭포라 불리며, 폭포 주위의 경치가 아름다워 많은 사람들이 즐겨 찾는다. 거대한 암벽을 타고 쏟아져 내리는 물기둥이 일으키는 물보라가 30m 주변까지 확산되어 장관을 이룬다.

또한 겨울에는 물기둥이 장엄한 빙벽으로 얼어붙어, 그 빙벽을 보기 위해 관광객과 빙벽을 오르려는 클라이머들이 줄을 잇는다. 구곡폭포는 경춘국도와 강촌교로 이어져 있어 교통이 편리하며, 수도권 1일 관광지로 크게 각광을 받고 있다.

### (4) 용추폭포

용추폭포(龍湫瀑布)는 무릉계곡 서쪽 4km 지점에 위치해 있으며, 물의 근원은 청옥산이다. 이 폭포는 3층으로 이루어져 있으며, 상탕과 중탕이 모두 옹기 항아리 모양으로 되어 있고, 곧게 내려 쏟는 폭포의 옆에 서면 현기증이 날 정도이다. 또한 이 폭포는 용추에서 내려간 물이 두 갈래로 갈라졌다가 다시 만나는 쌍폭포와 함께 무릉계곡의 백미를 이룬다.

용추폭포

## (5) 순담계곡

순담계곡

철원군청에서 북서쪽 5km 정도 떨어진 순담은 한탄강 물줄기 중 가장 아름다운 계곡으로 알려져 있으며, 기묘한 바위와 깎아 내린 듯한 벼랑과 연못 그리고 물이 많을 뿐만 아니라 계곡에는 보기 드문 하얀 모래밭이 천연적으로 형성되어 있어 관광객들이 연중 끊임없이 찾아온다. 또한 뒤편에는 래프팅 장소로 최적지인 뒷강이 위치하고 있어 래프팅 동호인 들이 즐겨 찾는다.

## (6) 수타사계곡

수타사계곡은 홍천군 동면 노천리와 덕치리 일원에 위치한 계곡으로 맑고 깨끗한 옥수가 흐르고, 봄에는 철쭉, 가을엔 단풍과 곳곳에 펼쳐지는 크고 작은 소(沼)와 조화를 이루고 있는 곳이다. 특히 이 계곡에는 커다란 소가 자리하고 있어 길대와 맑은 물을 벗삼고 때묻지 않은 비경을 감상할 수 있다.

### 수타사

영서지방의 사찰 중 가장 오래된 고찰인 수타사(壽陀寺)는 신라 홍덕왕 7년(708)에 일월사를 고쳐 지은 것으로, 조선 태조 2년(1354)에 지금의 자리로 옮기면서 수타사가 되었다. 경내에는 월인석보, 대적광전, 3층석탑, 홍우당부도가 소장되어 있다.

## (7) 진동계곡

강원도 인제군 기린면 진동리에 위치한 진동계곡은 생태기행의 메카로 국내에서 생태계가 가장 잘 보존된 지역이다. 아직 교통이 불편하에 세상에 잘 알려지지 않아 원시림에 가까운 숲이 잘 보존되어 있다..

국내 4천여 종의 식물중 20%인 8백여 종이 서식하고 있어 봄꽃이 피는 5월 초순부터 식물학자를 비롯해 사진작가, 관광객의 발길이 끊이지 않는다. 특히 진동계곡 원시림은 극삼림(생태적으로 가장 안정된 상태를 취하고 있는 삼림)으로 남한 최고의 생태계 박물관인데다, 계곡으로 난 오솔길에는 철마다 들꽃이 다투어 피고 있다.

## (8) 미천골계곡

미천(米川)골은 1천m급 고산으로 둘러싸여 있는 강원도(양양군 서면)의 전형적인 심산유곡이다. 흑회석의 암석을 따라 맑은 옥수가 흐르고, 한 여름에도 오랜 시간 발을 담그고 있기 힘들 정도로 물이 차갑다.

홍천과 양양을 잇는 국도 5호선에서 2km쯤 들어가면 미천골 자연휴양림 관리사무소가 나온다. 휴양림 내에는 12동의 천막과 야영장이 갖춰져 있다.

## (9) 무릉계곡

동해시 삼화동에 위치한 무릉계곡(武陵溪谷)은 두타산 사이에 있으며, 넓은 암반과 깊은 물, 기암괴석이 웅장하고 화려한 계곡 그리고 금란정, 무릉반석, 삼화사, 쌍폭, 용추폭포로 이어지는 계곡 줄기가 숨막힐 정도로 아름답다.

무릉계곡의 쌍폭

또한 무릉계곡은 기암괴석이 즐비하게 절경을 이루고 있어 마치 선경에 도달한 것 같은 느낌을 주기도 한다. 특히 이곳은 수 많은 관광객을 매료시킬 정도로 많은 전설과 역사를 간직한 유서 깊은 명승지로 널리 알려져 있다. 무릉계곡을 따라 올라가다 보면 수백 명이 들어설 수 있는 무릉반석이 나온다. 금란정 바로 아래에서부터 삼화사 앞에 이르는 한덩어리의 바위 무릉반석은 일명 석장암동이라고도 부른다.

이 바위는 본래 평평한 모습이었으나, 1920년에 우레와 같은 소리를 내며 지각변동을 일으킨 뒤 균열이 일어 지금처럼 층계를 이루듯 기울어졌다고 한다. 바위 위에는 전국에서 찾아온 관광객들이 기념으로 남겨 놓은 이름자가 어지럽게 새겨져 있다. 그 가운데는 조선 선조 때 강릉 부사를 지낸 명필가의 한 분인 봉래 양사언의 석각과 매월당 김시습을 비롯하여 수 많은 시인 묵객들의 시(時)가 1천 5백여 평의 무릉 반석 위에 새겨져 있다.

## (10) 정선 소금강

정선 동면 사무소 지척에 이른바 그림 바위라고 하는 마치 한 폭의 그림 같은 화암이 길가에 펼쳐진다. 화암골에서 오른쪽 길을 따라 가다 보면 강을 끼고 전개되는 좌우의 광경이 심상치 않음을 알게 된다. 이곳이 바로 소금강이다.

소금강을 지나 조금 더 올라가면 바위가 병풍처럼 양쪽으로 나란히 세워 뒤틀면서 나간 듯한 경관이 보이는데, 이곳이 몰운대이다. 이곳을 지나 좌측 계곡으로 오르면 크고 작은 여러 개의 폭포와 용소가 어우러져 있어, 한 폭의 그림을 연상케 한다.

### (11) 어라연계곡

영월동강과 어라연계곡

칼날 같은 산이 한 발자국씩 뒤로 물러나 내 준 물길 2백리. 아직 손때가 묻지 않은 자연박물관 동강은 수 만년 자연이 빚어 낸 비경이 어쩌면 댐 건설로 사라 질지도 모른다.

태백 검룡소에 흘러나온 물줄기와 대관령에서 흘러나온 송천 이 아우라지에서 만나고, 다시 소양강이 되어 정선 가수리에서 동강으로 변한다. 동강은 영월에 이르러 어라연계곡을 빚고 청령포와 선돌이 있는 서강 물줄기와 만나 충주호를 거쳐 한강으로 태어난다.

특히 크고 작은 고기들이 죽은 단종의 영혼을 반겼다는 어라연은 동강이 숨겨놓은 최고의 보물이며, 수달의 쉼터이다. 상선암, 중선암, 하선암 등 집채만한 바위 3개가 강 중간에 버티고 서있는 이곳 물 속은 인간세상이 아니다.

물에 잠겨 있는 바위들이 저마다 다른 각도로 햇살을 반사하면서 푸른 무지개를 만들어 내고, 그 색깔을 입은 맑은 물이 멈춘 듯 흐르는 듯 계곡을 감돌고 있어 수궁(水宮)을 연상케 한다. 또한 강 건너에는 강원도 심심산골의 평화로운 풍경이 펼쳐진다. 드문드문 두어 채씩 떨어져 있는 흙담집, 망루처럼 삐죽 솟은 잎담배 건조창고, 쟁기를 채운 소를 몰고 밭을 일구는 촌로의 모습이 옛날로 돌아간 것 같은 착각을 일으키게 한다.

### (12) 김삿갓계곡

김삿갓계곡은 곡동천에서 시작하여 하류로 내려갈수록 골이 넓어지기 때문에 영월에서는 꽤 큰 계곡에 속한다.

김삿갓계곡은 강원 · 충청 · 경북 3도의 접경지역으로 태백산맥과 소백산맥이 만나는 곳이다. 이곳은 물이 맑고 아기자기한 바위와 까마득한 절벽이 어우러져 한 폭의 산수화를 이룬다. 작고 아기자기한 폭포도 여럿 있다.

계곡 상류쪽에는 방랑시인 김삿갓의 묘가 있다. 묘까지 찾아가는 길목에는 1백 80개의 장승과 30개의 작은 돌탑, 솟대, 성황당이 있다.

> **단종애사가 스민 강원도 영월**
> 강원도 영월은 곳곳에 단종애사가 스민 역사 어린 고장이다. 단종애사를 좇아 떠나는 길목에는 구성진 뻐꾸기 울음소리가 적막을 깨뜨리는 장릉과 창살없는 천연감옥으로 어린 왕을 처절한 고독에 몸부림치게 했던 청령포, 단종이 마지막 숨을 거둔 관풍헌 등이 발길을 잡는다.

## 5 해수욕장 · 섬

### (1) 화진포해수욕장

고성군 현내면 초도리 동해안 최북단에 위치한 화진포해수욕장은 광할한 화진포 호수변에 울창한 송림이 병풍처럼 둘러싸인 자연풍경이 아주 수려한 곳이다. 특히 이곳에는 인공치하에 건립된 김일성 별장과 수복후 건립한 이승만 전 대통령의 별장 등이 아직도 남아있다. 또한 화진포에는 고성군의 군화인 해당화가 붉게 피어나고, 겨울에는 천연기념물 201호인 고니를 비롯해 겨울 철새들이 날아와 일대 장관을 이룬다.

화진포 해수욕장

### (2) 거진해수욕장

고성군 거진읍에 위치한 거진해수욕장은 화진포해수욕장에서 남쪽으로 약 3km 정도 떨어져 있다. 거진해수욕장은 거진항 남쪽 해안에 약 8km의 백사장이 펼쳐져 있으나, 자산천 하구를 중심으로 한 남쪽 반암리 벼랑바위까지인 2km의 모래사장에서만 해수욕을 즐길 수 있다. 특히 이곳은 모래질이 좋고, 경사도 대체로 완만하다.

### (3) 송지호해수욕장

송지호 해수욕장

고성군 죽왕면 오호리에 위치한 송지호해수욕장은 수심이 낮고 물이 맑은 것이 특징이다. 백사장의 길이는 7백m, 너비 1백m, 경사 2~4도, 평균 수섬 1.3m, 평균 수온은 21℃ 안팎이다.

특히 바다 전면에는 경관이 수려한 죽도가 가로 놓여 있어 천혜의 해수욕장으로 각광을 받고 있을 뿐만 아니라 해수욕장에서 5백m쯤 되는 곳에 담수호인 송지호(松池湖)가 자리하고 있다.

### (4) 삼포해수욕장

삼포해수욕장은 고성군 죽왕면 삼포리에 위치해 있다. 백사장의 길이 약 7백m 정도로 경사가 완만하고, 물이 맑으며, 비단조개가 많이 잡힌다. 특히 해수욕장 뒤의 송림이 울창하다. 숙박시설로는 콘도미니엄과 민박이 있다.

## (5) 백도해수욕장

백도해수욕장은 고성군 죽왕면 문암리에 위치해 있으며, 어촌 분위기가 물씬 풍기는 해수욕장으로 근처에는 작은 항구가 있다. 아침 7시쯤 이곳에 가면 싱싱한 횟감을 싸게 살 수 있다.

## (6) 속초해수욕장

속초해수욕장은 고속터미널 옆에 있다. 척산온천과 설악동이 부근에 있어 등산과 온천욕을 함께 즐길 수 있다. 속초시내에서 가까워 교통이 편리하다는 장점 이 있으며, 6백m나 되는 해수욕장 뒤쪽에 송림이 있어 피서지로서 적격이다.

속초 해수욕장

## (7) 오산해수욕장

오산해수욕장은 양양군 손양면 조산리에 위치해 있다. 오산해수욕장이 수심은 1m 안밖으로 가족단위의 피서객들에겐 더없이 좋은 곳이다. 또한 백사장 주변에 송림이 있어 그늘을 만들어 주고 있다. 게다가 양양읍의 남대천에서 물놀이를 병행할 수 있어서 더욱 좋다.

## (8) 주문진해수욕장

주문진해수욕장은 주문진읍에서 동북쪽으로 2km 되는 곳에 위치해 있다. 백사장의 길이는 1km, 너비 150~200m, 경사 5~10도, 평균 수심 1m, 평균 수온 20℃ 안팎으로 7월 중순부터 8월 말까지 개장한다. 물이 맑은 주문진해수욕장에서는 조개잡이도 즐길 수 있다. 특히 해산물이 모여드는 주문진 항구가 가까워 싱싱한 해산물을 싸게 구입할 수 있다.

### (9) 사천해수욕장

사천해수욕장은 경포대 해수욕장에서 북쪽으로 4km되는 곳에 위치해 있으며, 길이 8백m, 너비 30m, 평균수심 1~2m, 평균수온 20℃ 안팎으로 7월 초순부터 8월 말까지 개장한다. 특히 사천해수욕장 주변에는 계곡 피서지로 유명한 청학동, 소금강이 있어 산과 바다를 두루 즐길 수 있다.

### (10) 정동진해수욕장

쇠락해 가던 폐광촌 정동진은 TV 드라마 모래시계 덕에 엄청난 관광지로 둔갑했다. 군사지역에 묶여 있던 바다까지 해수욕장으로 탈바꿈 한 것이다. 정동진은 경포대보다 넓고 긴 백사장을 가지고 있으며, 끝없이 몰아치는 흰 파도가 또 인상적이다.

북쪽으로 보이는 뿌연 산 그림자 그 앞으로 희미하게 궤적을 그린 철길, 가족은 물론 밤차를 타고와 동해의 일출을 보려는 연인들의 발자국이 끊이지 않는다. 정동진역 구내로 들어가면 바로 탁 트인 푸른 바다를 감상할 수 있다. 가족보다는 젊은 연인들이 가기에 안성맞춤이다.

### (11) 연곡해수욕장

강릉시에서 북쪽으로 8km, 주문진에서는 남쪽 4km 거리, 강릉시 연곡면에 위치한 연곡해수욕장은 송림이 우거져 한낮의 더위를 피해 산림욕을 즐길 수 있다. 게다가 소금강으로부터 흘러내리는 연곡천의 맑은 물에서 은어 낚시를 할 수 있어 관광객들로 인산인해를 이룬다.

이곳 백사장의 길이는 8백m, 폭 10m에 평균 수심이 1~2m 정도로 경사가 완만하고, 어린이를 위한 해수풀장도 있어 매년 피서객이 증가하고 있다.

### (12) 망상해수욕장

동해시 최북단인 망상동에 위치한 망상해수욕장은 69만㎡의 넓은 면적으로 1977년 국민관광지로 지정되었다. 총 연장 3km의 넓은 백사장과 울창한 송림(수령 20~30년), 청정한 해수, 얕은 수심 등 아름다운 경관을 자랑하고 있는 천혜의 해수욕장이다.

게다가 인근 무릉계곡과 추암 촛대바위를 비롯하여 남쪽으로 노봉, 대진, 어달, 한섬, 감추, 추암 등 간이해수욕장이 즐비하다. 그리고 울릉도와도 연계할 수 있는 동해~울릉도 간 관광쾌속선이 1일 1~2회 왕복 운행되고 있다.

### (13) 추암해수욕장

속초 해수욕장

삼척 추암해수욕장은 TV 애국가에 나오는 배경 사진인 촛대바위 일출을 촬영한 곳이다. 특이하게 생긴 바위들이 해수욕장을 에워싸고 있어 수평선만 보이는 어느 곳과는 분위기가 다르다.

해수욕장 왼편으로 난 얕은 산길을 오르면 촛대바위를 비롯한 기암괴석들 그리고 괴석에 달려와 부서지는 하얀 파도를 즐길 수 있다.

### (14) 맹방해수욕장

맹방해수욕장은 삼척군 근덕면 하맹방리에 위치해 있으며, 삼척시에서 남쪽으로 12km 정도 떨어져 있다. 백사장의 길이가 1km에 이르며 조개가 많이 잡힌다.

맹방 해수욕장

특히 마천읍에서 흘러나오는 냇물이 호수를 형성하기 때문에 담수욕을 동시에 즐길 수 있다. 그밖에 인근 신기면에서 동양최대의 환선굴을 비롯하여 석류굴, 무릉계곡을 만날 수 있다.

## 6 온천 · 약수터 · 동굴

### (1) 척산온천

섭씨 52도의 척산온천은 속초시에서 서남쪽으로 4km 지점인 노학동에 위치하고 있다. 1976년 정부에서 척산지구를 특정지역 관광지구로 지정하였는데, 현재 주변에는 6개의 온천이 있다.

다리가 부러진 학이 온천 물에 몸을 담그고, 북쪽으로 날아간 것을 보고, 온천을 찾았다는 전설처럼 유황, 나트륨, 리튬 등 10여 종의 광물질이 함유되어 있어 소화기 질환, 신경통, 각종 피부질환에 좋은 것으로 나타났다. 온천장에서 목우재 도로를 통하여 10분이면 설악산으로 이동할 수 있고, 또한 주변에는 한화리조트의 위락시설과 18홀의 골프장 그리고 워터피아가 위치해 있다.

**단순천**

단순천은 무색투명하며, 맛이 없고 냄새가 없다. 수온은 34℃ 이상으로 물이 부드러워 몸에 자극이 적다. 우리나라 대부분의 온천이 이에 속하는데, 그 중에서도 척산온천, 수안보온천 등이 유명하며, 신경통, 운동기능장애, 류머티스, 병후 조리에 효과가 있으며, 음용하면 위장병에 효과가 있다.

## (2) 방아다리 약수터

방아다리약수터는 평창군 진부면 척천리에 있다. 오대산국립공원 내 전나무 숲 속에 위치한 이 약수는 땅에서 콸콸 솟아오르는 것이 특징이다.

방아다리 약수라는 이름은 옛날 한 농부의 아내가 샘터바위 한 가운데서 곡식을 놓고 찧고 있었는데, 그 패인 곳이 갈라지면서 샘물이 솟아올랐다 해서 붙여진 이름이다. 이 약수에는 각종 약성분이 녹아 있는데, 특히 철분이 많아 위장병, 신경통, 피부질환 등에 효과가 있는 것으로 알려지고 있다.

방아다리 약수 옆에는 안질에 효험이 있다는 안천을 비롯해서 약수를 지켜 준 다는 용신각이 있어 분위기를 더욱 신비스럽게 만든다.

## (3) 필례약수터

필례약수터는(인제군 인제읍 귀둔리) 오색약수에 비해 톡쏘는 맛은 덜하지만, 철분냄새가 풍길만큼 성분이 진해 위장병, 피부병 등에 특효가 있는 것으로 알려져 있다.

## (4) 방동약수터

양구에서 울산광역시까지 연결되는 국도 31호선의 양구~속사 구간에는 후곡, 필례, 방동, 개인, 삼봉, 신, 방아다리 약수터가 줄지어 있어 이곳은 '약수의 메카' 로 꼽힌다. 그 중 현리에서 진동계곡 방향으로 7km 떨어진 방동약수터(기린면 방동2리)는 찾는 사람이 드물어 방태산의 아름다운 풍광을 조망하면서 여유있게 약수의 참맛을 음미할 수 있다.

방동약수는 3백여년 전 심마니에 의해 발견했다고 전해지며, 철분이 다량 함유된 광천수는 위장병에 특효가 있다.

### (5) 화암약수터

정선군 동면 화암리에 소재한 화암약수터는 산세의 아름다움을 그림 바위로 표현하는데, 그 비경의 산속에서 바위를 뚫고 신비스럽게 샘솟는 화암약수터가 있다.

특히 화암약수는 신비스러운 맛과 특이한 효험이 있는 영약으로 널리 알려져 있으며, 1997년 3월 국민관광지로 지정 · 개발되었다.

약수의 성분은 탄산이온, 철분, 칼슘, 불소 등 건강 필수 성분이 함유되어 있다. 약수의 효능으로는 위장병, 피부병, 빈혈, 안질 등에 효험이 있다.

### (6) 고씨동굴

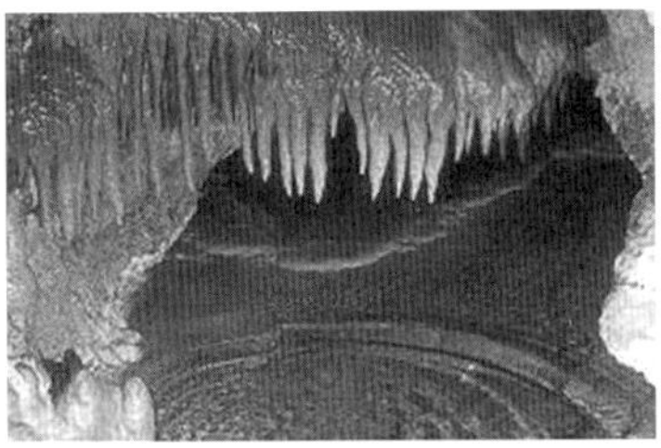
고씨동굴 내부

고씨동굴(高氏洞窟)은 영월읍내에서 화력발전소 방향으로 11km 거리에 위치하고 있다. 천연기념물 219호로 지정되어 있는 고씨동굴은 우리나라에서 가장 오래된 석회석동굴이다. 총 길이 6.3km로 굴 안으로 들어갈수록 길이 좁아지므로 구경하기가 쉽지 않다.

동굴 내부에는 약 4억년 전부터 형성된 종유석과 4개의 호수, 3개의 폭포 및 6개의 광장이 있으며, 모양이 다른 종유석과 석순, 돌기둥의 조화가 극치를 이루고 있다.

동굴 건너편 강가에는 고운 모래가 깔린 널찍한 백사장이 있는데, 여름철 야영장으로 사랑받고 있다. 동굴 주변에는 관광지가 조성되어 있고, 그밖에 토산품점, 향토음식점, 숙박시설 그리고 놀이동산인 고씨랜드가 들어서 있다.

### (7) 용연동굴

태백시 화전동에 있는 용연동굴은 해발 9백 20m에 위치한 천연동굴이다. 이 동굴은 코끼리 열차를 타고 올라가야 한다.

용연동굴은 약 3억년에서 1억 5천만년 전에 생성된것으로 동굴산호, 종유석, 석순 등이 있으며, 길이는 8백 30m에 이른다. 이 동굴의 석순들은 다른 동굴과 달리 무시무시한 모양을 한 것들이 많은데, 그 중에서 죠스의 무덤, 박쥐의 고성, 드라큐라 성이 대표적인 것들이다. 동굴 안에는 폭 50m, 길이 1백 30m의 대형광장이 있다. 이곳에 무지개 빛 조명을 받으며, 분수가 솟구쳐 올라 신비로운 느낌을 준다. 동굴을 관람하는데는 약 40분이 소요된다.

## 7 호수 · 유원지

### (1) 화진포

화진포 내의 이승만 전대통령 별장

거진읍에서 4km 북쪽에 위치한 화진포(花律浦)는 풍경이 수려하고 면적이 72만 평, 둘레 약 16km에 이르는 커다란 호수이다. 호수 주변엔 울창한 송림이 병풍처럼 둘러싸여 있고, 포구의 기암괴석이 해변의 흰 백사장과 어울려 한폭의 그림같은 아름다운 경관을 가지고 있다. 특히 화진포는 수심이 얕고 오염되지 않아 여름철 피서지로서 으뜸이라 할 수 있다.

한편 고성군은 이승만 전 대통령과 이기붕 전 부통령, 김일성 별장이 역사안보전시관으로 탈바꿈해 1999년 7월 15일부터 일반에 개방되었다. 그리고 李 전 대통령 별장에는 침실, 서재가 당시 모습대로 재현됐고, 李 전 대통령이 입던 옷과 사진, 친필 휘호 등이 전시되어 있다.

### (2) 송지호

송지호 전경

송지호(松池湖)는 고성군 죽왕면 오봉리 동쪽의 7번 국도변에 위치한 호수로 총면적 20만 평, 둘레가 약 4km 가량되는 아담한 자연호수이다. 송지호는 호수주변에 송림이 울창하여 붙여진 이름으로 아득한 옛날에는 호수가 아닌 바다였다고 한다. 지금도 바다와 물길이 이어져 있어 바닷물고기와 민물고기가 함께 서식하고 있다.

이곳은 호수로는 유일한 재첩 서식지로 오봉리 주민들은 매년 5월 1일부터 10월 31일까지 재첩을 채취한다. 호수바닥의 경사가 완만하고 한복판의 수심도 어른 키를 넘지 않을 정도로 얕아서 배를 타지 않고서도 호수 곳곳을 돌아 다니며 재첩을 잡을 수 있다.

### (3) 영랑호

속초시 영랑동 · 장사동 · 금호동 일대에 자리하고 있는 영랑호(永郎湖)는 잘 다듬어진 정원 같은 주변 풍경과 탁 트인 호수가 조화를 이룬 곳이다. 호수를 따라 산책길이 길게 나 있어 산책하기에 그만이다.

영랑호는 신라시대 화랑 영랑(永郎)이 이 호반에 오랫동안 머물면서 자연을 즐겼다는 삼국유사 기록에 근거를 두어 명명된 호수이다. 호수 둘레는 7.8km, 면적 1.19km, 수심 8.5m에 이른다.

주변에는 다양한 평수의 콘도와 호텔, 골프장, 수영장, 승마장 등 스포츠 레저타운이 잘 갖추어져 있다.

## (4) 청초호

청초호 전경

청초호(靑草湖)는 영랑호와 함께 속초의 대표적인 호수이다. 아름다운 항구 호수로 본래 바다와 접한 부분이 좁았지만 어선들이 드나들 수 있도록 넓혀 바다의 출입구로 만들었다.

호수의 북쪽은 속초시 중심가인 청학동과 중앙동, 서쪽은 교동, 남쪽과 동쪽은 청호동이 자리하고 있으며, 그 둘레는 5km에 이른다. 조선시대 때는 그 지형적 특징을 이용하여 수군만호영(水軍 萬戶營)을 두어 병선을 정박하고, 바다로 호구를 넓히고, 깊이 파서 호수의 동쪽 청호동을 자연 방파제로 삼아 속초 내항을 삼기도 했다.

## (5) 강촌유원지

강촌은 북한강줄기를 가로지른 강촌교 건너에 있는 강 마을로 봉화산과 삼악산 등 사그마한 산들이 둘러싸고 있는 곳이다. 산 속에는 아담한 폭포가 있어 피서를 하기에도 좋고, 북한강의 맑은 물이 있어 캠핑을 즐기는 사람들이 많이 찾는다. 서울에서 비교적 가까운 거리에 있어 학생들의 M · T 장소로도 많이 이용되고 있다.

## (6) 공지천유원지

공지천유원지는 의암댐을 거쳐 10km 정도 춘천시로 들어오는 첫어귀에 있는 유원지이다. 호수에는 남녀노소가 즐길 수 있는 보트장과 선착장이 마련되어 있어 춘천시민은 물론 춘천을 찾는 외래관광객들도 꼭 한 번 들러 호반 춘천의 호수를 감상하고 가는 곳으로 겨울을 제외하고 항시 보트놀이를 즐길 수 있다.

공지천을 건너 왼편 호반 광장에는 높이 16m의 이디오피아 참전기념비가 있으며, 또 호수를 끼고 산등성이를 오르면 전적기념관이 나온다. 거기에서 서쪽으로 2백m 가면 어린이회관이 넓게 자리잡고 있다.

### (7) 소양댐 · 소양호

소양댐과 소양호(沼陽湖)는 춘천시 서북방 12km 지점, 북한강 본류에 댐을 축조하여 이루어진 곳이다.

소양댐의 높이는 1백 23m로 압록강 수풍댐보다 15m나 높으다. 특히 충주호와 더불어 우리나라에서 가장 큰 인공호수인 소양호는 동양에서 가장 크고, 세계에서 4번째로 큰 사력댐이다.

소양댐 선착장에서는 관광유람선을 운항하고 있다. 또한 이곳은 빙어, 향어, 송어 등 민물 낚시터로 4계절 강태공들이 즐겨 찾는다.

### (8) 의암호

물의 도시 춘천은 안개의 도시이기도 하다. 사흘중 하루는 안개가 낀다. 오봉산자락에 걸쳐있는 구름사이로 아침해가 떠오르면 의암호(衣岩湖)를 가득 메운 새벽안개는 붉은 옷으로 갈아 입는다.

춘천 의암호에 소양강, 모진강, 시연강이 흘러든다. 그 중 소양강가에는 관광명소가 밀집돼 있어 춘천관광의 필수코스이다. 소양2교 남단에서 바라보는 의암호의 새벽은 온통 안개 일색이다. 춘천행이 주는 또 하나의 보너스랄까, 절경이 아닐 수 없다.

## (9) 위도유원지

춘천시 서면 신매리에 위치한 위도유원지는 의암댐의 영향으로 형성된 섬으로서 전체 면적이 14만여 평에 달하며, 자연적으로 조성된 수림과 인위적으로 조림한 느티나무와 단풍나무 그리고 잔디밭이 조성되어 있어 여름철 야영 및 단체활동에 좋은 장소로 활용되고 있다.

위도라는 명칭은 누에고치 모양의 섬이라고 하여 붙여졌고, 둘레의 넓은 호수에는 모터보트 및 수상스키를 배우려는 사람들로 붐빈다. 또한 이곳은 각종 경기장 시설이 설치되어 청소년들의 야외학습장으로 각광을 받고 있다.

## (10) 중도유원지

중도는 의암호로 둘러싸인 넓이가 55만 평에 이르는 두 개의 섬을 가리키는데, 이곳에는 북방식 석관무덤 4개와 선사시대 무덤으로 부르는 적석총을 포함해서 많은 유적이 남아 있다.

또한 넓은 잔디밭과 나무숲으로 둘러싸인 여러 가지 놀이시설도 갖추어져 있어 놀이나 야영을 하기에 좋으며, 하루에 9천 명의 야영객을 수용할 수 있는 시설을 갖추고 있다.

## (11) 홍천강

홍천군 서석면 생곡리에서 발원하여 청평으로 흘러드는 홍천강은 수심이 낮고 차지 않은 수온, 널따란 강변으로 서울에서 3시간 거리로 수도권 최고의 물놀이터이다.

길이 1백 43km에 달하는 홍천강 줄기는 명소가 숱하게 널려있다. 상류 굴지리에서 부터 팔봉산, 밤골, 반곡, 통고리, 개야리, 수산리, 모곡, 마곡 등 유원지로 조성된 곳만도 10여 곳으로 모두 오토캠핑을 할 수 있다.

홍천강에서 가장 유명한 곳은 서면 모곡의 밤벌유원지로 약 1km에 달하는 강변이 밤톨만한 자갈과 모래로 덮혀 있다.

### (12) 마곡유원지

모곡에서 6km쯤 떨어진 마곡유원지는 한적하다. 마곡은 홍천강의 가장 끝 줄기로 하류는 청평호로 이어진다. 강 한가운데는 비교적 수심이 깊어 수상스키와 제트스키를 즐기는 레포츠광들이 찾는다. 하류쪽은 모래사장과 숲이 어우려져 있다.

모곡에서 강줄기를 따라 상류쪽으로 올라가다보면 유원지들이 끊어질 듯 이어지며 나타난다. 모곡 위로는 수산유원지와 개야리유원지가 있고, 8개의 봉우리가 솟아 있는 팔봉산 앞의 팔봉산유원지는 수심이 얕아서 좋고, 2시간 가량의 산행도 즐길 수 있다.

밤골은 밤나무숲이 우거져 있어 텐트를 치고 캠핑을 즐기기에 적격이다. 인적이 드문 곳으로서 사람이 북적거리지 않고, 계곡과 유적지도 많이 있다. 홍천읍을 지나서는 수타 계곡과 용소계곡, 굴운리의 큰골, 남궁억묘역를 비롯해 강재구공원, 풍암리 동학 혁명전적지, 홍천향교, 물거리 3층석탑 등이 있다.

## 8 문화유적지

### (1) 고석정

고석정(孤石亭)은 한탄강 상류에 우뚝 솟은 거대한 바위로 신라 진평왕이 이곳에 정자를 세워 고석정이라 이름을 붙였으나, 정자는 없어지고, 지금은 1971년에 세운 시멘트 정자와 함께 외로운 바위가 그 이름을 대신하고 있다. 그리고 소나무 몇 그루가 자생하고 있어 더욱 운치를 돋구고 있다.

고석정

고석정에는 임꺽정이 숨어 살았다는 자연석굴이 남아 있다. 조선 명조 때 임꺽정이 의적당을 만들어 정자 건너편에 석성(石城)을 쌓고, 웅거한 것으로 전해진다. 또한 바위 위에는 여러명이 앉을 수 있는 평평한 공간이 있고, 그 아래로는 순담계곡이 있다.

1984년 국민관광지로 지정된 고석정은 철의삼각전시관, 위락시설, 산책로, 식당가 등의 시설을 갖추고 있다.

### (2) 청간정

청간정

속초시에서 북쪽으로 약 7km쯤 떨어진 곳에 위치한 청간정(淸澗亭)은 관동8경의 하나로 설악산 골짜기에서 흘러 내리는 청간천과 동해바다가 인접된 절벽 위에 자리잡고 있다.

청간정에 올라서면 왼쪽에는 작은 대나무숲이 모여 있는 것과 저 멀리 방파제의 빨간 등대가 푸른 파도 위에 선명하게 눈에 들어온다.

지방유형문화재 32호인 청간정은 팔각지붕의 목재로 된 누각으로 그 옛날 시인 묵객들이 찾아와 풍류를 논했던 곳이다. 청간정의 창건 연대나 창건자는 알 수 없으나, 조선 중종 15년(1520)에 군수 최청을 비롯한 역대 군수들이 중수하였다고 한다.

특히 청간정에서 바라보는 해돋이와 달뜨는 저녁의 정경은 관동8경의 하나로 과히 절경이라 할 수 있다.

### (3) 오죽헌

오죽헌

경포대에서 약 4km 남짓 떨어진 곳에는 조선시대 99칸 한옥이 그대로 보존되어 있는 오죽헌(烏竹軒)이 있다. 조선시대의 유학자 율곡 이이(李珥)가 태어난 오죽헌은 강릉의 대표적 문화재이며, 보물 165호로 지정된 조선 초기의 목조건물이다.

오죽헌은 원래 병조참판과 대사헌을 지낸 최응현의 집이었다고 하며, 주위에 오죽이 무성해 오죽헌이라 불렀다고 한다. 1976년에 오죽헌 정화사업에 착수, 현재는 현충사에 버금가는 새로운 성지가 되었다. 이 성역화 사업을 통해 문성사, 율곡기념관, 자경문, 사주문 등을 만들고 율곡 선생이 태어난 몽룡실과 사임당의 본가협문 등을 보수하였다.

또한 매점 등의 편의시설은 물론이고 오죽, 목백일홍, 은행나무, 느티나무 등 관상수를 심어 말끔히 단장하였다. 기념관내에는 율곡의 저서인 《격몽요결》과 벼루를 비롯해 신사임당의 유품인 초중도, 글씨 등 30점이 소장되어 있다.

### (4) 죽서루

죽서루

삼척시 성내동에 보물 213호로 지정된 죽서루가 있다. 죽서루(竹西樓)는 관동8경의 제1루로서 1275년 고려 충열왕 원년에 간관 이승휴가 창시하고, 1403년에 김효순이 중건하였다.

전하는 바에 의하면 누(樓)의 동편에 죽 장사가 있고, 명기 죽선녀가 노닐던 집이 동편에 있었다고 하여 죽서루라 이름을 붙였다고 한다. 누대에 올라 아래를 내려다보면 아찔하도록 깊은 낭떠러지 밑으로 오십천의 힘찬 물결이 소를 이루어 감돌고 있다.

이 건조물의 특징은 지하층은 기둥이 17개로 되어 있고, 그 중의 8좌는 돌을 다듬어 주춧돌을 앉히고 세웠으며, 나머지 9좌는 자연석인 암초에 기둥을 세웠다. 2층을 보면 20개의 기둥을 올렸으니 과히 신기하다 할뿐이다.

죽서루에는 숙종과 정조가 내린 상찬의 시와 이율곡 등 많은 명사들의 시가 걸려 있다. 남쪽에 본루의 별관으로 연근당이 있었으나, 지금은 초석만 드문드문 보일 뿐이다. 누대 밑의 절벽에는 역사굴이 있으며, 오십천 건너편 성남에서 바라보는 조망이 아름답다.

## 9 박물관 · 기념관

### (1) 석탄박물관

태백산을 오르는 길목인 당골광장에 만들어진 석탄박물관은 석탄의 생성과정에서부터 채탄, 막장생활에 이르기까지 생생이 경험할 수 있는 곳이다. 제1전시실에는 지구의 탄생, 광물과 암석을 시대별로 전시하였고, 제2전시실에는 우리나라의 탄전분포와 태백의 탄광개발에 대한 내용을, 제3전시실에는 재래식 채탄과 연탄제조 과정을, 제4전시실에는 광산 사고 유형과 구조활동에 대한 내용을, 제5전시실에는 석탄산업의 변화에 대한 내용을, 제6전시실에는 광산촌의 문화와 풍습을, 제7전시실에는 태백의 문화와 유물을 전시해 놓았고, 그리고 야외전시장에는 대형 광산장비가 전시되어 있다. 또한 각 전시실에는 터치 스크린이 설치되어 충분한 설명을 보고 들을 수 있다.

석탄박물관

### (2) 참소리 박물관

강릉시 송정동에 있는 참소리박물관은 1992년 11월 28일에 문을 열었다. 모든 전시품은 개인이 30여 년의 세월을 바쳐 모은 것이다. 숨가쁘게 흘러온 축음기의 역사가 한 자리에 모인 이곳은 세계에서도 가장 큰 오디오박물관으로 꼽힌다.

이 박물관에는 축음기와 오디오, 에디슨 발명품 3천 6백여 점과 레코드 15만 장, 자료 및 서적 7천여 점이 전시되어 있다. 그 가운데에는 세계적으로 희귀한 것들도 많다. 최초의 축음기인 틴호일을 비롯해서 여섯대가 만들어진 것 중 유일하게 현존하는 아메리칸 포노그래프, 세계 최초의 텔레비전인 베어드 30라인, 에디슨이 발명한 전구 1백여 점 등은 실로 귀한 것들이다. 참소리박물관은 안내원이 일일이 전시물의 역사, 소장배경, 작동원리를 설명해 주고, 안내 중간중간에 기기의 소리를 직접 들려준다.

## 10 종합레저시설 · 민속촌

### (1) 알프스 스키장

알프스 스키장

해발 6백m의 진부령고원에 자리잡은 알프스스키장은 고산지대 특유의 서늘함과 유럽의 이국적인 정취가 물씬 풍기는 곳이다. 특히 이곳은 설악산과 신선봉, 향로봉에 둘러싸여 있어서, 스키와 레저를 동시에 즐길 수 있다. 그 동안 국내외 스키대회 장소로 각광을 받은 이곳은 50여 만평의 넓은 슬로프에 다양한 경사도의 코스를 갖추고 있다. 또한 일교차가 거의 없어 야간스키의 진수를 맛볼 수 있고, 4인승 리프트와 눈썰매장은 백설을 즐기는 재미를 만끽할 수 있도록 해준다.

숙박시설은 호텔, 파레스실, 산장콘도미니엄 등을 갖추고 있어 편안한 휴식이 가능하다. 그밖에 실내수영장을 비롯해서 볼링장, 당구장, 사우나, 골프장 등 각종 레저 스포츠 시설이 들어서 있어 사계절 휴양지로서 손색이 없다.

### (2) 용평 스키장

서울에서 2백 15km나 떨어진 강원도 평창군 도암면 용산리의 발왕산(1천 4백 58m) 기슭 7백 50m 지점에 자리 잡고 있는 용평스키장은 2월 초순부터 3월 말까지 스키를 즐길 수 있다.

용평 스키장

스키장의 넓이는 모두 1백만 평에 이르고 슬로프의 넓이도 30만 평에 달한다. 이 용평스키장은 이미 10여년 전에 우리나라에서는 처음으로 인공 제설기와 리프트를 설치하여 국제적인 수순을 자랑하는 인공스키장으로서 600~1km에 이르는 8개의 슬로프와 2인승 체어리프트 6기를 가지고 있다.

그 가운데 실버라인(8백m)과 레드라인(6백 50m)은 중·상급자용이고, 그린라인(6백m)과 뉴그린라인(5백 50m)은 중급자용, 그리고 핑크라인(6백 50m)과 옐로라인(5백m)은 초급자용으로 되어 있다. 그밖에 1백m급 T바 1기와 3백 10m, 3백 50m, 4백 50m급 T바 3기가 있는데, 모두 1인승 견인식이다. 또한 2천여 대의 스키를 갖추어 놓고 빌려 주기도 하고 폴·부츠 등을 부분적으로 빌릴 수도 있다.

한편, 스키 초보자를 위해 스키학교를 운영하고 있으며, 가족단위 강습과 특별강습도 하고 있다. 숙박시설은 특급 호텔인 드래곤밸리호텔과 콘도미니엄식 호텔인 용평호스텔과 2백 5세대의 콘도미니엄도 있다.

한국의 사계절 종합휴양지로 유명한 용평리조트는 국내 최초이자 최고 수준의 스키장을 비롯해 골프장, 수영장, 볼링장, 사우나, 오락실 등 다양한 시설을 갖추고 있다.

### (3) 설악워터피아

1백% 천연 온천수를 이용한 설악워터피아는 사우나와 워터파크 시설이 혼합된 전형적인 종합온천테마파크이다. 폭 15m, 길이 40m의 파도 풀인 샤크블루와 설악의 계곡을 그대로 옮겨놓은 듯한 유수풀, 아쿠아포켓 등이 있어 운동과 오락을 동시에 즐길 수 있는 액션스파, 1백m와 70m 길이의 슬라이드 등을 갖추고 있다. 그밖에 바위탕과 폭포탕, 연인탕, 해수탕, 맥반석온돌탕, 가부리탕, 동굴탕 등의 시설을 갖춰 수영복을 입고 온천욕을 즐길 수 있는 옥외 레저스파도 이곳의 자랑거리이다.

### (4) 왕곡민속마을

용평 스키장

고성군 죽왕면 오봉리에 위치한 왕곡민속마을은 1988년 전통건조물 보존지구 제1호로 지정된 곳이다. 이곳에는 19세기를 전후해 세워진 북방식 전통기와집 20채와 초가 1채 등 모두 50여 채가 보존되어 있다. 함경북도를 비롯한 관북지방에서 흔히 볼 수 있는 ㄱ자형의 가옥들은 마을을 둘러싼 다섯 개의 산봉우리 덕택에 전쟁의 피해를 입지 않고, 제 모습을 지켜올 수 있었다고 한다.

가옥의 구조는 안방과 사랑방, 마루와 부엌을 외양간을 덧붙여 동선을 짧게 한 것이 특징이다. 추운 지방에서 생활하기 편리하도록 집을 지은 선조들의 지혜가 엿보인다.

## 11 기타 관광명소

### (1) 통일전망대

통일전망대에서 바라 본 북한의 해금강 전경

동해안의 최북단에 세워진 통일전망대는 북쪽에 고향을 두고 온 사람들에게 망향의 한을 달래주는 명소로 알려져 있다. 이 전망대는 1984년에 세워졌으며, 맑은 날이면 고성능 망원경을 통해 금강산과 해금강, 만물상 일대를 조망할 수 있다.

통일전망대는 크게 전시실과 전망실로 나뀐다. 1층 전시실에는 한국전쟁 이후의 각종 전시자료와 금강산의 풍광을 담은 사진이 걸려 있고, 유리벽으로 감싼 2층 전망실에는 VTR을 통해 금강산과 해금강 일대를 보여 준다.

전망대 오른쪽에는 통일을 기원하는 의미에서 세운 미륵불상과 성모마리아상이 북쪽을 향해 서 있다. 통일전망대로 가려면 명파마을 입구의 통일안보공원에서 출입신청을 해야 한다. 출입신청서 작성시에는 주민등록증이 필요하다. 신청서를 제시하고 안보교육관에서 안보영화를 관람한 뒤 전망대로 향하게 된다.

Chapter » 04

# 제4장 충청권

## 1 국립공원

### (1) 계룡산국립공원

차령산맥의 줄기인 계룡산(鷄龍山)은 해발 8백 45m로 산세가 수려하고 물이 맑으며, 정기를 간직한 산으로 알려져 왔다.

계룡산은 공주군 계룡면과 논산군 두마면에 걸쳐 있는 충청남도 제일의 명산으로 차령산맥과 노령산맥 사이에 이룩된 산지로서 멀리서 보면 그 형상이 마치 닭의 볏을 쓴 용과 같다 해서 **계룡산**이라는 이름이 붙게 되었다.

총 면적은 62.15㎢에 달하며, 천황봉(8백 45m)을 주봉으로 연천봉(7백 34m), 수정봉(6백 75m), 삼불봉(7백 75m), 황적봉 등이 자태를 뽐내며 우뚝 솟아 있다. 특히 깊은 계곡과 골짜기마다 맑은 물이 넘쳐 흘러 더위를 잊게 한다.

계룡산 전경

또한 계곡마다 연못과 폭포가 절경을 이루고, 동선폭포와 용문폭포 그리고 갑사계곡 및 동학사계곡의 절경과 봄에는 춘산백화, 여름에는 녹음방초, 가을은 만산홍엽, 겨울은 심계백설 등 변화 무쌍한 자연의 풍치와 함께 장엄한 산봉,

아름다운 폭포 및 희귀한 동 · 식물 등 태고의 신비 속에 전설과 유적들로 가득하다.

동서남북으로는 각각 갑사, 구룡사, 동학사, 신원사를 배치하였는데, 이러한 형태는 어느 곳에서도 볼 수 없는 불교의 영산이다. 1968년 12월 31일에 국립공원으로 지정되었다.

### 1) 갑사

갑사(甲寺)는 백제 구이신왕 원년(420)에 아도화상이 창건하였는데, 556년에 혜명이 중건한 후 신라 의상대사가 천불전을 중창하고, 곶 갑(岬)자를 갑옷 갑(甲)자로 고쳐 오늘에 이르게 되었다.

당시의 건물은 임진왜란 때 모두 불타고 지금의 절은 그 후에 중건한 것이다. 경내에는 대웅전을 비롯해 천불전, 대웅전, 팔상전, 진해당 등 10여 동의 건물이 있고, 월인석보판목(보물 582호) · 철당간과 지주(보물 256호) 등 다수의 보물이 있다.

### 2) 동학사

동학사

계룡산 동쪽 기슭에 위치한 동학사(東鶴寺)는 신라 성덕여왕 23년(724)에 상원선사의 발원으로 회의화상이 세운 오랜 역사를 가진 절이다.

현재는 여승들의 불교전문강원으로써 많은 여승들이 생활하고 있고, 고려 말엽의 학자인 정몽주 · 이색 · 길재의 위패를 모신 삼은각이 있다. 이 때문에 동학사에는 일주문 대신 홍살문이 있는 것이 특징이다. 경내에는 초혼각 터, 숙모전 등이 있다.

### 3) 오뉘탑

오뉘탑은 계룡산 동쪽 중턱에 위치해 있다. 창건 연대는 알 수 없지만, 애듯한 사랑이 진실한 불심으로 인해 오뉘가 되어 많은 불제자를 길러냈다고 전해지고 있는 5층과 7층석탑이 나란히 서 있다.

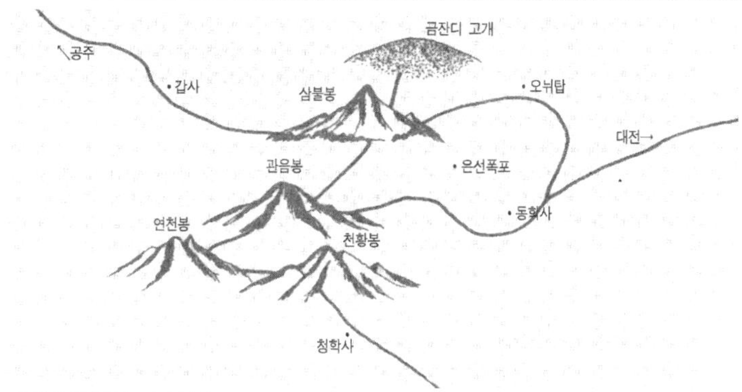

계룡산국립공원 관광안내도

### 4) 신원사

신원사(新元寺)는 계룡산 양화리에 위치해 있다. 백제 의자왕 11년, 보덕화상이 창건한 절이다. 지금도 산신에게 제사를 드리는 중악단(中嶽壇)이 있고, 지방 유형문화재 31호인 5층석탑이 있다.

### 5) 신도안

신도안은 태조 이성계가 신 왕도 건설을 위해 1년 남짓 역사를 진행시켰던 곳이다. 원불교 훈련원 안에 있는 가로 · 세로의 길이가 1백 70cm에 이르는 대형주춧돌 1백 15개가 태조의 새 도읍지 창건 의지를 말해 주고 있다. 특히 이곳은 《정감록》이나 풍수지리설에 의해 명당으로 알려져서 많은 사람들이 몰려들어 온갖 신흥 종교의 온상이 되기도 했다.

### 6) 갑사계곡

계룡산국립공원에 있는 7개의 계곡 중 가장 빼어난 갑사계곡은 한여름의 무더위에도 가을을 느끼게 할 만큼 시원하고, 가을에는 춘마곡 추갑사라고 할 정도로 단풍이 아름답다. 특히 5리 숲이라고 불리는 갑사 진입로는 가을이면 단풍으로 벌겋게 달아올라 장관을 이룬다.

갑사 입구인 용추교에서 약 5km에 달하는 이 계곡 중 폭이 넓고, 물이 많은 용문폭포(10m)까지의 1.5km 구간이 물놀이를 즐기기에 알맞으며, 갑사계곡 옆으로 난 좁은 길은 계룡산에 오르는 등산길로 곳곳에 맑은 시냇물이 방문객을 맞는다. 이곳에는 갑사를 중심으로 철당간지주, 사리탑 등의 불교 유적이 많아 두루 살펴볼 수 있고, 울창하게 뻗은 나무들이 그늘을 드리우고 있어 산책하기에 좋다.

**계룡산국립공원 현황**

| 공원명 | 위치<br>(시도별 면적, km²) | 면적<br>(km²) | 공원보호<br>구역(km²) | 지정<br>연월일 | 주요자원 |
|---|---|---|---|---|---|
| 계룡산<br>국립공원 | 충남<br>공주 41.15<br>논산 13.01<br>대전 6.82 | 60.98 | 1.0 | 68.12.31 | • 산악 : 쌀개봉, 연천봉, 삼불봉 관음봉, 수정봉<br>• 계곡 : 동학사계곡, 갑사계곡, 용화사 계곡, 백암동계곡<br>• 폭포 : 은선폭포, 용문폭포, 숫용추폭포, 갑사구곡<br>• 기암 : 작바위, 쌀개바위, 마명굴, 고삼굴<br>• 사찰 : 갑사, 동학사, 신흥암, 동계사, 용화사, 청학사, 오뉘탑, 천진보탑 |

## (2) 태안해안국립공원

1978년에 해안국립공원으로 지정된 태안(泰安)은 서해의 가장 아름다운 낙조를 볼 수 있는 곳이다. 태안해안국립공원은 충남 태안군 안면도에서 원북면에 이르는 해안과 보령군 오천면 장고도, 고대도 등 서해안 2개 면을 포함한 바다와 육지 3백 28.99㎢ 지역에 자연경관을 보호하고, 국민휴양을 위해 해상국립공원으로 지정하였다.

특히 태안은 하계휴양지로서 각광을 받고 있는 곳이다. 학암포, 백리포, 천리포, 만리포, 연포 등과 안면도의 몽산포, 방포, 꽃지 등 해수욕장만 10개가 넘는다.

### 1) 학암포해수욕장

학암포는 조선시대부터 중국의 상인들이 내왕하면서 교역하던 무역항으로 질그릇을 많이 수출하였던 곳이다. 원래 학암포는 **분점포**라는 이름으로 불려져 내려오던 지역으로, 1968년 7월 27일에 해수욕장을 개장하면서 **학암포**라고 부르게 되었다.

학암포의 명칭은 이곳에 학같이 생긴 바위가 있어 붙여진 것이다. 예로부터 만리포, 몽산포 등과 더불어 널리 알려진 학암포는 수심이 깊지 않고, 맑은 물과 넓은 은빛 백사장이 있어 낭만적인 분위기를 자아내고 있다.

### 2) 천리포해수욕장

천리포해수욕장은 만리포해수욕장에서 북쪽으로 3km 정도 떨어져 있는 해수욕장이다. 이곳은 해수욕을 즐기면서 언제 어디서라도 바다낚시를 즐길 수 있는 천연해변으로서 꽃게, 광어, 우럭, 붕장어, 해삼, 전복 등 싱싱한 회를 맛볼 수 있다. 그밖에 해수욕장 주변에는 1966년 미국인 밀러에 의해 조성된 천리포수목원이 있어 볼거리를 더해 주고 있다.

### 3) 만리포해수욕장

만리포해수욕장

만리포해수욕장은 태안읍에서 서쪽 18km 지점에 위치하고 있다. 백사장의 길이 2km, 너비 1백m, 경사 2도, 평균 수심 1~2m, 평균 수온 22℃ 안팎으로 7월 초순부터 8월 말까지 개장한다.

서해안의 3대 해수욕장(만리포 · 대천 · 변산)가운데 하나인 만큼 모래가 좋고 뒤쪽의 송림이 우거져서 여름철 수련회같은 모임이 많이 열리고, 저녁노을의 아름다움을 마음껏 즐길 수 있다.

또한 만리포는 바닷물이 쪽빛처럼 푸르고, 조개껍질이 부서져 섞인 은빛 모래가 넓은 백사장을 이루고 있는데, 수심이 완만하여 여름철이면 피서객들로 인산인해를 이룬다. 해수욕장내에는 깨끗한 민박촌이 있고, 주차장, 샤워장 등 각종 편의시설도 잘 갖추어져 있다.

### 4) 연포해수욕장

태안읍 서쪽 6km, 근흥면 소재지에서 1.5km쯤 되는 곳에 위치한 연포해수욕장은 길이 2.5km, 너비 60m의 인공적으로 개발한 해수욕장으로 7월 초순부터 8월 중순까지 개장한다. 그리고 해수욕장 주변에는 송림과 동백꽃, 야생 백합 등이 자생하는 풍치림이 조성되어 있다. 숙박시설은 해수욕장 앞에 호텔, 별장 등이 있고, 그밖도 민박도 할 수 있다.

### 5) 안면도

낙지 발처럼 구불거리는 서해안 태안반도와 닿을 듯 떨어져 있는 충남 태안군의 안면도는 우리나라에서 여섯 번째로 큰 섬으로 지금은 연륙교가 놓여 뭍이 되었다.

만리포해수욕장

나지막한 언덕과 구릉이 즐거운 리듬처럼 펼쳐지며, 우거진 송림사이로 구불구불 빠져 드는 드라이브 코스는 안면도만이 지닌 신선한 매력이다. 빼어난 구경거리나 명승지가 즐비한 환상의 섬은 아니지만, 꾸미지 않은 소박한 정성이 더욱 풋풋하다. 안면도에는 삼봉, 방포, 꽃지 샛별 등 이름도 예쁜 해수욕장들이 올망졸망 모여 있다.

## 꽃지해수욕장

꽃지해수욕장은 백사장의 끝이 어딘지 보이지 않을 정도로 넓다. 차가 다닐 만큼 모래사장이 단단하면서도 사질은 대단히 곱고 깨끗하다. 해수욕장 가장자리에 서 있는 전설 어린 두 바위, 할아배바위, 할매바위 곁으로 안겨드는 해넘이가 아름답다. 겨울에도 바다를 보기 위해 많은 연인들이 즐겨 찾는다.

## 안면도 자연휴양림

안면도 자연휴양림은 안면도 주민들에게 가장 사랑받는 휴식처이다. 줄기가 곧고 붉은 소나무 숲속에는 산책로, 체력단련장, 야영장 등 각종 편의시설이 깔끔하게 들어서 있다.

휴양림 내에 있는 산림전시관에서는 안면도의 생태계를 알 수 있는 동식물 표본과 각종 농기구를 볼 수 있다. 도로 건너편 수목원에는 낙엽수원, 상록수원, 화목원 등의 구역으로 나누어 각종 수목과 화초를 보기 좋게 가꾸어 놓았다.

## 몽산포해수욕장

몽산포해수욕장은 태안읍에서 안면도 쪽으로 11km 정도 떨어진 태안반도 서해안에 있으며, 백사장의 길이는 3km, 너비 1백m, 경사 3도, 평균수심 1~2m, 평균수온 22℃ 안팎으로 7월 초순부터 8월 말까지 개장한다.

몽산포해수욕장은 몽대포구와 인접해 있어 몽대포구의 아름다운 경치를 구경하고, 해수욕을 즐길 수 있는 최적의 장소이다. 또한 잘 정비된 도로와 숙박시설 그리고 주변환경도 뛰어나 최근 들어 관광객들로부터 인기를 끌고 있다.

태안해안국립공원 관광안내도

## 방포해수욕장

방포해수욕장은 안면도에서 가장 오래된 해수욕장이다. 검은 자갈과 굵은 모래가 섞인 해변이 안면도에서는 오히려 이색적이다. 해안의 길이는 비교적 짧은 편이지만, 아늑한 맛이 있어 좋다. 뒤쪽에 햇빛을 피할 만한 그늘이 없다는 것이 단점이다.

## 샛별해수욕장

샛별해수욕장은 해변 위쪽으로 자갈이 깔려있고, 아래쪽으로는 곱고 깨끗한 모래가 1km 남짓 펼쳐져 있다. 꽃지나 방포에 비해 덜 알려진 편이라 인파를 피해 한적하게 피서를 즐길 수 있다.

특히 백사장 뒤쪽의 소나무 사이에 차가 들어갈 만한 공간이 있어, 오토캠핑을 하기 좋다는 것도 장점이다.

### 삼봉해수욕장

세 개의 봉우리가 우뚝 솟아 있어 삼봉이라는 지명이 붙었다. 사질이 곱고 경사가 완만해 해수욕을 즐기기에 적당할 뿐만 아니라 주위의 경관도 수려한 편이다. 게다가 송림지대가 백사장 보다 1~2m 높은 지대에 자리잡고 있어서 아늑한 맛이 있다. 해수욕창 북쪽 끝에 위치한 코큰 바위는 생김새가 특이해서 눈길을 끈다.

**태안해안국립공원 현황**

| 공원명 | 위치<br>(시도별 면적, km²) | 면적<br>(km²) | 공원보호<br>구역(km²) | 지정<br>연월일 | 주요자원 |
|---|---|---|---|---|---|
| 태안해안<br>국립공원 | 충남<br>서산 292.38<br>보령 36.61 | 328.99 | 0.09 | 78.10.20 | • 산봉 : 북국사봉, 국사봉, 남국사봉<br>• 기암 : 학암, 먹바위, 옹기바위 등대석, 거북바위, 남매비위 할미비위, 할이비비위<br>• 해수욕장 : 학암포, 만리포, 목계도, 군관도<br>• 성 : 소근진성, 안흥진성<br>• 사찰 : 태국사<br>• 사적지 : 망수대, 능허대, 젓개 |

## (3) 속리산국립공원

속리산국립공원은 소백산맥의 지맥으로 원래 구봉산 또는 소금강(小金剛)이라고 칭하여 오다가 신라시대에 비로소 속리산(俗離山)으로 불리어졌다. 주봉인 천황봉(天皇峰 · 1천 57m)을 위시하여 비로봉, 문장대, 관음봉 등 9개의 봉우리들이 병풍처럼 둘러쳐져 있어 장엄한 자연미를 자랑하고 있다.

속리산 전경

특히 우뚝 솟은 산 봉과 수려한 계곡 등은 낙동강, 금강, 남한강의 발원을 이루며, 총 면적은 2백 83.4㎢에 달하고, 경상북도와 충청북도의 경계에 자리하고 있다. 예로부터 한국8경의 하나로 손꼽힐 만큼 경치가 수려한 속리산은 1970년 3월 24일 국립공원으로 지정되었다.

또한 속리산은 우리나라 교구대찰 가운데 하나인 법주사(法住寺)를 중심으로 높은 봉우리와 깊은 계곡들이 조화롭게 위치해 있어 제2의 금강 또는 소금강 등으로 불려왔다. 역사적으로는 신라문화권에 속했으며, 불교를 중심으로 한 문화관광자원과 아름다운 자연경관을 간직하고 있다.

관광명소는 법주사, 정2품송, 견훤산성, 화양구곡 등이며, 등산로는 보은, 상주 등으로 오르는 코스가 있다.

### 1) 법주사

법주사

법주사(法住寺)는 25교구 본사 가운데 하나로, 신라 진흥왕 14년(553)에 의신조사(義信祖師)가 처음으로 지었고, 그 뒤 혜공왕 12년에 진표율사(眞表律師)가 크게 증수하였다.

고려 태조 원년에는 증통국사(證通國師)가 중건한 것으로 전해지고 있고, 그 후 조선왕조에 이르기까지 무려 여덟 번이나 증수를 거듭했다. 임진왜란 때 전소된 것을 인조 2년에 벽암대사(碧巖大師)가 다시 복구하였으며, 한 때 법주사에는 약 2백여 동의 건물과 수천 명의 승려가 있었다.

경내에는 팔상전(국보 55호)을 비롯해 쌍사자 석등(국보 5호), 석련지(국보 64호), 사천왕 석등(보물 15호), 마애여래상(보물 216호), 대웅보전, 철 학(쇠솥), 미륵불 등의 귀중한 문화재가 있다.

### 팔상전

국보 55인 팔상전(捌相殿)은 건평 162㎡, 높이 21m, 기둥이 5백 61개가 있으며, 건물 안에는 석가여래의 역사인 팔상화첩을 사방 벽에 두 폭씩 봉안하고 있다. 이 건물의 특징은 중앙의 중심 기둥이 5층까지 1개로 통해 있고, 지붕 위의 쇠기둥은 피뢰침 역할을 하고 있다. 이 건물 내에는 석가여래의 행적을 여덟 폭 그림으로 그려서 동서남북에 각각 2장씩 봉안하고 있다.

### 쌍사자석등

쌍사자석등은 국보 5호로 높이가 3.3m에 이른다. 이것은 신라 성덕왕 19년(720)에 조성된 것이라고 한다.

법주사

### 석련지

석련지(石蓮池)는 국보 64호로 높이 3m, 둘레 6.6m에 이른다.

## 2) 정2품송

정2품송

정2품송(正2品松)은 천연기념물 103호로 지정되었으며, 조선시대의 세조가 벼슬을 준 노송이다. 일설에 의하면 1464년 세조가 법주사로 행차할 때 세조가 탄 수레가 이 소나무에 걸릴까 염려하여 수레 걸린다라고 말하자, 소나무가 번쩍 들려 무사히 통과했다고 전해지고 있다.

### 3) 견훤산성

견훤산성은 고려 태조 때의 상주 사람인 견훤이 그의 누이와 함께 수취산에서 돌을 주워다가 길이 8백m, 너비 7m, 높이 6m의 성을 쌓고 군사를 키워 후백제를 일으켰다고 전해지는 산성이다.

### 4) 화양구곡

화양구곡의 기암괴석

충북 괴산군 청천변 화양리에 위치한 화양구곡은 독특한 멋을 지닌 계곡이다. 화양1교를 건너면 마치 하늘을 떠받친 듯 가파르게 솟아있는 경천벽이 보이고, 이어 강물 위로 구름이 그림자를 드리운다는 운영담, 읍궁암, 금사담, 첨성대, 능운대, 와룡암, 학소대, 파천 등 기괴한 바위와 기암괴석이 빚어낸 명소들이 파노라마처럼 펼쳐진다. 어느 하나 절경이 아닌 곳은 없지만, 특히 이들 아홉 곳의 경치가 빼어나 화양구곡이란 이름이 붙여졌다.

### 5) 장각폭포

속리산의 최고봉인 천황봉에서 시작한 시냇물이 6m 높이의 절벽을 타고 떨어져 작은 못을 이루는데, 이것이 바로 장각폭포이다. 폭포 위의 기암에는 금란정이 세워져 있고, 주위에는 오래된 소나무 숲이 있어 한 폭의 그림을 연상케 한다.

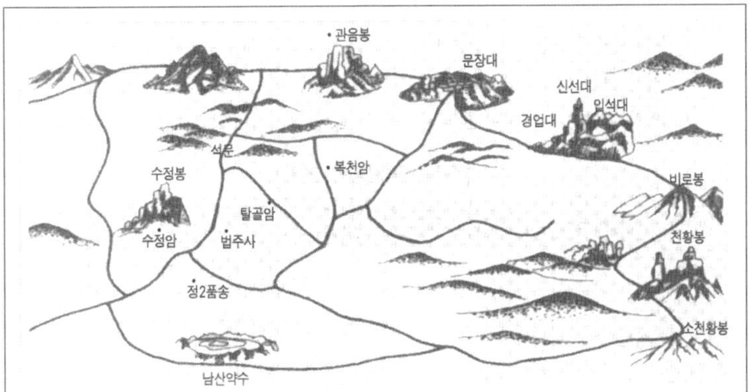

속리산국립공원 관광안내도

## 속리산국립공원 현황

| 공원명 | 위치 (시도별 면적, km²) | 면적 (km²) | 공원보호 구역(km²) | 지정 연월일 | 주요자원 |
|---|---|---|---|---|---|
| 속리산 국립공원 | 충북<br>괴신 138.7<br>보은 74.18<br>경북<br>상주 49.03<br>문경 21.49 | 283.4 | 1.02 | 70.3.24 | • 산악 : 천황봉, 비로봉, 묘봉 등<br>• 계곡 : 화양구곡, 선유동계곡 오송폭포, 장각폭포 등<br>• 기암 : 문장대, 입성대, 경업대, 학소대, 산호대 등<br>• 온천 : 용화온천, 남산약수, 수영동 약수<br>• 사찰 : 법주사, 복천암, 상고암, 중사자암, 여숙암 등<br>• 천연기념물 : 정2품송, 망개나무 |

### (4) 월악산국립공원

월악산 전경

충주 호반과 어우러져 사계절 관광지로 각광받고 있는 월악산국립공원은 1984년 12월 31일 국립공원으로 지정되었으며, 행정적으로는 충청북도의 중원군과 제원군, 단양군, 그리고 남쪽으로는 괴산군과 경상북도의 문경에 걸쳐 넓게 흩어져 있다.

월악산(月岳山) 일대는 태백산맥의 중간 부분인 태백산 부근에서 동서로 달리는 소백산맥의 지맥으로 산세가 험준하고 심산유독과 폭포와 소(沼)를 이루고 있다. 특히 송계계곡, 용하구곡 등 빼어난 경승지와 미륵사지, 덕주사 등의 문화유적들이 곳곳에 흩어져 있어 산행의 재미와 휴식을 즐길 수 있다.

특히 송계계곡은 30리 길에 걸쳐 있는 물줄기와 기암괴석으로 널리 알려진 명소이다. 약 2백여 평 정도의 널찍한 암반과 아담한 폭포가 있는 팔랑소, 기암절벽이 마치 용트림하는 듯한 와룡소, 사인암을 닮은 망폭대 등이 이곳의 하이라이트이다. 남문교 서쪽에는 보물 49호인 석탑과 사자빈 신사터가 있다. 등산로는 덕주골, 월악리 등으로 오르는 코스가 있다.

#### 1) 미륵사지

미륵사지 5층석탑

1977년에 발굴된 미륵사지(彌勒寺址)는 우리나라에서는 유일한 북향절터로 신라의 마지막 왕자였던 마의태자와 덕주공주 남매의 전설로 널리 알려져 있는 곳이다.

이곳의 5층석탑(보물 95호), 석불입상(보물 96호), 팔각석등, 돌거북 등에서 폐사자의 애잔함을 느낄수 있다. 그밖에 이곳에는 거대한 불두와 좌대 그리고 고구려 평원왕 때의 사람인 온달장군이 가지고 놀았다는 공기돌 등이 남아 있다.

### 2) 송계계곡

송계계곡은 한수송계라 불리는데, 이름 그대로 물이 차고 맑으며, 소나무 숲이 우거진 수려한 계곡이다.

월악산의 수려함과 계곡의 시원함이 조화를 이루는 길은 잘 포장되어 있고, 차량의 통행이 많지 않아 드라이브 코스로도 아주 좋은 곳이다. 특히 풍부한 수량과 시원한 수림이 우거져 있어 여름철 피서지로 각광받고 있다.

### 3) 덕주계곡

덕주계곡(德周溪谷)은 달천강 상류에 있는 계곡으로 미륵리에서 송계리까지 10km가 넘는 계곡이 마치 낙타의 등처럼 구불구불해 신비롭게 느껴진다. 특히 소(沼)와 못(潭)을 이루는 물은 주변의 울창한 수림과 어우러져 아름다움을 더해주고 있다.

### 4) 덕주사

덕주사(德周寺)는 월악산 남쪽 능선 정상에서 2km쯤 떨어진 곳에 자리하고 있다. 신라 마지막 경순왕의 딸인 덕주공주가 마의태자 일행과 함께 머물렀다 하여 절 이름을 덕주사라고 하였다.

### 5) 단양8경

단양8경은 단양의 남쪽 소백산맥에서 내려오는 계류를 따라 펼쳐지는 하선암, 중선암, 상선암, 사인암과 단양의 서북쪽에 있는 구담봉, 옥순봉 그리고 북쪽의 도담삼봉, 석문 등을 일컫는다. 이 밖에도 신단양에는 고수동굴, 천동굴, 노동굴 등의 볼만한 동굴들이 많이 있다.

## 하선암

제1경인 단양천 골짜기의 하선암은 3층의 넓은 바위와 옥같은 물이 인상적이다.

## 중선암

제2경 중선암은 세 개의 바위 중 가장 수려한 것으로 수정같은 맑은 물에 씻긴 흰색 바위가 층층대를 이루고 있다.

## 상선암

제3경 상선암은 암벽으로 둘러쌓인 계곡을 말한다.

## 사인암

제4경 사인암은 대강면에서 꺾어 들어간 계곡에 위치해 있다.

## 구담봉

제5경 구담봉은 모양이 마치 거북이 같아서 **구담봉**이라 붙여졌다.

## 옥순봉

제6경 옥순봉은 구담봉에서 배를 타고 강줄기를 따라 약 1km쯤 내려가면 있다. 이 옥순봉은 비 온뒤 죽순 같이 솟았다 해서 **옥순봉**이라 붙여졌다.

도담삼봉

### 도담삼봉

제7경 도담삼봉은 단양8경 중 가장 으뜸가는 절경을 자랑하고 있는 곳이다.

### 석문

제8경 석문은 도담삼봉에서 배를 타고 500m쯤 가면 언덕에 있다. 석주가 좌우로 대립해 있고, 그 위에 무지개 모양의 석교가 놓여있다.

## 6) 선암계곡

선암계곡은 충북 단양군 단성면에 있으며, 단양8경중에 3경(상선암, 중선암, 하선암)과 소선암이 있다. 특히 이곳에는 마당 같은 하선암을 비롯해 위로 옥류가 흐르는 중선암 그리고 옥순봉, 구담봉, 소백산 관광목장, 도담삼봉, 구인사 등 볼거리가 널리 분포되어 있다.

### 월악산국립공원 현황

| 공원명 | 위치<br>(시도별 면적, km²) | 면적<br>(km²) | 공원보호<br>구역(km²) | 지정<br>연월일 | 주요자원 |
|---|---|---|---|---|---|
| 월악산<br>국립공원 | 충북<br>제원 111.30<br>단양 63.32<br>중원 32.08<br>경북<br>문경 77.8 | 284.50 | 1.02 | 84.12.27 | • 산봉 : 원악산, 용두산, 하설산, 문수봉 등<br>• 계곡 : 덕주계곡, 송계계곡, 신록사계곡, 만수계곡<br>• 명소 : 구담봉, 옥수봉, 하선암, 상선암, 자연대, 수경대, 흑벼루동굴, 굴공동굴, 월악폭포 등 |

## 2 도립공원

### (1) 덕산도립공원

덕산(德山)은 예산군 덕산면과 서산군 해미면 운산면에 위치해 있다. 이곳에는 윤봉길 의사의 생가와 사당, 기념탑을 비롯해서 주변에는 덕산온천, 개심사, 예당저수지 등이 있다.

덕산도립공원은 1973년에 도립공원으로 지정되었다. 공원내에는 원효봉, 석운봉, 호서의 소금강이라 일컬어지는 덕숭산과 해태바위 등 폭포와 아름다운 계곡들이 있다. 주요문화재로는 수덕사 대웅전(국보 49호), 미륵돌입상, 윤봉길의사 유품 등이 있다.

#### 1) 수덕사

수덕사

수덕사(修德寺)의 대웅전은 국보 49호로 지정되었으며, 영주 부석사의 무량수전(無量壽殿)과 더불어 우리나라에 현존하는 최고의 목조건물이다. 비구니 사찰로도 이름 높은 수덕사는 백제말 숭제법사가 창건하고, 무왕 때 혜현이 법화경을 강설하면서부터 널리 알려졌으며, 그 후 고려 공민왕 때 나옹 선사가 중수하였다고 전해진다. 일설에는 신라 진평왕 21년(599)에 지명이 창건하고 원효대사가 중수하였다는 설도 있다. 조선시대에는 경허 · 만공스님이 불덕을 닦았던 선종 유일의 근본 도량으로 오늘에 이르고 있다.

### 2) 충의사

덕산온천에서 수덕사로 가는 길에 윤봉길의사의 사당인 충의사(忠義祠)가 있다. 그리고 충의사에서 왼쪽길로 내려서면 윤의사의 유물전시관과 기념비를 비롯해 각종 유물들을 전시한 전시장이 나온다.

### 3) 덕산온천

덕산온천(德山溫泉)은 온양에서 도고를 거쳐 덕산으로 이어지는 온천지대의 서쪽 끝인 덕산면 사동리에 있으며, 역사가 오래된 온천으로 널리 알려져 있다. 지하 2백 10m에서 끌어올리는 이곳 온천수는 52℃로서 비교적 뜨거운 편이다. 이 온천의 성분은 알칼리성의 단순 방사능천으로서 류마티스, 동맥경화, 피부미용에도 효과가 있다. 온천 근처에는 윤봉길 의사의 생가와 수덕사 등의 관광명소가 있다.

덕산도립공원 현황

| 공원명 | 위치 (시도별 면적, $km^2$) | 면적 ($km^2$) | 지정 연월일 | 수요사원 |
|---|---|---|---|---|
| 덕산 도립공원 | 충남(예산) | 21.05 | 73.3.6<br>79.6.11 | 원효봉, 석분봉, 덕숭산, 가야산, 해태바위, 호두암, 옥양폭포, 옥병계, 석문담, 수덕사대웅전(국보49호), 정혜사, 만공탑, 여승당, 보덕사 등 |

### (2) 칠갑산도립공원

칠갑산(七甲山)은 청양군 대치면 정산면 적곡면 경계에 위치해 있으며, 일곱 개의 명당이 있어 칠갑산이라는 이름이 붙게 되었다. 칠갑산은 해발 561m의 낮은 산이지만, 99개의 봉우리를 거느리고 있는 명산으로 산세가 거칠고 비탈진 곳이 많아 사람의 발길이 별로 닿지 않은 자연 그대로의 울창한 숲을 이루고 있다.

관광명소로는 지천구곡, 삼형제봉, 냉천, 새양바위 등을 비롯해서 청양군의 상징적 존재라 할 수 있는 통일신라 때의 고찰인 장곡사가 자리하고 있고, 북쪽 한치고개에는 칠갑정과 면암 최익현 선생의 동상이 있다.

1973년 도립공원으로 지정된 칠갑산은 정상에 오르면 맑은 날엔 광덕산과 계룡산이 보인다. 그리고 이곳에는 7개의 등산로가 개발되어 있다.

#### 장곡사

장곡사(長谷寺)는 신라 문성왕 때 보조국사가 세운 고찰로 대웅전이 두 채가 있다. 상대웅전(보물 162호)에는 철조약사여래좌상부석조대좌(국보 58호)와 철조비로자나불좌상부석조대좌(보물 174호)가 있고, 그리고 하대웅전(보물 181호)에는 금동약사여래좌상(보물 337호)이 있다.

#### 칠갑산도립공원 현황

| 공원명 | 위치<br>(시도별 면적, km²) | 면적<br>(km²) | 지정<br>연월일 | 주요자원 |
|---|---|---|---|---|
| 칠갑산<br>도립공원 | 충남<br>청양 31.97 | 32.54<br>31.97 | 73.3.6<br>73.3.3 | 칠갑산, 문천구곡, 3형제봉, 냉천, 새양바위 장곡사 철조약사여래좌상 부석조대좌(국보 58호) 등 |

### (3) 대둔산도립공원

대둔산 전경

전라북도와 충청남도의 경계에 자리하고 있는 대둔산(大芚山 · 8백78m)은 산봉이 많고, 그 경치가 아름다워 전라북도에서는 1977년 3월에, 충청남도에서는 1980년 5월에 도립공원으로 지정 · 공포하였다. 주봉인 천마봉, 거성봉을 비롯하여 기암괴석, 선송, 장죽 등의 웅장한 형태는 예로부터 시인묵객의 절찬을 받을 만큼 아름답고, 수려한 자연경관을 지닌 명산이다. 특히 충남지역에서는 계룡산을 비롯해서 대천해수욕장, 유성, 도고, 덕산 등의 온천과 유적이 곳곳에 산재해 있다.

**대둔산도립공원 현황**

| 공원명 | 위치<br>(시도별 면적, ㎢) | 면적<br>(㎢) | 지정<br>연월일 | 주요자원 |
|---|---|---|---|---|
| 대둔산<br>도립공원 | 충남<br>논산 15.97<br>금산 8.57 | 24.86 | 80.5.26<br>80.4.25 | 내둔산, 전둥산, 옥게동, 미친대, 삼성약수터 등 |

## 3 명산 · 사찰

### (1) 민주지산

민주지산(1천2백41m)은 추풍령 아래 충북, 전북, 경북 등 3도의 경계를 이루면서 정상을 중심으로 삼도봉, 석기봉, 각호봉 등 1백m급의 준봉이 분포하고, 주능선의 길이가 15km에 달하는 명산이다.

산행 기점은 대불리쪽과 물한리쪽으로 크게 나누어지며, 어느쪽이든 6시간 이상 걸린다. 대불리에서 아랫중 고개로 3시간 정도 올라가면 정상에 이른다.

#### 1) 마애석불

마애석불은 석기봉 정상 서남쪽 50m쯤 아래에서 볼 수 있다. 이 석불은 바위벽에 새겨진 삼두마애불상을 말한다.

#### 2) 황룡사

황룡사는 20여년 전에 세워진 역사가 짧은 절인 만큼 단청이 아름답고 아담한 느낌을 준다.

### (2) 서대산

서대산(9백 3m)은 노령산맥의 중심부에 위치한 산으로 충남의 제1 고봉이다. 이 산은 화강암으로 이루어진 원추형의 바위산으로 특히 병풍처럼 두른 정상 일대의 암릉군에서는 장쾌한 멋이 풍기고 있어 중부의 금강으로 불린다.

주요산행 기점은 성당리 서대산 종합관광지 주차장과 수통골의 원흥사로 삼는다. 서대산의 진수를 알려면 5백 46봉을 거쳐 암롱을 따라 정상에 이른 후 개덕사 쪽으로 하산하는 종주 산행이 제격이지만, 5시간 이상 걸리기 때문에 겨울철에는 피하는 것이 좋다. 원흥사에서 정상을 올랐다가 탄금대를 거쳐 다시 원흥사로 하산하는 길은 3시간이면 충분하다.

### (3) 부소산

부소산은 부여 금강변에 있으며, 부소산성을 비롯하여 정상에는 송월대, 영월대가 자리잡고 있다. 그리고 북쪽은 백마강이 흐르고 있고, 깎아지른 듯한 벼랑에는 낙화암과 고란사가 있다. 그밖에 암벽 위에는 6각형의 백화정이 있고, 맞은편에 사비루가 있다.

### 1) 낙화암

낙화암(落花岩)은 백제가 멸망할 때 의자왕이 태자와 함께 웅진성으로 피하자, 3천궁녀가 백마강에 몸을 던졌다는 전설이 있는 곳으로, 낙화암이라는 이름은 그 뒤에 붙여졌다.

### 2) 고란사

고란사는 낙화암에서 오른쪽으로 내려가면 있다. 이곳은 고란초와 고란약수로 유명하고, 백제 전성기 때는 왕궁 전용의 화려한 정자였던 절이다. 왕이 마시는 물에 고란 잎을 따서 띄웠다는 약수가 옆에 있다.

고란사

## (4) 마곡사

충남 공주군 사곡면 태화산 동쪽 기슭에 자리한 마곡사(麻谷寺)는 백제 고도 공주의 고즈넉하고 고풍스러운 분위기가 그대로 살아 있는 곳이다.

이 절은 백제 의자왕 2년에 창건되어 고려 때 보조국사가 중수했다. 《택리지》나 《정감록》 등에는 전란을 피할 수 있는 십승지지(十勝之地)의 하나로 기록되어 있다.

### (5) 무량사

무량사(無量寺)는 부여에서 20km 정도 떨어진 만수산 기슭에 위치하고 있다. 이 절은 백제시대 범일국사가 지었다고 하며, 지금의 극락전은 조선 선조 때의 것으로 보물 355호인 2층건물이다. 경내에는 보물 185호인 5층 석탑이 있다.

### (6) 안심사

안심사는 신라 제36대 혜공왕 때 진표율사가 처음으로 세운 절로 백성들의 마음을 편안하게 하기 위해 안심사라는 이름을 붙였다고 한다. 경내에는 지방유형문화재 51호로 지정된 괘불(掛佛) 한 폭을 비롯해서, 머리가 없는 62개의 파불(破佛)이 소장되어 있다.

### (7) 관촉사와 은진미륵

고려 광종 때 혜명대사가 지었다는 관촉사는 절의 규모는 보잘것 없지만, 거대한 은진미륵으로 유명하다. 은진미륵은 관촉사에 있는 관음보살입상을 말한다. 우리나라에서 가장 큰 미륵불인 이 불상은 온몸의 길이가 19m, 둘레가 9.2m, 귀의 길이가 2.7m로 규모가 엄청나게 크다.

## 4 폭포 · 계곡

### (1) 옥계폭포

옥계폭포는 충북 영동군 심천면 고당리에 위치해 있으며, 난계사에서 2km쯤 떨어진 옥계마을에서 산길을 따라 1km쯤 가면 저수지가 나타나고, 숲이 우거진 산을 약 3백m 올라가면 깎아지른 듯한 절벽과 함께 높이 30m의 폭포가 보인다. 이것이 바로 옥계폭포인데, 주위 경치가 뛰어날 뿐만 아니라 울창한 숲이 있어 한여름에도 서늘하다. 이곳은 난계 박연을 비롯하여 많은 시인 · 묵객들이 이 폭포를 찾았다고 하는데, 요즘에도 이곳을 찾는 사람들의 발길은 끊이지 않고 있다. 등산로는 호서루, 난계사, 세덕사, 옥계폭포로 오르는 코스가 있다.

### (2) 능강계곡

충북 제천시 능강리에 위치한 능강은 금수산이 뻗어내려 이룬 계곡이다. 위쪽은 삼복에도 얼음이 어는 얼음골이 있는데, 얼음골에서 발원한 맑은 계류가 숲을 끼고 흐르면서 병풍으로 둘러싸인 듯한 계곡을 만들었다. 계곡 왼쪽 능선 정방사에서는 충주호가 한눈에 들어 온다.

### (3) 물한리계곡

충청북도(영동군 상촌면)와 전라북도의 경계에 위치한 물한리계곡은 마루지산 동남쪽 삼도봉까지 뻗어내린 계곡으로 미니미골, 은주암골, 무지막골, 쑥세골 등의 여러 골이 마치 부챗살처럼 펴놓고 있다. 물한리계곡은 계곡의 물이 너무 차가워 물한이라는 이름을 얻게 되었다. 여름철의 피서지로서는 더할 나위 없다.

### (5) 수락계곡

한 여름에도 온몸이 오싹해질 정도로 시원한 수락계곡(충남 논산시 금산군)에는 발을 담그고 있기 어려울 정도로 물이 차고 깨끗하다. 계곡 곳곳에 여러 개의 폭포와 계류가 어우러져 봄이면 진달래, 가을이면 단풍과 멋진 조화를 이룬다. 특히 가을이면 빨갛게 물든 단풍과 푸른 소나무가 기암괴석과 어울려 장관을 이룬다.

### (5) 용하구곡

충북 제천시 덕산면 억수리에 위치한 용하구곡은 천연림과 이끼가 끼지 않은 맑은 물 그리고 바위가 잘 어우러져 절경을 이룬다. 여름에 계곡에 들면 시원함이 뼈 속까지 스미고, 가을에는 온통 단풍으로 붉게 물든다. 서쪽의 송계계곡과 달리 개발이 되지 않아 자연 그대로의 맛을 느낄 수 있다.

## 5 해수욕장 · 섬

### (1) 대천해수욕장

대천해수욕장은 대천읍 서쪽 11.5km 지점에 있으며, 길이 3.6km, 너비 1백m, 경사 5도, 평균 수심 1.5m, 평균 수온 21℃ 안팎으로 7월 초순부터 8월 중순까지 개장한다. 서해안 3대 해수욕장 가운데서도 으뜸인 이곳은 남쪽 끝에 기암 절벽과 5만 평에 달하는 울창한 송림사이로 야영장이 잘 갖추어져 있다.

보령시에서는 대천해수욕장을 휴양과 체육, 위락기능을 지닌 전천후 종합관광휴양지로 개발하기 위하여 지난 1989~2003년까지 각종 현대적인 편의시설은 물론 경마중계소, 머드팩, 해수사우나를 갖춘 건강종합센타와 카지노시설을 갖춘 특1급 관광호텔도 건립하여 국제관광휴양지로의 면모를 갖추고 있다.

> **보령머드축제**
> 보령에서는 7월이면 대천해수욕장 인근 청정 해변 갯벌에서 채취한 무공해 천연 바다 진흙을 소재로 보령머드축제를 개최한다. 미네랄이 풍부하고 해조 추출물이 풍부한 보령진흙을 온몸에 바르고 슬라이딩, 미끄럼틀 오르기, 로데오 등 각종 머드 경기와 머드 분장대회, 사진 촬영대회 등이 열리며 머드로 분장한 인간 마네킹과 기념 촬영도 하며 머드 마사지 체험의 기회도 가질 수 있다.

### (2) 무창포해수욕장

무창포해수욕장은 대천에서 남쪽으로 16km, 웅천역에서 서쪽 6km 지점에 있으며, 백사장의 길이 1.2km, 너비 22m, 경사 5도, 평균수심 1.2m, 평균수온 21℃ 안팎으로 8월 중순까지 개장한다.

이곳의 모래는 좋은 편이며, 해안 일대에 나무가 울창하고, 해안 암벽 틈에 해당화가 피어 아름답다. 그러나 이곳은 사람들에게 그다지 알려지지 않아 숙박시설이 잘 갖추어지지 않았지만, 호젓하게 해수욕을 즐길 수 있다. 숙박시설로는 펜션, 민박, 방갈로 등이 있고, 야영도 할 수 있다.

### (3) 난지도

난지도는 질 좋은 흰 모래가 2.5km나 길게 깔려 있으며, 물 깊이가 얕고, 수온은 20~23℃ 정도로 바닷물이 푸르고 비교적 따뜻하다. 또한 해변을 감싸고 있는 1천여 평의 나무숲이 우거져 있어 시원함을 더 해 주고, 백사장 서북쪽에는 기암괴석이 절경을 이루고 있다. 특히 인천에서 영흥도, 팔미도, 선재도, 고고하도, 육도, 풍도 등의 섬사이로 빠져나가는 50km 정도의 뱃길을 이용하면 아기자기하고 서정적인 주위 풍경을 즐길 수 있다.

### (4) 호도

호도는 잘 알려지지 않은 작은 섬이지만, 섬이 갖춰야 할 모든 조건을 다 갖춘 매력적인 섬이다. 백사장의 길이 1km, 폭 3백m 규모에 이르는 호도해수욕장은 규사 모래밭이 계속 이어져 있어 바다 밑으로 아무리 들어가도 물이 허리밖에 차지 않고, 파도가 높게 이는 날에도 이곳 해수욕장만큼은 수면이 잔잔하다.

백사장 위로는 송림이 길게 늘어서 있고, 송림속 모래밭 구릉에 돗자리를 깔면 뜨거운 여름 한낮에도 햇빛을 피할 수 있다. 또한 해수욕장이 마을에서 가까워 편리하고, 해수욕장 오른쪽으로 조금만 돌아가면 몽돌밭이 있어 조개나 게잡이도 가능하다. 넓은 해수욕장임에도 불구하고 피서인파가 그리 붐비지 않아 호젓하다.

### (5) 삽시도

섬의 모양이 화살을 꽂은 활과 같다고 해서 **삽시도**라 불리는 섬. 특이한 이름만큼 사람의 마음을 끄는 묘한 매력을 갖고 있다. 소들이 한가로이 풀을 뜯는 초지에는 들꽃이 흐드러지게 피고, 꼬불꼬불 이어진 산길에서는 이름 모를 새소리를 들을 수 있다.

비록 작은 섬이지만 거멀너머, 진너머, 밤섬해수욕장을 비롯해 바닷속의 석간수 물망터, 섬 속에 감춰진 또 하나의 섬 면삽지 등 곳곳에 비경이 숨겨져 있다.

#### 1) 거멀너머해수욕장

거멀너머해수욕장에는 조개껍데기가 간간이 섞인 단단하고 깨끗한 모래가 1.5km에 걸쳐 펼쳐져 있다. 해안선을 따라 소나무 숲이 그늘을 드리우고 있으며, 해안의 경사가 완만하고 물이 맑아 해수욕을 즐기기에 적당하다.

#### 2) 밤섬해수욕장

삽시도에서 가장 넓고 고운 백사장을 갖고 있는 밤섬해수욕장은 해풍이 시원하게 들어치는데다 잘 자란 해송 숲에서 야영을 할 수 있기 때문에 더위 걱정없이 해수욕을 즐길 수 있다.

해수욕장 양쪽 끝으로는 암석지대가 자리잡고 있어 물이 빠지면 각종 해산물이 잘 잡힌다. 해수욕장 바로 앞에 솟아 있는 불모도가 인상적이다. 별도로 해수욕장에 마련된 시설은 없으며, 근처 민박집의 시설을 이용해야 한다.

### 3) 면삽지

면삽지는 물이 들어오면 외딴 섬이 되었다가 물이 빠지면 굵은 모래와 자갈로 삽시도에 연결된다. 이곳은 삽시도에서 가장 물이 맑고 경치가 뛰어난 곳으로 안개라도 덮이는 날이면 선계에 닿은 듯한 신비로움마저 느낄 수 있다. 그리고 바닷물에 풍화된 작은 동굴과 자갈을 박아놓은 듯한 특이한 바위들이 볼거리를 제공한다. 무인도에 온 것처럼 사람이 드물어 호젓한 시간을 보내기에 제격인 이곳에서 하룻밤 야영을 해보는 것도 색다른 추억이 될 것이다.

## 6 온천 · 약수터 · 동굴

### (1) 수안보온천

충북 중원군 온천리에 있는 수안보(水安堡)는 온천과 스키를 모두 경험할 수 있는 곳이다. 특히 수안보는 국내에서 유일하게 스키장을 끼고 있는 온천지역이며, 깨끗한 수질로 인기를 끌고 있다.

수안보의 온천수는 섭씨 53℃의 난순 유황 라튬천으로 무색 투명히고, 냄새가 없이 매끄러운 게 특징이다. 효험으로는 신경통, 피부병, 부인병에 좋고, 또한 불소가 많이 함유되어 있어서 충치 예방에도 좋은 것으로 알려져 있다. 그리고 주변에는 월악산국립공원을 비롯하여 충주호, 탄금대, 단양8경, 미륵사지, 문경새재 등의 유적들이 있다.

### (2) 명암온천

명암온천은 충북 청주시의 동쪽 우암산에 있으며, 숲이 울창하여 경치가 좋을 뿐만 아니라 한적하여 산책코스로도 일품이다. 또한 국립박물관, 우암어린이

회관, 상당산성, 명암저수지 등이 주변에 인접하여 있어 다양한 관광체험을 할 수 있다. 그밖에 주변에는 초정약수, 운보의 집, 손병희 선생 생가 등이 있다.

### (3) 도고온천

도고온천(道高溫泉)은 충남 아산에 있는 온천이며, 수온이 30℃에 불과해 가열을 하고 있다. 수질은 단순 유황천으로 인체의 생리작용과 신진대사를 촉진시킨다. 효험으로는 신경통, 피부병, 위장병, 관절염, 류마티즘, 부인병, 당뇨병 . 생식기 질환, 소화기 질환, 피부미용에 특효가 있다.

성분은 주로 수소이온 농도가 8.7에 이르고, 그밖에 규산, 나트륨, 칼슘, 마그네슘 등의 성분이 함유되어 있다. 숙박시설은 호텔, 콘도미니엄 등이 있으며, 그밖에 대중탕, 사우나탕, 수영장, 유수풀장, 골프장 등 다양한 시설이 마련되어 있다.

### (4) 온양온천

충남 온양읍 온천리에 위치하고 있는 온양온천(溫陽溫泉)은 국내에서 가장 오래된 온천으로 1300여 년이 되는 것으로 기록되어 있으며, 특히 조선시대에는 세종, 세조, 현종, 숙종, 영조, 정조 등 여러 임금께서 온궁을 짓고 휴양이나 병의 치료차 머물고 돌아간 사례가 많아 다수의 관련 유적들이 남아 있다.

이 온천은 용출되는 온천수의 수온이 57℃ 내외로 고열온천이다. 온천수의 주요성분은 마니타온을 함유한 라듐온천이며, 약알카리성을 가진 온천으로 수질이 좋고, 수량이 풍부해서 신경통, 관절염, 피부병, 위장병, 고혈압 등 각종 성인병과 피부미용에도 효과가 매우 크다.

온양온천은 온천수가 뛰어날 뿐만 아니라 관광호텔과 숙박시설을 갖추고 있다. 연간 5백만 명 이상의 관광객이 찾아오고 있는 국내 최대의 온천지역이다.

### (5) 유성온천

유성온천(儒城溫泉)은 충남 대전시 중심지에서 서쪽으로 10km 되는 대덕군 유성읍에 위치하고 있다.

유성온천의 수온은 42~55℃로서 지하 6백m에서 용출한 수온은 65℃에 이르고 있으며, 산성도 8.4의 알칼리성 라듐천으로 피부병, 위장병, 류머티스, 신경통, 당뇨병 등에 효험이 있다고 알려져 있다.

온천장 주변에 계룡산국립공원이 있고, 백제의 고도 부여와 공주가 가까이 있어 대전시민은 물론 관광을 겸한 온천객들로 붐빈다. 숙박시설로는 유성관광호텔을 비롯하여 광주, 태호호텔 등이 있다.

### (6) 복천암약수터

복천암 큰 바위 틈새에서 맑은 물이 흐르는 샘터가 복천암약수터이다. 이 복천암 약수는 물맛이 아주 좋으며, 조선조의 세조가 마시고 피부병을 고쳤다는 이야기가 전해진다.

### (7) 명암약수터

명암약수(鳴岩藥水)는 청주시 동방 4km 지점 명암리 명암제방 북쪽계곡에 위치하고 있다. 하루 24톤의 유량을 자랑하는 이 약수터는 만병통치약수, 특히 위장병과 피부병에 효력이 있다고 한다.

### (8) 고수동굴

고수동굴(古藪洞窟)은 단양역에서 동북쪽으로 9.5km 떨어진 대강면 고수리에 있는 종유동굴로 길이 6백m, 지굴의 길이 7백m, 수직 고도 50m인 동양 최대의 굴이다.

임진왜란 때 한양을 떠나 피난 길에 오른 밀양 박씨 형제 중 아우는 청주에 정착하고, 형은 남하 중에 이곳에 도착했다. 당시 이곳은 덩굴과 잡초가 무성해 길을 찾기가 어려운 곳이었다. 그래서 고수라 부른 것이 고수리가 된 모양이다.

고수동굴 내부

동굴 내부에는 석순, 석주, 종유석, 종유관, 점적석, 유석, 석회구, 석회소, 동굴산호, 동굴진주 등으로 천태만상을 이루고, 특히 산석 결정체는 세계적으로도 자랑할 만하다. 석회암의 연륜은 고생대(약 5억년)이며, 입구는 남한강변에 있다. 고수동굴은 천연기념물 256호로 지정되었다.

### (9) 노동굴

노동굴은 충북 단양군 대강면에 위치해 있다. 이 동굴은 약 5억년된 수직 석회암 동굴(경사 40~60도)로 5개의 지굴이 있다. 총 길이는 1km이며, 천연기념물 262호로 지정되었다.

구조상으로 볼 때 크게 상 · 중 · 하의 3부분으로 나누는데 , 주굴의 경사는 30~60℃ 정도이며, 연꽃종유석, 손가락석순, 석주, 석화, 폭포 등이 신비로운 경관을 이룬다.

### (10) 천동굴

지방기념물 19호로 지정된 천동굴(泉洞窟)은 충청북도 단양군 천동리 마을 뒷산 중턱에 위치한 석회암층 천연동굴로, 1977년 2월 마을 주민에 의해 발견되었다. 약 4억 5천만년 전부터 생성된 4백 70m의 동굴로서 석순의 규모는 장대하지 못하나 매우 정교하고 각양각색의 종유석과 석순, 석주가 있어 아기자기한 분위기를 느낄 수 있다.

천동굴은 계류 수면보다 약 50m 정도 높기 때문에 지하수의 침투량이 적어 천장에서 떨어지는 낙수도 소량이며, 따라서 종유석과 석순의 생성이 매우 느리게 이루어지고 있다.

## 7 공원 · 호수 · 유원지

### (1) 엑스포과학공원

대전 엑스포과학공원은 우리나라에서는 처음으로 개관한 과학주제공원이다. 엑스포 때의 국제전시 구역은 철거되었고, 이를 제외한 19만 평의 상설전시구역이 과학주제공원으로 꾸며 졌다.

전통과 도약의 장, 미래기술의 장, 과학과 탐험의 장, 인간과 자연의 장 등 각각의 성격에 맞는 소공원은 울타리 없이 주제만으로 구분되고, 각 단지에 어울리는 과학자 거리가 한껏을 차시하고 있나.

엑스포과학공원은 대전엑스포의 경험을 살려 부족한 부분을 채우고 다듬었다. 편의시설로는 휴게소, 미아보호소, 장애인 안내센터 등이 있고, 공공 서비스 시설로는 은행, 우체국, 파출소 등이 있다.

대전엑스포 과학공원

### (2) 백마강

백마강

백마강(白馬江)은 금강 하류 지역으로서, 그 옛날 백제(百濟)의 흥망성쇠를 고이 간직하고 있는 강으로서 강폭이 넓고 흐름이 완만하여 주변과 어울려 빼어난 경치를 보여준다. 상류인 부여지역으로부터 천정대, 낙화암, 조룡대, 자온대, 반월성, 고란사, 대왕포, 삼충사로 이어지는 부여8경의 명승지가 있다. 그밖에 백화정, 부소산성, 궁남지, 정림사지 5층석탑 등 백제시대의 유적지가 있다.

### (3) 충주호

충주시 종민동과 중원군 동량면에 걸쳐 있는 충주호(忠州湖)는 종민동과 동량면 사이의 계곡을 막아 만든 다목적 호수로 주변에는 많은 관광명소가 산재해 있다.

바다가 없는 충청북도에 내륙의 바다 충주호를 만든 것은 충주댐이다. 다목적댐으로는 우리나라에서 여섯 번째로 만들어 졌지만, 남한강 수계에서는 처음 건설되어 총 저수량이 27억 5천만 톤에 달한다.

충주댐 좌우로는 관광도로가 개설되어 있고, 휴식공간이 마련되어 있다. 댐 상류 호숫가에는 충주에서 신단양까지 운항하는 유람선 선착장이 있는데, 이 유람선을 이용하면 주변의 관광자원과 함께 수려한 자연경관을 즐길 수 있다.

### (4) 의림지

충청북도 기념물 11호인 의림지(義林池)는 삼한시대에 축조된 저수지로 본래 '임지'라고 했다. 호반 둘레는 1.8km, 만수 면적 15만 1천 4백 70㎡, 저수량 6백 61만㎡, 수심 8~13m의 대수원지로 2백 89정보의 농지를 관개한다. 의림지는 김제의 벽골제, 밀양의 수산제와 함께 삼한시대 수리시설 가운데 하나로, 수구를 옹기로 축조하여 당시의 농업기술을 연구하는데 귀중한 자료가 되고 있다.

현재는 제천지방의 경승지로 호수 주변에는 순조 7년(1807년)에 세워진 영호정과 1948년에 건립된 경호루, 수백년 묵은 소나무와 수양버들, 그리고 30m의 자연폭포 등이 어우러져 풍치를 더하고 있다.

이곳의 특산물은 산란하는 해빙기에만 맛볼 수 있는 빙어가 있어 관광객들에게 각광을 받고 있다. 또한 주변에는 솔밭공원, 야외수영장, 국궁장, 파크랜드 등이 조성되어 있다.

## 8 문화유적지

### (1) 공산성

공산성

공산성(公山城)은 공주 역사문화의 1번지라 불리는 백제의 대표적인 성곽으로, 문주왕에 서성왕에 이르기까지 64년간 백제의 도읍을 지킨 산성이다. 산성의 길이는 3km로, 북으로는 금강을 띠처럼 둘렀고, 산성의 높이가 고작 110m에 불과하지만, 사방 경계가 더할 나위 없는 천연의 요새이다. 공산성은 원래 토성으로 만들어졌으나, 조선 선조와 인조 때 지금과 같은 석성으로 개축되었다.

성안에는 전망대, 공북루, 영은사, 쌍수정, 진남루, 광복루 등의 사적들이 복원되어 있다. 이 중에서 경관이 으뜸인 곳은 단연 공북루이다. 발치 아래로 금강이 그림처럼 흐르고, 강 너머로는 새하얀 백사장이 끝도 없이 펼쳐진다.

### (2) 능산리고분군

능산리 고분군

사적 14호로 지정된 능산리고분군(陵山里古墳群)은 충남 부여에서 논산 방면으로 3km 지점에 위치하고 있다. 능산리 남향 산록에 7기의 고분이 있는데, 주위에 산재한 고분을 모두 합치면 15기에 달한다.

백제시대의 왕릉이라 전해지고 있는 능산리 고분군은 고분 현실의 구조와 장식에서는 고구려 말기의 고분과 같이 남조문화의 영향을 받은 듯하다. 고분군 입구에 백제고분 모형전시관을 세워 백제시대 고분의 변천과 묘제를 한눈에 볼 수 있다.

### (3) 문헌서원

문헌서원은 고려 충신 목은 이색과 그의 부친 이곡을 모신 서원이다. 서원 안에는 이색의 신도비와 조선시대 초에 그렸다는 그의 영정 그리고 목은의 문집 목판각 9백 75권이 보관되어 있다.

조선 선조 27년(1594)에 목은 영정을 모신 효정사가 건립되었으나, 임진왜란으로 불탄 것을 광해군 2년에 한산 고촌으로 옮겨 다시 세웠다. 이듬해인

1611년에 문헌서원으로 사액되어 앞의 두 분과 함께 이종학, 이자, 백옥헌 등 다섯 분을 모시게 되었다. 고종 8년 홍선 대원군의 서원 정리사업에 따라 일시 철폐되기로 했던 문헌서원은 1969년 현재 위치에 재건 되었으며, 문양공 이종덕을 포함 여섯 분을 모시고 매년 음력 3월과 9월에 제를 올리고 있다.

## (4) 부소산성

부소산성(扶蘇山城)은 금강 변에 위치해 있으며, 부소산성을 비롯하여 정상에는 송월대(送月臺), 영월대(迎月臺)가 자리잡고 있다. 둘레 1.5km에 이르는 부소산성은 흙과 돌을 반복해서 쌓아 올린 토성으로 곳곳에 망루가 자리하고 있다.

배화전

그리고 북쪽은 백마강이 흐르고 있으며, 깎아지른 듯한 벼랑에 낙화암과 고란사가 있고, 암벽 위에는 6각형의 백화정이, 맞은편에는 사비루가 있다.

## (5) 서산마애삼존불

서산마애삼존불(운산면 용현리)은 인간의 상상력을 충분히 자극해 부처의 본 모습을 형상화한 걸작으로, 한갓 이승의 돌부리에 새겨져 있지만, 마음은 벌써 극락강을 몇 번이고 건너 닿을 수 없는 아득한 세상에 가 있다.

찬란한 백제의 문화예술을 대표하는 마애삼존불은 빛이 드는 각도에 따라 표정이 달라지는 정교한 조각이 일품인데, 사선으로 빛이 들때 살포시 웃는 미소는 가히 열반에 오른 부처의 모습이다. 천연덕스럽고도 인자한, 어린아이 같은 순수함이 얼굴 가득 묻어난다. 그 모습을 보고 있노라면 저절로 고개가 숙여지고 옷깃이 여며진다.

### (6) 무령왕릉

무령왕릉

무령왕릉(武寧王陵)은 공주 시외버스 정류장에서 도보로 15분이면 갈 수 있는 송산리에 위치해 있으며, 왕릉 아래 모형관에는 발굴 당시의 모습을 그대로 재현시켜 놓았다 이 왕릉은 백제 25대 무령왕과 왕비를 합장한 무덤으로 동쪽으로는 수려한 공산성이 있고, 서쪽으로는 금강이, 그리고 남쪽으로는 계룡산이 버티고 있다.

무령왕릉(재위 462~523)은 1971년 송산리 5호뷴과 6호분의 침수방지를 위한 공사중 발견되었으며, 평균 구조는 장방형의 이도(고분입구에서 사체가 안치된 방까지의 통로)와 현실벽은 마치 수를 놓은 듯 모두 연화문이 새겨진 전(벽돌) 으로 정연히 쌓아졌고, 왕과 왕비의 합장 관대가 있으며, 3벽에는 주칠(주색의 칠)과 화염문을 그린 보주형 등이 5개가 장식되었고, 그 아래에는 마치 창과 같은 모양의 구조로 되어 있다.

특히 잘 구워진 벽돌로 조영된 왕릉은 그 치밀함이 백제의 수준 높은 과학과 수리학의 수준을 엿볼 수 있게 할 뿐 아니라 아름다움은 세계적인 수준으로 평가됐다. 비록 중국남조의 벽돌무덤 양식을 받아들였지만, 사평일견법(四平一堅法)을 통한 치밀한 구조와 완벽한 아치형 천장은 전인미답 백제의 독자적인 면모라는 것이다.

이 왕릉에서 출토된 유물은 1백 8종 2천 9백 6점에 달해, 국립공주박물관에 전시하였고, 이중 12점이 국보로 지정되었다. 특히 이 능에서 지석이 발견됨으로써 피장자와 그 구조 연대를 확실히 알 수 있는 유일한 자료가 되었다. 무령왕릉에서 출토된 대표적인 국보급 유물로는 왕과 왕비의 금관, 왕비의 금제경식. 왕의 금제 뒤꽂이, 왕비의 은제 팔찌, 청동 신수경, 석수, 지석, 두침, 족좌 등이 있다.

## (7) 온달산성

단양에서 37km, 영춘에서 서남쪽으로 2km 떨어진 영춘면 하리에 위치한 온달산성은 길이 1.5km, 높이 7.5m, 너비 4m의 석성이다.

옛날에는 동문 · 남문과 북쪽은 수구(水口), 또 북쪽과 서쪽에는 망루가 있었다. 온달산성은 화강석의 자연석으로 석탑을 쌓아 올린 것 같이 견고하여, 고구려 때 온달이 신라의 침입을 막고자 배수진을 친 듯하다. 축성 연대는 삼국시대로 추측되고 있다.

## (8) 임춘민공 충렬사

충주시 단월동에 위치한 임춘민공 충렬사는 조선 인조 때의 명장이었던 충민공 임경업 장군의 위폐를 모신 사당이다. 비록 규모는 작지만, 명장의 얼이 깃든 곳으로서 사적 제189호로 지정되었다.

이 사당은 그가 죽은 지 50년이 지난 숙종 23년(1697)에 건립되었고, 숙종 32년에 충민이란 시호가 내려졌다. 그 후 1727년 영조가 충렬사라는 이름을 내렸으며, 정조에 이르러 충렬비가 세워졌다.

충렬사는 1978년에 성역화 되었으며, 경내에는 충렬사비, 충렬사원지, 장군의 추련검 등이 전시되어 있다. 또한 충렬사로부터 3.5km 지점인 충주시 풍동에는 충청북도 기념물 67호로 지정되어 있는 임경업 장군의 묘역이 약 2백 평 정도 규모로 조성되어 있다.

## (9) 충의사

예산에서 북서쪽 23km 지점에 위치한 충의사(忠義祠)는 일제시대 독립 투사인 윤봉길의사(尹奉吉義士)가 태어나 망명길에 오르기까지 농촌계몽과 애국정신을 고취한 곳으로 윤의사의 의거와 애국충정을 기리기 위하여 건립되었다. 매년 4월 29일에는 윤의사의 애국충정을 기념하는 매헌문화제(梅軒文化察)가 열리며, 윤의사의 귀중한 유품은 보물 568호로 보호되고 있다.

### (10) 탄금대

충청북도 지방기념물 4호로 지정되어 있는 탄금대(彈琴臺)는 신라 진흥왕 때 가야국에서 망명해 온 악성(樂聖) 우륵선생이 망국의 한을 달래며, 가야금을 연주했던 곳이라 해서 탄금대라 불리워졌다.

우륵은 나라가 망할 위기에 처하자 그의 유일한 재산인 가야금을 가지고 망명길에 올랐다. 신라로 망명한 이후에도 활발한 예술활동을 펴 이름을 드높였지만, 설움이 되살아 날 때마다 탄금대에 올라 가야금을 타며, 나라를 잃은 아픔을 달래곤 하였다.

또한 이곳은 1592년 임진왜란 때 신립장군이 배수진을 치고 왜적과 격전을 벌였던 전적지이다. 산이 평탄하면서도 기암절벽과 울창한 숲으로 이루어져 있어 도시 근린공원으로 각광을 받고 있다.

현재 이곳에는 신립장군 순절비, 악성 우륵선생 추모비, 탄금대비, 권태응 시인의 감자꽃 노래비, 탄금정, 열두대, 충혼탑, 충주문화원 야외음악당, 궁도장 등이 세워져 있다.

### (11) 현충사

현충사

온양온천에서 4km 떨어진 방화산 기슭에 위치한 현충사(顯忠祠)는 충무공 이순신 장군의 사당으로 숙종 32년(1706)에 처음 세워졌으며, 이듬해 숙종이 친히 현충사란 이름을 내렸다.

그러나 1865년에 대원군의 서원철폐령에 따라 문을 닫았다가 1932년에 동아일보사가 주축이 되어 사당을 일으키고 영정을 다시 모셨다. 그 후 1932년 일제 때에 이충무공 유적보존회가 결성되어 사당을 다시 지었고, 1967년 성역화사업을 마무리지어 오늘에 이르렀으며, 면적은 10만 6천 5백 70평에 이른다.

본전 내에는 이순신 장군의 영정과 일생기록화인 십경도가 있으며, 국보 76호인 난중일기 등과 보물 326호인 장검 등이 전시된 유물관, 이 충무공이 살던 옛집과 활터 등이 있다. 또한 현충사에서 서북쪽으로 9km 거리인 음봉면 삼거리 어라산에 충무공 묘소가 있다.

## 9 박물관 · 기념관

### (1) 국립공주박물관

충남 공주시 중동에 위치한 국립공주박물관은 1940년 충청도 감영청이던 선화당을 옮겨, 그 건물에 공주지방 유물들을 전시함으로써 시작되었고, 1946년 국립박물관 공주분관으로 개편되었다.

이 박물관은 1971년 무령왕릉에서 발굴된 각종 출토품 전시를 계기로 2층 건물을 신축하였다. 그 뒤 직제개편으로 1975년 국립공주박물관으로 승격, 현재의 모습을 갖추게 되었다.

이 박물관은 백제가 공주에 도읍하고 있던 시기의 유물을 주로 전시하고 있으며, 특히 무령왕릉에서 출토된 유물들로 주류를 이루고 있다. 전시실은 제2실로 구성되어 있으며, 제1실은 무령왕릉 내부를 관람 할 수 있도록 하였고 제2실은 충남지역 출토유물을 시대순으로 전시하였다.

현재 소장유물은 총 8천 2백 77점으로 국보 18점, 보물 2점 등이다. 또 야외전시장에는 대통사지 석조를 비롯한 석탑과 석불 등의 중요한 유물들이 다양하게 전시되어 있다.

### (2) 국립부여박물관

국립부여박물관 전경

국립부여박물관은 충남 부여군 부여읍 동남리에 위치하고 있다. 1990년 12월에 신축 이전공사를 시작한지 2년 7개월 만에 새 청사를 완공하고, 1993년 8월에 재개관한 이 박물관은 총부지 19천여 평, 전시실 면적 6백 40평 등으로 백제시대의 유물을 전시하고 있다.

전시실은 선사실, 역사실, 불교미술실, 기획전시실 등 모두 4개로 꾸며져 있으며, 한국 청동기문화의 발전과정을 보여 주는 부여 구봉리, 예산 동서리 출토유물 4백여 점을 비롯하여 백제 불교문화의 진수를 보여 주는 갖가지 유물들이 전시되어 있다.

그밖에 선사시대의 것으로는 옹관, 토기, 석기, 동검 등이 있고, 백제시대의 문양전, 금동삼존불상, 금여래입상 등도 있다.

### (3) 국립청주박물관

국립청주박물관 전경

1987년에 개관한 국립청주박물관은 청주 도심에서 약 3km 떨어진 우암산 기슭에 자리하고 있다. 박물관에는 4개의 전시실이 있으며, 도자기의 역사, 건축양식, 인쇄문화의 발전사, 석기시대의 유물 등이 시대별로 정리되어 있다. 또한 박물관 내에는 어린이 전시관을 비롯해서 멀리 중앙아시아의 알타이 초원에서 온 말을 비롯하여 북, 징, 괭과리, 장구, 범종, 편경 등이 있다.

### (4) 온양민속박물관

온양민속박물관은 2만 5천여 평의 대지 위에 4개의 전시실을 갖춘 본관과 생활문화관이 있다. 이 박물관은 1978년에 계몽사 김원대 회장이 20여 년간 수집한 1만 7천여 점의 유물과 물레방아, 디딜방아, 연자방아, 정자, 너와집, 그네 등을 갖추고 있어 우리 고유의 풍속 및 선조들의 생활상을 한눈에 볼 수 있다. 어린이부터 어른에 이르기까지 누구나 쉽게 관람할 수 있도록 전시하였으며, 생활문화관은 각종 행사장 및 전통혼례장으로 이용되고 있다.

### (5) 독립기념관

독립기념관

독립기념관은 충남 천원군 목천면 남화리 흑성산 기슭에 있으며, 외침을 극복하고, 민족의 자주와 독립을 지켜 온 국난극복사와 국가발전사에 관한 자료를 수집, 전시함으로써 국민의 민족정신과 국가관을 정립하는데 이바지함을 목적으로 세운 것이다.

1982년 8월 28일 국민의 이름으로 건립을 결의하고, 성금을 모으기 시작했으며, 1983년 8월 15일에 기공하여 1987년 8월 15일 광복절을 기해 문을 연 독립기념관은 7개의 상설전시관 에서 시대별 · 주제별 실증전시를 하고, 옥외에는 조각, 애국시비, 어록비 등의 상징전시를 하고 있다.

### 1) 제1관

이곳은 민족전통관으로 선사시대부터 1876년 개항 이전까지의 문화유산을 전시하고 있다.

### 2) 제2관

이곳은 근대민족운동관으로 1860년대부터 1910년 국권상실 이전까지의 근대민족운동, 애국계몽운동, 의병전쟁 관계자료들을 전시하고 있다.

### 3) 제3관

이곳은 명성왕후 시해 현장재현, 고문장면 등을 재현시켜 놓았다.

### 4) 제4관

이곳은 3 · 1운동관으로 1910년대 국내외 독립운동과 3 · 1운동 관계자료를 전시하고 있다.

### 5) 제5관

이곳은 독립전쟁관으로 독립군 의열투쟁, 사회운동 등에 관한 자료를 전시하고 있다.

### 6) 제6관

이곳은 임시정부관으로 대한민국 임시정부와 광복군의 활약상 등이 전시되어 있다.

### 7) 제7관

이곳은 대한민국관으로 광복 이후부터 현재까지의 국가발전 관계자료를 전시하고 있다.

## 10 종합레저시설 · 민속촌

### (1) 청풍문화재단지

청풍문화재단지 전경

충주호를 굽어보는 호수의 산마루에 자리잡고 있는 청풍문화재단지는 충북 제천군 청풍면 물태리에 자리잡고 있다. 문화재단지는 충주댐 건설로 인해 마을과 함께 많은 문화재가 물에 잠기게 되자 1983년부터 3년여에 걸쳐 곳곳에 흩어져 있던 문화재를 한 곳에 모아 보전하게 되었다.

이곳에는 한벽루, 금남루, 팔영루, 금병헌, 응청각, 향교 등 보물 2점과 지방유형문화재 9점, 비지정문화재 42점, 생활유물 1천 9백여 점이 전시 되어 있어 옛 선조의 숨결을 느낄 수 있다.

특히 청풍문화재단지가 위치한 물태리에서 제천까지 약 10km 구간은 청풍호반의 물이 드리워져 있어 환상의 드라이브 코스로 각광을 받고 있다. 또한 이 거리는 새로운 벚꽃 명소로 떠오르는 길이며, 꽃이 만개하는 4월 중순 제천시에서는 벚꽃축제 행사가 개최된다.

### (2) 외암리민속마을

외암리민속마을(충남 아산시 송악면 외암리)은 아직도 옛 모습 그대로의 마을이다. 1988년 당시 문화부에 의해 전통건조물 보전지역 제2호로 지정된 이 마을에는 사랑채, 문안채, 헛간에 연못이 있는 널찍한 정원까지 갖춘 저택과 싸리문을 한 초가집이 공존해 있다.

조선 명종 때 이정이 이곳에 정착해 마을을 다듬은 후, 이정의 6대 손인 외암 이간의 호를 따 외암마을이라 부르게 되었다.

예안 이씨 후손들이 지켜온 이 마을은 미풍양속을 소중히 여겨 옛 집뿐만 아니라 생활도구와 디딜방아, 연자방아 등 옛 풍물 그대로를 간직하고 있으며, 부지 20만 5천여 ㎡에 이르는 이곳에는 예안 이씨가 주류를 이룬 50여 세대가 살고 있다.

### (3) 추사고택

충남 예산군 신안면에는 조선후기의 대표적인 학자이며, 서예가인 추사 김정희 선생의 옛집으로 널리 알려진 추사고택(충남 유형문화재 43호)은 약 80여 평 크기에 안채와 사랑채 그리고 문간채와 사당채로 이루어져 있다. 특히 사랑채는 동쪽에, 안채는 서쪽에 배치되어 있는데, 추사는 조선 선비의 방처럼 꾸며 놓은 사랑채에 거처한 것으로 전해지고 있다.

추사 고택은 중부지방과 영남지방의 대갓집의 표본으로 꼽힌다. 앞마당에는 추사가 청나라에서 가져다 심었다는 천연기념물 106호의 백송 한 그루가 있고, 왼쪽에는 추사의 묘, 오른쪽에는 화순공주와 김한신의 합장묘가 있다.

## 11 기타 관광명소

### (1) 고산9경

괴산읍에서 수안보로 가는 국도를 따라 4km쯤 가면 한강상류의 달천강을 만나게 되는데, 이곳 달천강 양 기슭에 고산9경이 산재해 있다.

고산은 넓은 들판 가운데 하나의 산이 돌출하고 달천의 푸른물이 이를 감싸고 돌아 태극의 형상을 이룬다.

고산9경은 고산정, 황니판, 관어대, 은병암, 제월대, 창벽, 영객령, 영화담, 고산정사를 가리킨다. 고산정에 올라 사방을 둘러 보면, 멀리는 속리산에서 발원한 푸른물이 정자 밑을 돌아 흐르고, 남으로는 작은 봉우리들이 마치 말을 탄 수천의 군사가 진을 친 것처럼 보인다.

### (2) 진천 왜가리 서식지

국가지정 천연기념물 13호인 왜가리 서식지는 노은영당이 있는 충청북도 진천군 이월면 노원리 마을 뒤의 약 1천여 년쯤 된 은행나무에 둥지를 틀고 매년 3월에 찾아왔다가 11월이면 남쪽지방으로 가는 철새 도래지를 말한다. 이곳에 왜가리가 서식한 지는 이미 수백년 전으로 알려지고 있으며, 마을 주민들이 이들을 돌보기 시작한 것은 약 1백년 전부터이다.

이곳은 73년 전까지만 해도 백로와 왜가리가 같이 있었으나, 1973년 이후부터는 왜가리만이 서식하고 있다. 현재 마을 뒷산에 총 2천 5백여 두의 은행나무가 있으며, 3~11월까지 왜가리가 서식한다.

### (3) 한천8경

한천8경

한천8경은 영동군 황간 인터체인지를 중심으로 흩어져 있다. 한천8경은 봉우리 사이를 지나는 달이 쉬어가는 듯이 보인다는 월유봉 일대의 절묘한 산수를 가리킨다.

깎아 세운 듯 수직으로 서있는 월유봉이 제1경이고, 꽃이 만발한 화헌악이 제2경이다. 제3경은 월유봉 밑을 휘감아 도는 물굽이 못을 이룬 용연동, 제4경은 절벽 산양벽이다. 제5경은 청학이 깃을 들였다는 청학굴, 제6경은 옛 암자 터인 법존암, 제7경은 눈쌓인 설경이 유명한 사군봉이고, 제8경은 밤나무 숲속의 냉천정이다. 특히 냉천정 자리에는 우암 송시열의 독서당이었던 한천정사가 세워졌고, 그 옆에 송시열 유적비가 있다.

Chapter » 05

# 제5장 전라권

## 1 국립공원

### (1) 내장산국립공원

내장산 풍경

내장산국립공원은 우리나라에서 단풍나무의 종류가 많기로 이름나 있다. 호남의 금강이라고 부르는 내장산(內藏山)은 대한8경의 하나로 꼽힐 만큼 빼어난 산세를 자랑한다. 게다가 규모가 큰 단풍 숲이 곳곳에 널려 있을 뿐만 아니라 백송과 잡목 등이 우거져 있어 심산유곡의 선경을 이루고 있다.

내장산은 가을 단풍으로도 유명하지만 봄의 철쭉과 벚꽃, 여름의 울창한 숲과 계곡, 겨울의 설경 또한 어느 곳에 뒤지지 않을 만큼 빼어나다. 내장산은 노령산맥 중남부에 속하며, 해발 7백 63m의 신선봉을 비롯하여 왼쪽으로는 까치봉, 연지봉, 망해봉, 불출봉, 서래봉이 있고, 오른쪽 위로는 연자봉, 장군봉이 기이한 바위를 드러내고 있어 찾는 이들로 하여금 저절로 감탄을 자아내게 한다.

내장산은 전라북도 정읍군, 순창군과 전라남도 장성군 북하면의 백양사를 포함하여 1971년에 국립공원으로 지정되었다. 내장6봉과 백양3봉, 입암산성 등을 통틀어 내장산국립공원이라 하는데 공원지역 안에는 내장사를 비롯해 원적암, 신선문, 용굴, 백양사, 도덕폭포, 금선폭포 등의 사적이 많이 산재해 있다.

내장산의 정취를 감상하려면 내장사를 중심으로 살피는 것이 좋다. 내장산 지구는 산 한복판에 들어 앉아 있는 내장사에 이르기까지 드넓은 잔디광장이 공원처럼 펼쳐진다. 내장사 뒤 계곡에는 높이 20m의 도덕폭포와 금선폭포를 비롯해서 관천바위, 북바위, 북채바위 등이 있다. 케블카를 타고 연자봉 팔각 전망대에 오르면 서래봉을 비롯해 월영, 불출, 망해, 연지, 까치봉과 신선봉이 한눈에 들어온다.

등산로는 내장사, 백양사를 거쳐 오르는 코스가 있고, 볼만한 곳은 내장사, 도덕폭포, 금선폭포, 용굴, 백양사, 구암사, 약사암 등이 있다.

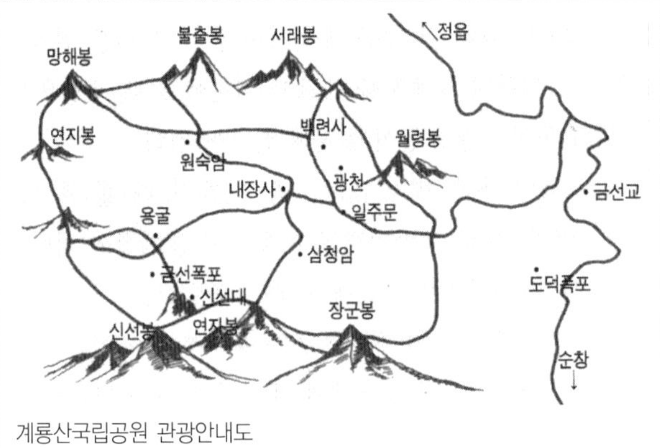


계룡산국립공원 관광안내도

### 1) 내장사

내장사(內藏寺)는 백제 무왕 37년(636)에 영은선사(靈隱禪師)가 세운 절로 처음에는 영은사(靈隱寺)라고 불리었다. 그러나 조선 명조 때 희묵대사(希默大師)가 내장사라고 고쳐 부른뒤 오늘에 이르고 있다. 현재의 위치에 세워진 내장사는 1938년 매곡선사(梅谷禪師)에 의하여 창건 되었다.

### 2) 도덕폭포

도덕폭포(道德瀑布)는 내장산 입구 왼쪽 계곡 약 4백m쯤 되는 곳에 위치해 있으며, 높이는 20m에 이른다.

### 3) 금선폭포

내장사를 지나 등산길을 약 2km쯤 가다가 좁은 골짜기에서 만나게 되는 것이 금선폭포(金仙瀑布)이다. 높이는 약 18m에 이르며, 특히 금선폭포 주위의 단풍은 내장산에서 제일 아름답다.

### 4) 용굴

용굴(龍窟)은 금선폭포 못미처에 있는 자연 동굴이다. 임진왜란 때 조선왕조실록과 이태조의 어영을 숨겼던 곳으로 알려져 있다.

### 5) 구암사

구암사는 백제 무왕 35년(634)에 숭제법사가 세운 것으로 백학봉에서 화양리로 내려가는 산길에 위치해 있다. 경내에 거북이를 닮은 바위가 있어 구암사라는 이름이 붙여졌다.

### 6) 백양사

백양사(白羊寺)는 전라남도 장성군 북하면 약수리에 있으며, 백제 무왕 33년(632)에 여환선사가 세운 절이다. 특히 백양사 뒤의 학바위는 한국8경의 하나로 꼽히고 있으며, 주변에는 유명한 비자림이 있다.

### 7) 약사암

약사암은 백양사에서 백학봉으로 올라가는 코스의 약 1.5km 지점에 위치해 있다. 이곳은 전망이 좋을 뿐만 아니라 절 뒤에 있는 영천굴은 1년 내내 같은 양의 석간수가 솟아나고 있다.

#### 내장산국립공원 현황

| 공원명 | 위치 (시도별 면적, km²) | 면적 (km²) | 공원보호 구역(km²) | 지정 연월일 | 주요자원 |
|---|---|---|---|---|---|
| 내장산 국립공원 | 전남<br>장성 32.23<br>전북<br>정읍 35<br>순창 8.8 | 76.03 | 2.67 | 71.11.17 | • 산악 : 신선봉, 서래봉, 백학봉 불출봉, 문피봉, 장군봉, 상왕봉, 옥녀봉, 사자봉 등<br>• 계곡 · 폭포 : 금선계곡, 백암계곡, 남창계곡, 도덕폭포, 용수폭포, 금강폭포 등<br>• 기암 : 용굴암, 금선대, 추령<br>• 사찰 : 내장사, 백양사, 구암사, 약사암, 입암산성, 내장산성 등<br>• 천연기념물 : 내장산의 굴거리 나무군락(91호), 비자나무분포(153호) |

## (2) 덕유산국립공원

주봉인 향적봉(1천 6백 14m)을 중심으로 1천m가 넘는 장중한 능선이 남서쪽으로 장장 30km나 이어져, 해발 1천 5백 7m의 남덕유산에 이르는 덕유산국립공원은 전라북도 무주군, 장수군과 경상남도 거창군, 함양군 등 2개도 4개 군에 걸쳐 있으며, 그 면적이 2백 19㎢에 달한다.

1975년 2월, 국내 10번째의 국립공원으로 지정된 덕유산(德裕山)은 무주군 설천면의 나제통문에서부터 백련사(白蓮寺)에 이르는 30km의 구천동계곡으로 더욱 유명하다. 특히 이 곳은 풍화작용을 받기 쉬운 화강암 지역인데다 물

또한 급경사를 이루며, 꼬불꼬불 흐르기 때문에 오랜 세월을 거쳐 기이하고 아름다운 바위와 동굴, 폭포 등이 곳곳에 만들어 졌다.

덕유산의 대표적인 곳은 명소 33곳, 즉 13개의 대(臺)와 10개의 담(潭), 10개의 폭포 등이며, 특히 기암절벽과 여울들이 굽이굽이 이어지는 구천동계곡은 예로부터 구천동 33경이라고 불렀다.

덕유산에는 구천동계곡 외에 칠연폭포와 용추폭포가 있는 안성계곡을 비롯하여 송계사계곡, 산수리계곡 등 8개의 계곡이 있어 저마다의 절경을 뽐내고 있다. 등산로는 구천동계곡, 칠봉, 안성 등으로 오르는 코스가 있다.

### 1) 구천동 33경

구천동 계곡

덕유산에서 볼만한 곳은 거의 구천동계곡에 몰려 있다. 구천동(九千洞)이란 이름은 본래 구(具)씨와 천(千)씨가 많이 살고 있다고 해서 붙여진 것이라고도 하고, 또한 성불자가 9천 명이나 다녀갔다고 해서 붙여졌다는 설도 있다.

구천동 33경은 제1경인 나제통문으로부터 제33경인 백련사까지의 구천동 계곡에 있는 명소들을 가리킨다. 즉 나제통문, 은구암, 청금대, 와룡담, 학소대, 일사대, 함벽소, 가이암, 추월담, 만작탄, 파회, 수심대, 세심대, 수경대, 월하탄, 인월담, 사자담, 청류동, 비파담, 다여대, 구월담, 금포탄, 호탄암, 청류계, 안심대, 신양담, 명경담, 구천폭포, 백련담, 연화폭포, 이속대, 백련사, 향적봉을 말한다.

#### 나제통문

나제통문(羅濟通門)은 구천동 33경 중 제1경으로 옛날 신라와 백제(문 북쪽이 백제)의 국경관문으로 바위를 뚫어서 만든 것이다. 나제통문 옆에는 정자인 덕유정과 휴게소가 있다.

나제통문

### 일사대

일사대(一士臺)는 나제통문에서 약 6km쯤 되는 곳에 솟아 있는 돛대 모양의 기암을 말한다. 그리고 그 옆에 정자인 석벽정이 있는데, 석벽정은 조선 말기에 일제에 항거하던 송병준이 숨어 살던 곳이었다.

### 파회

제11경 파회(波回)는 급류를 타고 쏟아지는 맑은 물이 암석에 부딪치면서 이루어내는 선경지구를 말한다.

## 2) 백련사

백련사(白蓮寺)는 해발 9백m 고지에 위치해 있으며, 구천동 14개 사찰 중 유일하게 남아 있는 절이다. 원래 이 절은 신라시대 때 세워진 것이었으나, 지금의 건물은 6 · 25 이후에 새로 지은 것이다.

### 덕유산국립공원 현황

| 공원명 | 위치<br>(시도별 면적, km²) | 면적<br>(km²) | 지정<br>연월일 | 주요자원 |
|---|---|---|---|---|
| 덕유산<br>국립공원 | 전북<br>무주 170<br>장수 10<br>경남<br>거창 33<br>함양 6 | 219 | 75.2.11 | • 산악 : 제1덕유산, 제2덕유산, 적상산, 칠봉, 거칠보, 두문산, 동엽령 등<br>• 폭포 · 담 : 인월담, 추월담, 구천폭 등<br>• 만조탐 · 세섬대 제 33경<br>• 사적 : 적상산성, 나제통문<br>• 사찰 : 백련사, 안국사, 호국사 등 |

## (3) 변산반도국립공원

변산반도(邊山半島)는 1998년에 국립공원으로 지정되었다. 면적은 1천 5백 70㎢에 이르며, 서해안에서 최고의 경치를 자랑한다.

서해를 끼고 불쑥 내민 변산반도는 바다와 맞닿은 외변산(外邊山)과 기암과 계곡을 두루 품고 있는 뭍쪽 내변산(內邊山)으로 나뉜다. 외변산은 변산해수욕장, 격포해수욕장, 채석강, 적벽강 등이 유명하고, 왕포의 까마득한 절벽, 곰소만 일대의 염전과 함께 반도를 일주하는 30번 해안도로의 운치가 인상적이다.

내변산은 호랑가시나무숲, 후박나무숲, 꽝꽝나무숲 등 재미있는 이름의 천연기념물이 군락을 이루고 있다. 그리고 이곳의 울창한 숲 속에는 내소사, 개암사, 직소폭포, 월명암, 낙조대 등이 자리하고 있다. 특히 이곳 바닷가에서 바라보는 일몰 광경은 매우 장관이다.

### 1) 개암사

개암사(開巖寺)는 본래 변한의 궁터였던 것으로 추측되며, 백제 무왕 35년(634)에 묘연왕사가 왕궁디를 절로 고쳤다. 이후 통일신라 문무왕시절 원효와 의상대사에 의해 중창되었고, 임진왜란 때 모두 불탄 것을 인조 17년(1636)에 계효선사가 다시 불사를 일으켰다.

이곳에는 대웅전을 비롯해 응진전, 월성대, 요사채 등이 있고, 고려시대로 추정되는 청림리 석불좌상이 따로 전시되어 있다. 개암사는 절 입구의 작은 다리를 건너 절 마당까지 이르는 숲길도 아름답지만, 마당에 서서 바라보는 대웅보전과 울금바위의 빼어난 조화는 가히 탄복할 만한 수준이다.

### 2) 내소사

깎아 세운 듯한 가인암을 병풍처럼 두르고 있는 내소사(來蘇寺)는 절이라기보다 아름다운 건축물을 보는 듯하다. 백제 무왕 33년(633) 혜구두타가 창건했다고 전하는데, 당시 대소래사와 소소래사가 있었으나, 지금은 소소래사만 이 남아있다. 소래사가 내소사로 바뀐 것은 19세기초로 고종 6년(1902)에 관해선사가 크게 증축한 것으로 전한다.

내소사 일주문을 지나 천왕문에 이르는 6백m 길에는 전나무 숲이 길게 이어져 장관을 이룬다. 특히 자연석으로 쌓은 축대 위에 지은 대웅보전(보물 291호)은 건물 그 자체도 단아하고 정갈하지만, 단청도 매우 장엄한 금단청으로 채색해 아름다움을 더해주고 있다. 대웅보전 앞에는 3층석탑과 고려동종(보물 277호)이 있다.

### 3) 직소폭포

봉래구곡을 대표하는 명소가 직소폭포이다. 내소사 입구 원암마을에서 고개를 넘어 40분쯤 가면 만나게 되는 직소폭포는 조선 선조 때의 명기 매창 이계생 · 유희경과 함께 부안삼절(扶安三絕)로 꼽힌다. 30m의 벼랑을 가르며 짙푸른 호로 떨어지는 물살의 웅장한 모습은 한여름 더위를 날려 버리고도 남는다. 직소폭포와 마주한 바위턱에 마주앉아 황진이와 함께 조선시대 명기의 쌍벽을 이루었던 매창 이계생의 시 한 수 읊어 보는 것도 좋을 것이다.

### 4) 채석강

채석강(採石江)은 변산반도 서쪽 끝 격포항과 그 오른쪽 닭이봉 일대 1.5km 구간의 층암절벽과 바다를 총칭하는 이름으로, 이 지역은 바닷물의 침식을 받은 수성암층 절벽이 마치 수만 권의 책을 들쑥날쑥하게 쌓아놓은 듯하며, 곳곳에 파도로 인해 생긴 해식동굴이 숨어 있어 더욱 볼거리를 제공한다.

채석강

채석강이란 이름은 마치 당나라 시인 이태백이 술에 취해 뱃놀이를 하다 강물에 뜬 달 그림자를 잡으려다 물에 빠져 숨졌다는 중국의 채석강에서 유래된 것으로, 전라북도 기념물 28호로 지정되었다. 채석강을 한바퀴 돌아보는데는 약 30분쯤 걸린다. 썰물 때는 거대한 암반들이 드러나 그 위에서 가벼운 놀이를 하기에도 매우 좋으며 바다낚시도 가능하다.

### 5) 적벽강

사람들이 붐비지 않는 곳을 찾는다면 채석강보다 적벽강(赤碧江)으로 가는 게 좋다. 격포해수욕장 왼쪽으로 10리도 넘게 펼쳐진 적벽강은 층층이 쌓인 절벽이 붉은 색을 띠고 있다.

적벽강은 채석강과 함께 중국의 적벽강 만큼이나 경치가 아름답다고 해서 붙여진 이름으로, 채석강보다 붉은 빛이 짙은 바위 절벽으로 이루어져 있어, 특히 바다로 사라지는 석양의 아름다움에 그 빛을 더한다. 게다가 위에서 내려다보면 파도가 밀려간 자리에 붉은색 바위들이 깔려 있고, 해안선을 따라가다 보면 고래의 입처럼 커다란 해수동굴이 나온다. 격포해수욕장에서 적벽강까지는 1.5km 정도 떨어져 있다.

### 6) 변산해수욕장

부안읍에서 서쪽으로 24㎞ 지점에 위치한 변산해수욕장은 길이 2㎞, 너비 150m, 평균수심 1m, 평균수온 21℃ 안팎으로, 7월 중순부터 8월 말까지 개장한다. 모래가 좋고 노송과 아카시아 숲이 있어서 경관이 빼어나며, 서해의 저녁놀이 일품이어서 서해안 3대(대천, 변산, 만리포) 해수욕장 가운데 하나로 손꼽힌다. 또한 해수욕장 서남쪽 6㎞ 지점에 닭이봉과 채석강이 절경을 이루고 있으며, 근처에 내소사, 개암사, 봉래구곡 등이 곳곳에 있어 국립공원으로 지정되었다.

### 변산반도국립공원 현황

| 공원명 | 위치 (시도별 면적, km²) | 면적 (km²) | 지정 연월일 | 주요자원 |
|---|---|---|---|---|
| 변산반도 국립공원 | 전북<br>부안 157.0 | 157.0 | 88.6.11 | • 보물 : 내소사고려동종(277호), 개암사대웅보전(292호), 법화경탁본사본(278호), 내소사대웅보전(291호), 부안김씨 종중고문서 (900호)<br>• 사적 : 유천리도요지 (69호), 루암리지석묘군(103호), 진서리도요지 (70호)<br>• 중요민속자료 : 서문안당산(18호), 동문안상당(19호), 김상만가옥(150호)<br>• 지방유형문화재 : 수성당(58호), 서외리당간(59호), 위도관아(101호), 청림리석불좌상(123호), 내소사3층석탑(124호), 내소사설성당과 찰사(125호), 개암사동종(126호)<br>• 지방기념물 : 주유산성(20호), 반계선 생유적지(22호), 간제선생유적지(24호), 채석강(28호), 적벽상(29호) 정유왜란호벌사전적지(30호), 백산성지 (31호), 토산리도요지(40호), 대항리패총(50호), 이패창묘(60호), 실상사지(77호), 내소사일원(78호)<br>• 사찰, 암자 : 내소사, 개암사, 월명암, 청연암, 지장암, 우금산성 등<br>• 식물 : 호랑가시나무군락(천연기념물 122호), 후박나무(천연기념물 123호), 팡팡나무(천연기념물 124호) 등 167종 |

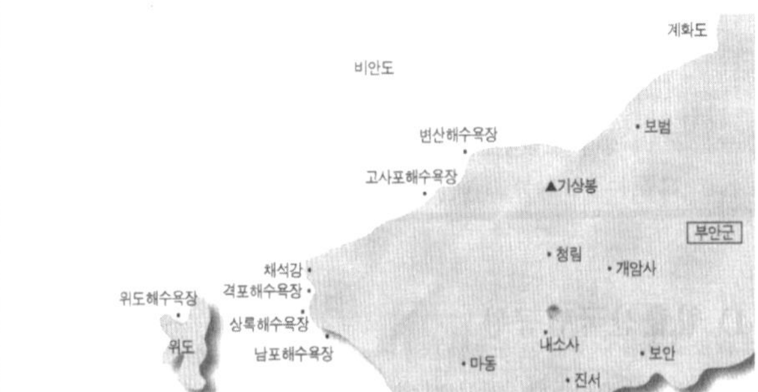


변산반도국립공원 관광안내도

## (4) 월출산국립공원

월출산 전경

월출산(月出山)은 1988년 6월 11일에 국립공원으로 지정되었으며, 면적 41.9㎢로 한국에서는 가장 작은 크기의 국립공원이다. 작은 것이 아름답다라는 말이 있듯이 주봉 천황봉(8백 9m)을 중심으로 구정봉, 미왕제 등에서 펼쳐지는 경치는 실로 천하절경을 이루고 있다.

월출산은 서해와 인접해 있어 달을 제일 먼저 맞는다고 해서 달과 관련된 이름으로 불리게 되었다. 신라시대에는 월좌산이라 불리어졌고, 고려시대에는 월생산이라 불리어졌으며, 조선시대부터 월출산이라 불렀다.

### 1) 도갑사

도갑사(道岬寺)는 신라 문무왕 1년(661)에 도선국사가 처음 세우고 조선 왕조 세조 2년(1456)에 수미선사가 중건한 절이다. 경내에는 해탈문과 당시 사용되었다는 길이 5m, 무게 5t에 달하는 화강암으로 된 돌구유가 남아있다. 그리고 도갑사 뒤쪽으로 5분쯤 가면 도선국사와 수미선사의 사적을 기록한 도선국사, 수미선사탑비가 있다.

### 2) 해탈문

해탈문(解脫門)은 도갑사를 드나드는 문으로 조선왕조 성종 4년에 세워졌으며, 국보 50호로 지정되었다. 이 건물은 기둥 아래 위의 부분이 좁고, 가운데가 부풀어 올라 있는 것이 특징이다.

### 3) 무위사

무위사(無爲寺)는 도갑사 동쪽 7km 지점인 구정봉 동남쪽 강진군 성전면 월하리에 위치해 있다. 이 절은 신라 진평왕 19년(597)에 원효대사가 처음으로 세운 것으로 처음에는 관음사라 칭했으나, 조선왕조 명종 10년(1555)에 지금의 이름인 무위사라고 부르게 되었다. 경내의 극락보전은 국보 13호로 조선 초기에 세워진 것이다.

### 4) 천황사

천황사(天皇寺)는 영암면 용흥리 바람골에 있는 조그마한 암자이다. 지금의 건물은 1953년에 다시 세운 것이다.

### 5) 구절계곡

구절계곡

구절계곡은 천황사의 남쪽 계곡 너머를 가리키며, 기암괴석은 월출산 최고의 경승을 이루고 있다. 특히 이 계곡의 칠치폭포는 7단의 폭포와 바위고개가 있다고 해서 칠치폭포라고 부르고 있다.

### 6) 왕인 박사 유적

영양군 군서면 구림리 성기골에는 일본의 아스카 문화를 낳게 한 백제의 학자 왕인 박사와 관련되어 있는 것들이 흩어져 있다. 왕인 박사는 백제 고이왕 때 일본 은신왕의 초청으로 《논어》와 《천자문》을 갖고 일본으로 건너가 백제의 선진문화를 전파시켜 일본 고대문화 형성에 크게 기여한 학자이다.

이곳에는 왕인 박사 유허비를 비롯하여 성천(聖川)이 있는데, 이 거룩한 샘물을 마시고 성천물에 목욕을 하면 왕인 박사와 같은 큰 인물을 낳는다는 전설이 전해지고 있다.

## 월출산국립공원 현황

| 공원명 | 위치 (시도별 면적, km²) | 면적 (km²) | 공원보호 구역(km²) | 지정 연월일 | 주요자원 |
|---|---|---|---|---|---|
| 월출산 국립공원 | 전남<br>영암 27.84<br>강진 14.04 | 41.88 | 16.73 | 88.6.11 | • 산악 : 천황봉, 구정봉, 국사봉, 가지산, 삼계봉, 주지봉, 노적봉, 마봉, 시리봉, 석교산, 서일봉, 도갑산, 정계봉, 백마산 등<br>• 기암 : 귀뜰바위, 산성대, 연친바위, 돔바위, 어사둔병, 가세바위, 귀달바위, 봉바위, 유황바위, 망 바위, 졸바위, 칼바위, 신장바위, 월대암, 문바위, 고재바위, 구멍바위, 사자바위, 경포대, 시루 바위, 말바위, 마사일바위, 신선 바위, 해암바위, 돼지바위<br>• 계곡 : 도갑사계곡, 무위사계곡, 금릉경포대, 천황사계곡, 은천계곡 바락계곡, 삼촌계곡, 반월계곡, 봉덕계곡, 상효계곡, 조양계곡<br>• 폭포, 못 : 대통폭포, 은천폭포, 용추폭포, 바람폭포, 구절폭포, 노릿재폭포, 질사폭포, 용수폭포, 도갑지, 성전지, 율사지, 입석재, 쌍정지, 사자제, 전생제 등<br>• 국보 : 무위사극락전(13호), 보림사 3층석탑 및 석등(44호), 도갑사해 탈문(50호), 보림사 철조비노사나 불좌상(117호), 월출산마애여래좌상(114호)<br>• 보물 : 도갑사석조여래좌상(89호), 보림사동부도(155호), 보림사서부도(156호), 보림사 보조선사영성탑 (157호), 보림사보조선사영성탑비(158호), 월남사지모전석탑 (298호), 월남사지 석탑(313호) 무위사 선각대사편광탑비(507호) |

### (5) 다도해해상국립공원

다도해해상국립공원은 전남 신안군과 서쪽의 홍도, 흑산도, 완도, 진도 그리고 여수의 거문도를 중심으로 해남, 고흥, 여수 등에 면해 있으며, 총 8개지구(금오도지구 · 거문도 및 백도지구 · 나로도지구 · 소안도 및 청산도지구 · 조도지구 · 도초도지구 · 흑산도 및 홍도지구 · 만재도지구)에 약 1천 7백여 개의 섬으로 이루어져 있다.

이 지역은 특유의 풍경을 갖고 있으며 기암괴석이 산재한 해안에는 오랜 세월 동안 해수에 의한 해식애(海蝕崖)가 전개되어 있는가 하면, 구례의 화엄사를 비롯해서 승주의 송광사, 무등산, 유달산 등의 관광명소가 있다. 특히 진도의 벽파나루에는 이 충무공의 승전비와 진돗개(천연기념물 53호)가 유명하다. 1981년 12월 23일 해상국립공원으로 지정되었다.

#### 1) 홍도

홍도(紅島)는 전라남도 신안군 흑산면에 속해 있으며, 남한에서는 가장 서쪽 바다에 면해 있다. 목포에서 130km 지점에 위치한 홍도는 북쪽 끝에서 남쪽 끝까지 6.4km, 해안선 둘레가 20.8km의 작은 섬이다.

홍도의 남문바위

홍도는 1년 내내 붉은 동백꽃이 섬을 뒤덮고 석양에 물든 적갈색의 암벽들이 더욱 붉게 보인다는 데서 이름이 유래하고 있다. 섬 전체가 천연기념물 170호로 지정되어 있고, 특히 홍도 주변의 벼랑과 바위는 특이한 모양을 하고 있어, 모양에 따라 이름도 가지가지이다. 그 중에서도 남문에서 슬금리까지가 가장 빼어난 경관을 자랑하는 곳이다.

바닷물이 맑아 수심 30m의 해조류까지 들여다보이기 때문에 나침반도 필요 없이 물빛만으로 뱃길을 잡는다는 홍도, 천연보호구역으로 지정되어 있는 곳인 만큼 섬 전체가 동백숲과 희귀식물로 뒤덮여 있는데다가, 섬을 돌아가며 깎아지른 듯한 벼랑을 이룬 바위가 기암절경을 이루고 있어, 여름철에는 많은 관광객들로 붐빈다.

교통편은 목포항에서 홍도까지 쾌속정과 일반 여객선이 있다. 쾌속정은 2시간 30분, 일반 여객선은 5시간 30분이 소요된다. 숙박시설은 민박뿐이며, 배에서 내리는 순서대로 민박집이 정해진다.

## 홍도33경

홍도33경을 제대로 만끽하려면 유람선을 타야한다. 특히 제1경 남문바위 등 크고 작은 바위와 섬을 도는 2시간 정도의 해상관광 코스는 아름다운 바다와 어우러진 홍도의 신비로움과 성취를 만끽할 수 있다. 바다가 잔잔한 날이면 군함바위같은 곳에 내려서 사진을 찍을 수도 있다.

## 빠돌해수욕장

빠돌해수욕장은 길이 6백m, 폭 70m의 크고 작은 자갈밭 해수욕장이다. 둥근돌(빠돌)로 형성된 맑고 깨끗한 해수욕장으로 경사진 해안의 주변에 산재한 기암절벽을 배경으로 해수욕을 즐길 수 있으며, 아름다운 낙조도 만끽할 수 있는 곳이다.

특히 이곳에서 해수욕을 하면 부스럼이 없어지는 등 피부에 좋다고 한다. 해안에서 야영을 할 수 있으며 급수는 시간제로 공급한다. 해수욕장 한가운데에 방파제가 있어서 아름다운 해안을 갈라놓은 것이 다소 아쉽지만, 여름 성수기에는 이곳에서 모든 선박의 입출항이 이루어지므로 교통이 편리하다.

### 난전시실

홍도는 희귀한 난초과의 다년생 관상식물인 풍란 자생지로도 이름이 높다. 여러 줄기의 뿌리가 깊은 바위틈이나 오래된 나무에 얽혀 붙어서 자라는 풍란 꽃의 향기가 아주 멀리까지 풍겨진다고 해서 애호가들이 탐을 내는 난이다. 쉽게 풍란을 볼 수 없는 관광객들을 위해 홍도 관리사무소 옆에 15평 규모의 난전시설을 운영하고 있다. 이곳에는 대엽풍란, 석곡, 새우난, 맥문동 등 6종 5백여 종의 홍도 자생란을 전시하고 있으며, 배양란 시범판매를 하고 있어 구입도 가능하다.

### 홍도등대

마치 이란 사원의 지붕처럼 하얀 돔형의 홍도등대는 조경도 잘 되어 있다. 등대 관람은 사전 승인과 직원 입회하에 가능하다. 선착장에서 등대까지의 오붓한 산길은 산책 코스로 그만이다. 보급선 선착장부터는 포장된 길이 지그재그로 나 있어, 그 조형미에 웃음을 머금게 되며, 등대 아래쪽 언덕에서 바라보는 바다 경치는 일품이다.

### 어린 성황당

옛날 홍도에 피항을 했던 배가 풍랑 때문에 출항을 못하자 총각 한 사람을 두고 떠났는데, 그 총각이 성황당 앞 동백나무 위에서 풀피리를 불며 고향을 그리다가 결국 그 곳에서 떨어져 죽었다는 전설이 베어있는 곳이다.

#### 2) 흑산도

흑산도는 우리나라 최서 남단에 위치하고 있으며, 목포와의 거리는 92.7km, 유인도 11개, 무인도 89개로, 총 1백여 개의 도서(島嶼)로 형성되어 있다.

흑산도 전경

1970년대 이후 홍도관광을 위한 발딛임의 섬 역할을 해오다가, 1980년 이후 영산8경 등 자체 명소가 알려지면서 관광지로 개발되기 시작했다. 바다와 관광자원에 의존하고 있는 흑산도는 동지나 및 서남단 인근 어장의 전진기지로 중국 어선들이 많이 입출항하고 있고, 최서 남단 소흑산도(가거도)는 어업 전진기지로 개발되고 있다.

대흑산도를 중심으로 한 인근 도서는 천혜의 관광보고로 특유의 문화유적이 많이 있으며, 흑산도는 다도해해상국립공원으로 지정되었다. 흑산도의 일주도로 주변은 자연경관과 문화유적이 많이 산재해 있는 곳이 있다. 그 중에서도 천연기념물 초령목을 비롯해서 상록수림, 성황당, 지석묘군락지, 삼층석, 반월성 등의 문화유적이 있다.

## 진리 성황당

진리성황당은 진리마을 당산에 위치한 흑산도의 본당으로 일명 처녀당이라고도 한다. TV드라마 〔전설의 고향〕의 무대로 자주 등장하는 곳이다.

## 진리초령목

천연기념물 361호로 지정된 흑산도 진리초령목은 성황당에서 50m 아래쪽에 있다. 일명 귀신나무라 불린다. 수령이 3백 20년쯤 되는 것으로 추정되는 이 초령목은 우리나라에서 가장 크고 오래된 것으로 알려져 있다. 안타깝게도 고사하였으나, 주변에 새끼 초령목 30여 그루가 자라고 있다.

## 궤적지 지석묘군

도지정문화재 194호로 지정된 지석묘군은 모두 8기로 선사시대의 것으로 추정되는 타원형 남방형식 무덤으로 무덤 속에서 줄무늬, 빗살무늬 토기와 생활도구(고가구, 그릇, 농기구) 등이 출토된 유적지이다.

## 배낭기미해수욕장

물이 유리알처럼 맑은 배낭기미해수욕장은 깨끗한 모래와 바닷물로 경사가 완만한 천연 해수욕장이다. 자갈 반 모래 반으로 구성되어 있으며 길이 2백m, 폭 60m의 반구형 백사장을 이루고 있다. 바다를 분홍빛으로 물들이며 떠오르는 일출 그리고 그 그림자 아래로 지나가는 고깃배의 운치 어린 정경을 즐길 수 있는 곳이다. 또한 물이 빠지는 시간이면 모래밭에서 바지락을 주워담는 재미도 누릴 수 있다.

## 지장암

천촌리 입구에 위치한 지장암은 강화도조약 척화 상소로 인해 유배되었던 면암 최익현 선생의 친필 **기봉강산 홍무일월**의 8자가 쓰여져 있는 일명 바닥바위이다. 지장암 앞에는 문하생들이 최익현 유헌비를 세워 선생의 애국정신과 후학양성을 위한 뜻을 기리고 있다.

## 반월성

진리 2구에서 상나봉쪽으로 5분 정도 올라가면 오른쪽 반월성지 남동쪽 기슭의 절터로 추정되는 곳에 3층석탑과 석등이 있다. 도지정문화재 193호인 3층석탑은 높이가 1.5m로 10도 정도 기울어진 상태이다. 산 위쪽으로는 고려초의 유적지로 보이는 성터가 보이는데, 반달 모양을 하 고 있어 **반월성**이라 불린다.

## 상나봉

섬 내륙관광의 포인트인 상나봉 정상에 오르면 멀리 홍도, 장도, 다물 도, 대둔도 등 흑산군도의 크고 작은 섬들과 반대편으로는 진리 2구 마을 앞바다가 보인다. 이 같은 지리적 여건 때문에 장도쪽으로 서해 낙조의 애잔함을 즐길 수 있고, 진리 2구쪽으로는 바다를 박차고 솟아오르는 일출을 만날 수 있다. 정상에 고려시대의 것으로 추정되는 봉화대가 있으며, 왕복 30분 가량 소요된다.

## 복성재

복성재는 조선 후기 문신으로 정약용의 둘째형인 정약전이 천주교 포교에 앞장서다 체포되어 1801년 흑산도로 유배되어 머물던 곳이다. 그는 15년간 유배생활을 하는 동안 남서해안의 바닷고기와 해산물 등 155종을 채집, 성장실태를 담은 어류학 총서인 《자산어보》를 집필하였다

### 3) 완도

완도(莞島)는 전라남도의 서남쪽 끝에 있는 크고 작은 유 · 무인도섬 2백여 개로 구성되어 있으며, 그 중에서 가장 큰 섬은 완도읍이다. 신라시대의 장보고, 조선시대의 이순신 장군, 윤선도 등의 유적뿐만 아니라 천혜의 경승과 풍광이 도처에 자리잡고 있다.

특히 완도의 주봉을 품고 있는 상황봉(6백 44m)은 동백나무로 빽빽하여 흰 구름에 잠긴 동백꽃이 절경을 이루며, 정상에 오르면 남해의 다도해가 한눈에 들어온다. 이곳은 난류의 영향을 받아 겨울이 짧고 기후도 그다지 춥지 않아 갖가지 아열대식물이 자라고 있어 나무의 전시장을 방불케 한다. 지금은 육지와 완도를 잇는 연육교가 준공되어 교통이 편리하다.

### 완도 수목원

군외면 대물리에 위치한 5백ha 규모의 완도수목원은 원동에서 서부 도로를 따라 2㎞ 정도 가다 보면 신흥리 앞 도로에 안내표지판이 나온다. 이곳에는 황칠나무, 후박나무, 굴거리나무, 호랑가시나무, 이나무를 비롯해 희귀식물 6백80여 종이 자생하고 있다. 수목원내에는 여우꼬리선인장 등이 자라는 온실을 비롯해 야영장, 전망대, 암석원 등이 있다.

난대림의 대표적 상록활엽수림 지역인 수목원은 향토 수종을 보존, 자연학습장으로 활용하는 곳이다. 이곳 전망대에서 바라보는 낙조는 일품이며, 완도 5봉의 하나인 백운봉과 연계 등반도 가능하다.

### 주도

완도읍 주도리 앞바다에 자리 잡고 있는 섬, 주도는 5천 2백 59평에 높이 25m로 섬의 둥근 모양이 구슬과 같다 하여 주도로 불린다. 이 섬에는 온대지방의 구슬잣나무, 메밀잣밤, 육박나무, 생달, 감탕나무 등 1백 30여 종의 수목이 우거져 있다. 토질은 반암석이며 식물의 보고라 해도 손색이 없다.

## 4) 진도

진도(珍島)라고 하면 우선 진돗개를 연상케 한다. 그리고 해남과 연결되는 진도 연육대교가 개통되면서부터 진도 회동 앞바다가 해마다 갈라져 뭍사람들이 이 섬을 찾게 되어, 신비의 섬으로도 알려지게 되었다. 진도의 관광권은 크게 6개 지역으로 나뉜다.

### 녹진권

우리나라의 최초의 사장교인 독특한 연육대교를 건너면 진도 관광이 시작되는 녹진권(鹿津圈)이다. 특히 울돌목 일대는 충무공의 3대 대첩 가운데 하나인 명량대첩지로 유명하고, 강강수월래터로 알려진 망금산, 삼별초군의 근거지였던 용장산성, 충무공 대첩비 등을 볼 수 있다.

## 회동권

진도 영등제

바닷물이 갈라지는 현상은 해마다 음력 2월 그믐날 회동리 영등사리(진도 개해 현상) 때 일어난다. 회동에서 모도리까지 약 2.8km의 바다가 40m의 너비로 차츰 갈라지며 바닥을 드러내는 현상으로, 바람의 신, 영등 할머니의 조화라고 하여 영등사리라고 부른다. 이 영등사리는 주로 저녁 때 1시간 정도 계속 된다.

## 쌍계사권

쌍계사권은 진도읍 일대와 쌍계사 일대로 나뉘는데, 진도읍내에는 향교, 민속박물관, 한정석 가옥 등의 명소가 있고, 쌍계사 쪽은 운림산방을 비롯하여 천연기념물 107호인 상록수림이 있다. 운림산방은 조선 말기 남화의 대가인 허련이 말년을 보낸 화실이다. 그 후 허영, 허건, 조정규가 대를 이었다.

## 접도권

접도권은 천연기념물 53호인 진돗개의 순종 보존을 위해, 진도 본섬과 떨어진 접도와 사자도의 일반 농가에서 나누어 사육하고 있는 곳이다. 섬 밖으로의 반출이 금지되고 있는 이 진돗개의 사육자들은 협동조합을 만들어 서로 협조하며 개를 기르고 있다.

## 서망권

서망권은 우리나라 국토의 최남단이다. 이곳에는 삼별초군의 배중손이 전사한 남도석성이 있는데, 사적 127호로 지정되었다. 석성은 원형 그대로 보존되어 있으며, 둘레 547m의 성 안에는 현재 70여 가구가 있다.

## 조도권

조도 일대는 1981년 다도해해상국립공원으로 지정되어 보존되고 있는 곳인 만큼 진도에서 으뜸가는 경승지이다. 상조, 하조, 가사, 성남, 거차, 관매의 6개 섬으로 이루어져 있는데, 조도 6군도 가운데서 특히 관매도의 해안은 경치가 아름답기로 유명하다.

교통은 광주에서 진도까지 하루 4회, 40분 간격으로 직행버스가 운행하고 있다. 숙박시설로는 민박이 있다.

### 5) 거문도

거문도의 기암절벽

거문도(巨文島)는 여수 서남쪽에 자리잡은 고도, 동도, 서도의 3개 섬으로 이루어져 있어 예전에는 삼도라고 불리었다. 이곳은 일찍부터 문장과 학문이 탁월한 인물이 다수 배출된 곳으로서 중국 청나라 제독 정여창이 이 섬에 들어와 귤은 김유라는 대학자와 필담을 나누다가 그의 문장력에 탄복하여 거문도란 이름을 지었다는 일화가 전해온다.

또한 이곳은 동양 최대의 거문도 등대와 수백년 묵은 동백나무가 빽빽하게 들어찬 수월산의 동백나무 숲길, 남해안 최고의 절경에 속하는 백도 등 아름다운 관광지와 영국군 묘지, 조선시대 유학자로 유명하였던 귤은 김유를 기리는 거문사 그리고 같은 유학자 만해 김양록을 기리는 서산사가 있다.

인접한 손죽도에는 16세기 초 왜구의 침범을 막는 해전에서 전사한 이대원 장군을 추모해 지은 충렬사 등 역사 유적이 많다. 깊은 바닷속 고기떼가 훤히 보일 정도로 물이 맑으며, 특히 성어기에는 고기잡이 배들이 몰려 불야성을 이루어, 그 자체가 볼거리이다. 그 밖에 갯바위 낚시가 유명하여 여름철 해수욕과 함께 낚시를 즐기려는 피서객들도 많이 찾는다.

## 백도

백도의 기암절벽

백도(白島)는 거문도에서 동방 28㎞ 지점에 위치하며, 39개의 크고 작은 무인도로 이루어졌다. 깎아지른 듯이 솟아오른 바위 벽이 병풍처럼 둘러쳐져 있고, 험하게 솟은 바위벽은 길게 갈라져 규칙적인 층을 형성하고 있어, 오묘한 모습을 보여준다. 게다가 주변의 섬들도 갖가지 기묘한 모습을 하고 있어 섬 전체가 뛰어난 경치를 보여주고 있다. 섬 안에는 천연기념물 215호로 지정된 흑비둘기를 비롯해서 휘파람새, 팔색조 등 뭍에서는 보기 힘든 30여 종의 조류와 1백 20여 종의 희귀 동물, 또한 소엽풍란과 눈향나무, 원추리 등 40여 종의 야생식물과 들꽃이 서식하고 있을 뿐만 아니라 수중에는 붉은 산호층이 펼쳐져 있어 섬 전체가 가히 자연의 보고로 불릴 만큼 아름답다.

일설에 의하면 백도라는 이름은 일찍이 섬의 봉우리가 백(百)개에서 하나가 모자라 백(白)이라고 썼다는 설과 멀리서 바라보면 섬 전체가 흰빛을 띠고 있어 백도라 불렀다는 설이 있다. 백도 일원은 명승지 7호로 지정되어 있으며, 자연보호를 위해 상륙이 금지되어 있다.

### 유림 해수욕장

유림해수욕장은 거문리에서 삼호교를 건너 거문도 등대로 가는 길 초입에 있다. 고운 모래가 깔린데다 계단식 입구가 마련되어 있어 안전하게 해수욕을 즐길 수 있다. 부대시설로는 식수대와 샤워장, 화장실 시설이 완비되어 있어 야영장으로도 활용된다.

### 백도군도

거문도 여행에서 빼놓을 수 없는 게 바로 백도 관광이다. 상백도와 하백도를 포함해 60여 개의 무인군도로 이루어진 백도는 명승지 7호로 지정되었다. 자연보호를 위해 섬에 오르는 것이 금지되어 있는 백도는 유람선을 이용해 절경을 감상해야 한다.

백도의 기암절벽들은 그 특이한 생김새로 각각의 바위마다 고유한 이름이 붙어 있어, 그 형상과 이름을 함께 연상하면 더욱 즐겁다. 서방바위, 각시바위, 석불바위, 매바위, 병풍바위 등 시시각각 자신의 형상을 바꾸며 절묘한 생김새를 자랑한다.

### 이곡명사해수욕장

이곡명사해수욕장은 거문도 명소인 삼호8경 중의 하나이다. 서도리 후편 등대와 마주하는 이곡명사해수욕장의 해변은 자잘한 자갈이 깔려 색다른 정취를 자아낸다. 화장실과 샤워장 등 편의시설도 구비되어 있어 편리하다.

### 귤은 사당·만회 김양록 선생 사당

귤은 사당은 동도에, 만회 김양록 선생의 사당은 서도에 각각 보존되어 있다. 거문도를 침략한 러시아 함선에 올라 필담을 나눴던 2명의 학자인 이들은 거마도를 거문도(巨文島 : 글을 잘 아는 사람이 사는 섬)라고 불리게 한 장본인으로 유명하다.

### 6) 조도

조도는 푸른 물이 감도는 다도해에 점점으로 이어진 1백 54개(유인도 35개, 무인도 1백 19개)의 섬으로 이루어져 있다. 조도의 섬들은 어느 곳을 가나 호수처럼 잔잔하고, 섬마다 기묘한 모양의 바위들로 이루어져 자연적인 해상공원으로 알려져 있다. 1981년 다도해해상국립공원으로 지정되었다.

#### 다도해해상국립공원 현황

| 공원명 | 위치<br>(시도별 면적, km²) | 면적<br>(km²) | 지정<br>연월일 | 주요자원 |
|---|---|---|---|---|
| 다도해<br>해상<br>국립공원 | 진남<br>여천 389.96<br>고흥 155.47<br>완도 599.23<br>진도 456.38<br>신안 455.06 | 2,039.1 | 81.12.23 | • 기안 : 거북안, 흔들바위, 신선바위 백도바위, 남문바위 , 홍도양산벽 등<br>• 해수욕장 : 예송리, 명사십리, 관매도, 진리, 목동리 등<br>• 도서 : 홍도, 백도, 거문도, 조도, 완도, 자금도, 대서도, 만재도 등<br>• 굴 : 금오도통굴, 나노도관통굴 텅텅굴, 칠성굴, 석화굴 등 |

## (6) 지리산국립공원

지리산국립공원은 소백산맥의 남쪽에 위치하고 있으며, 북쪽으로 덕유산, 동쪽으로는 가야산과 연결된다. 남한에서는 한라산 다음으로 높은 천왕봉(天王峰 · 1천 9백 15m)을 정점으로, 수많은 능선과 계곡들이 교차되어 웅장한 산세를 이루는 지리산(智異山)은 총면적이 38.9㎢에 달하며, 경상남도와 전라남북도에 걸쳐 있다.

지리산 전경

예로부터 지리산은 삼신산(三神山)의 하나로 금강산(金剛山), 한라산(漢拏山)과 함께 신성시되어 왔고, 백두산 정기가 남해로 흘러내려오다 다시 솟았다하여 두류산으로도 불리어졌다. 태고의 신비를 그대로 간직한 지리산은 갖가지 전설과 수많은 문화유산을 품고 있는 한국을 대표하는 명산으로 1967년 12월 29일 국립공원 제1호로 지정되었다.

정상인 천왕봉(1천 9백 15m)을 비롯하여 제석봉(1천 8백 6m), 반야봉(1천 7백 32m), 노고단(1천 5백 7m) 등 10여 개의 고산준봉이 줄지어 있고 뱀사골계곡, 칠선계곡 등 6개의 계곡과 구룡폭포, 불일폭포, 용추폭포, 등선폭포 등 10여 개의 폭포 등 뛰어난 자연경관은 가히 해동제일의 명산으로 손색이 없으며, 화엄사, 쌍계사, 연곡사, 대원사, 실상사 등의 대사찰을 비롯한 수많은 암자와 문화재는 이곳이 한국 불교의 산실임을 증명하고 있다. 등산로는 화엄사, 피아골, 대성골, 백무동 능선 등으로 오르는 코스가 있다.

### 1) 화엄사

화엄사

화엄사(華嚴寺)는 구례군 마산면 황전리에 있으며, 지리산에서 규모가 가장 크고 장엄한 절로 신라 진흥왕 5년(544)에 연기조사가 처음으로 세운 절이다. 그 뒤 문무왕 10년(670)에 의상대사가 일곱칸의 석조건물(장육전)을 새로 세웠으나, 이조 선조 25년 임진왜란 때 전소되었고, 인조 8년(1630)에 벽암선사가 중건, 숙종 29년(1703)에 우리나라 목조건물로서는 가장 웅대한 각황전(覺皇願, 국보 67호)이 세워졌다. 이 밖에도 경내에는 국보 12호인 석등과 국보 35호인 4사자 3층석탑, 보물 132호인 5층석탑, 보물 299호인 대웅전, 보물 455호인 원통전 앞 사자탑 등이 있다.

### 2) 연곡사

연곡사는 피아골계곡 아래에 있으며, 신라 진흥왕 5년(544)에 연기조사가 세운 절이다. 이 절 역시 임진왜란 때 불탄 것을 이조 인조 때 태릉조사가 다시 세웠으나, 1910년에 전소되어 1965년에 대웅전만을 다시 세워 지금에 이르고 있다.

연곡사

연곡사에는 신라시대의 유물로 국보 53호인 동부도와 국보 54호인 북부도가 남아 있고, 보물 151호인 3층석탑, 보물 152호인 현각선사탑비, 보눌 153호인 동부도비, 보물 154호인 서부도 등이 있다.

### 3) 천은사

구례읍에서 약 9km쯤 되는 곳에 자리한 천은사(泉隱寺)는 거대한 지리산에 안온하게 들어앉은 조용한 절이다. 천은사는 신라 흥덕왕 3년(828)에 덕운조사가 처음으로 세우고 감로사라고 불렀으나, 조선왕조 숙종 4년부터 천은사라고 고쳐 부르게 되었다. 주위의 경치가 아름답고, 특히 입구의 2층 교각과 계곡 바위 틈새에서 피어나는 수선화가 볼 만하다.

### 4) 쌍계사

쌍계사(雙磎寺)는 화동면에서 동북쪽 약 5km쯤 되는 곳에 있으며, 신라 문무왕 2년(840)에 진감선사(眞鑑禪師)가 처음 세운 절이다.

처음에는 이 절을 옥천사(玉泉寺)라 했다가 886년에 정강왕(定康王)이 쌍계사로 고쳤다. 임진왜란 때 불탄 것을 인조 10년(1632)에 벽암대사가(碧巖大師)가 중건하여 오늘에 이르고 있다. 절 입구에는 국보 47호인 진감선사대공탑비가 있고, 최치원 선생의 친필로 된 쌍계석문의 각석, 적묵당 등이 보존되어 있다.

### 5) 실상사

실상사(實相寺)는 남원군 산내면 입석리에 있는 절로, 신라 흥덕왕 3년(828)에 증각대사(證覺大師)가 세웠다. 처음 세워졌을 때는 30동이 넘는 큰 절이었으나, 조선 세조 때 모두 불타 버리고, 숙종 때 다시 세웠으나 고종 때 또 불이 나서 대부분의 건물이 없어졌다.

그러나 인월 사거리와 실상사 중간에 있는 암자인 백장암에는 국보 10호인 3층석탑을 비롯하여 보물 2점이 있고, 실상사 경내에는 보물 33호인 수철화상능가보월탑, 보물 34호인 수철화상능가보월탑비, 보물 35호인 석등, 보물 36호인 부도, 보물 37호인 3층석탑 등 지리산에서는 가장 많은 국보와 보물을 보존하고 있다. 그밖에 절 앞의 돌장승을 비롯한 민속자료들이 부근에 흩어져 있다.

### 6) 피아골계곡

연곡사에서 4km쯤 산길을 오르면 천고의 울창한 원시림 골짜기가 시작된다. 반야봉, 임걸령, 불무장에까지 이어지는데, 이 골짜기가 피아골인데, 지리산 계곡 중에서 가장 아름다운 계곡의 하나로 꼽힌다.

피아골계곡

이 계곡은 맑고 풍부한 물과 함께, 봄이면 진달래, 여름에는 녹음, 가을에는 단풍, 겨울에는 아름다운 설경을 이루고 있어 사시사철 아름다운 자태를 뽐내고 있다. 특히 10월 하순의 단풍은 온 산을 불태우듯 붉게 물들인다.

계곡입구부터 삼홍소까지가 특히 아름다운데, 가을이면 삼홍소란 이름에 걸맞게 온 골짜기를 붉게 물들인 단풍, 붉은 빛에 젖은 계곡물과 삼홍소 주변의 바위까지 붉어 장관을 이룬다.

### 7) 뱀사골계곡

뱀사골계곡

지리산의 명소는 무엇보다 뱀사골이다. 뱀사골은 수많은 골짜기가 기암절벽을 이루고 있는 곳이다. 뱀사골에 가려면 88고속도로를 타고 지리산 휴게소에서 산내면 소재지를 거쳐도 되지만, 남원쪽에서 가려면 정령치로 가는 것이 좋다. 가파른 길을 올라가면서 구룡폭포를 둘러볼 수 있다.

정령치 휴게소에 오르면 북으로는 남원시와 노령산맥이 치닫고 있는 산하가 일망지하에 들어오고, 남으로는 노고단, 반야봉 등 지리산의 주능선이 한눈에 들어온다 봄에는 진달래와 철쭉, 가을에는 단풍, 겨울에는 설경으로 사계절 모두가 빼어난 절경을 지니고 있다. 특히 여름에는 맑고 시원한 물과 숲을 찾아온 수많은 피서객들로 인산인해를 이룬다.

### 8) 불일폭포

불일폭포는 지리산의 쌍계사에서 동북 방향으로 약 2㎞ 정도 떨어진 곳에 있는 폭포로 높이 약 62m에 이른다. 남도지방에서는 가장 규모가 크고 멋진 폭포로서, 여름철에는 풍부한 물줄기를 떨구어 내는 모습이 장관을 이룬다. 불일폭포는 지리산8경의 하나이다.

### 지리산국립공원 현황

| 공원명 | 위치 (시도별 면적, km²) | 면적 (km²) | 공원보호 구역(km²) | 지정 연월일 | 주요자원 |
|---|---|---|---|---|---|
| 지리산 국립공원 | 전북<br>남원 107.84<br>전남<br>구례 87.92<br>경남<br>산청 95.15<br>하동 84.3<br>함양 65.23 | 440.45 | 9.51 | 67.12.29 | • 산악 : 천왕봉, 토끼봉, 반야봉 노고단, 문만복대, 벽소령, 인하 봉, 왕시로봉, 재석단 등<br>• 기암 : 문장대, 칼바위, 망바위, 용수바위 등<br>• 계곡 : 피아골(직전)계곡, 한신계곡, 뱀사골계곡, 심원계곡, 칠선계곡, 대성계곡, 백무동 등<br>• 폭포 : 불일폭포, 구룡폭포, 칠선폭포, 치밭목폭포, 삼홍소, 용추폭포 등<br>• 사찰 : 화음사, 각황전(국보67호), 4사자삼층석탑(국보35호), 각황전 앞 석등(국보12호), 천은사, 실상사, 연곡사동부도(국보53호), 북부도(국보 54호), 쌍계사, 대원사, 칠불암호자형 온돌방 등<br>• 천연기념물 : 화엄사의 올벚나무(38호) |

## 2 도립공원

### (1) 대둔산도립공원

전라북도 금산군 진산면과 논산군 별곡면, 전라북도 완주군 운주면에 걸쳐 있는 대둔산(大芚山)은 정상인 마천대를 비롯해 사방으로 뻗은 능선들이 기암괴석과 수목으로 얽혀 있어 산세가 수려하다.

또한 심산유곡에는 태고사, 안심사, 신고운사 등의 사찰이 있으며, 충청남도 대둔산도립공원, 전라북도 대둔산도립공원으로 나뉘어 지정되어 있다. 대둔산의 상징이면서 매력적인 출렁다리를 건너면 약수정이 있고, 약수정에서 왕관바위로 가는 곳에 다시 삼선구름다리가 있다.

대둔산 삼선구름다리

### 대둔산도립공원 현황

| 공원명 | 위치 (시도별 면적, km²) | 면적 (km²) | 지정 연월일 | 주요자원 |
|---|---|---|---|---|
| 대둔산 도립공원 | 전북 완주 38.1 | 38.1 | 77.3.23 77.3.12 | 대둔산, 천등산, 옥계동, 용문골, 마천대, 삼선약수터 등 |

## (2) 두륜산도립공원

두륜산

우리나라 육지의 최남단에 솟아 있는 두륜산(頭輪山)은 해발 7백 3m로 소백산맥의 남단인 전라남도 해남군 · 삼산면 · 현산면 · 북평면에 걸쳐 위치해 있다. 특히 멀리 완도와 진도를 바라다 볼 수 있으며. 일명 이 산을 **대둔산** 또는 **대흥산**이라고도 한다. 또한 장춘동 골짜기의 동백꽃은 아름답기로 유명하며, 동백나무 군락 외에도 천연기념물로 지정된 왕벚나무가 있다.

### 대흥사

대흥사(大興寺)는 신라 진흥왕 때 창건한 우리나라의 대표적인 사찰이다. 대흥사는 대가람으로도 유명하지만, 13명의 대종사와 대강사를 배출한 유서 깊은 절로 이름나 있다.

일설에 의하면 서산대사가 묘향산 보현사에서 입적할 때 대흥사는 삼재(三災)가 미치지 않는 곳이니 나의 가사와 유물들을 대흥사에 보관토록 하라고 유언함으로써 이곳에는 그의 유품이 많이 남아 있다.

경내에는 대웅보전, 나한전, 천불전, 전서각, 표충사, 서원, 서산대사 기념관이 있고, 그 밖에 탑산사 동종 등의 보물이 있다.

#### 대둔산도립공원 현황

| 공원명 | 위치 (시도별 면적, km²) | 면적 (km²) | 지정 연월일 | 주요자원 |
|---|---|---|---|---|
| 두륜산 도립공원 | 전남 해남 34.64 | 34.39 | 79.12.26<br>79.12.13 | 대홍사, 탑산사동종, 천불전, 지불암, 청신암, 양도암, 성우암, 두륜산, 대둔산 등 |

## (3) 마이산도립공원

전라북도 진안군 진안읍과 마령면의 경계에 위치한 마이산(馬耳山)은 이름 그대로 말의 귀 형상을 하고 있는 두 개의 바위 봉우리로 이루어진 산이다. 마이산의 동쪽 봉우리를 숫마이봉(6백 73m), 서쪽 봉우리를 암마이봉(6백 67m)이라고 부른다.

마이산 전경

2개의 암산으로 이루어져 있는 마이산은 사시사철 경치가 빼어나기로 유명하다. 그리고 산중에는 마이탑사, 은수사, 금당사 등의 고찰을 비롯해서 80여 개의 크고 작은 탑들이 있어 색다른 볼거리를 제공한다.

### 1) 마이탑사

마이산 남쪽 절벽 아래에 위치한 마이탑사(馬耳塔舍)는 마이산 산신령을 비롯, 여러신을 모신 탑이라고 전한다. 지금으로부터 약 1백여 년 전에 이갑룡(李甲龍)이 근 10년에 걸쳐 축조한 것인데, 탑수는 모두 80여 개에 이른다. 이 탑의 돌은 전국 명산의 돌을 몇 개씩 날라다 이곳의 돌과 함께 쌓은 것이라고 한다.

마이탑사

## (4) 모악산도립공원

모악산(母岳山)은 전라북도 김제군 금산면과 완주군 구이면 경계에 위치해 있다. 이 산에는 25교구 본사의 하나인 금산사가 있으며, 모악산 서쪽 사면에는 금산사의 말사인 심원사, 청련암, 학선암이 있고, 동쪽 사면에는 대원사, 귀신사 등이 있다.

모악산은 비탄에 빠진 농민들의 또 다른 구원의 대상이기도 했다. 너른들에 유일하게 솟아 있어 예로부터 외경의 대상이었던 이 산은 엄뫼, 큼뫼에서 유래된 어머니산이라는 뜻이다. 그런 연유로 모악산은 계룡산 다음가는 종교의 접합소가 되었고, 지금도 불교, 천주교, 증산교, 원불교를 비롯한 10여 개의 종교 단체가 산자락에 둥지를 틀고 있다.

### 1) 금산사

금산사

금산사(金山寺)는 백제 법왕 원년(599)에 임금의 복을 비는 작은 사찰로 산문을 열었고, 그 후 신라 혜공왕 때 진표율사에 의해 중창되어 대가람으로 거듭 태어났다.

경내에는 국보로 지정된 미륵전을 비롯해 노주석, 석련대, 오층석탑, 혜덕왕사 진흥탑비, 당간지주, 석종형부도, 육각다층형석탑, 석등 등 대부분 보물로 지정될 정도로 이름난 것이 많다.

### 2) 귀신사

귀신사는 왠지 으스스한 느낌이 드는 이름이지만, 막상 가보면 더없이 포근하고 아담한 절이다. 귀신사에는 다른 절에서는 찾아볼 수 없는 특별한 것이 있다. 서쪽을 향해 엎드린 사자상 위에 2단으로 된 거대한 남근석이 올려져 있는 것을 볼 수 있다. 풍수지리상 이곳의 지형이 구순혈(狗脣穴)이므로 터의 기운을 누르기 위해 세웠다고 전해진다.

#### 모악산도립공원 현황

| 공원명 | 위치<br>(시도별 면적, km²) | 면적<br>(km²) | 지정<br>연월일 | 주요자원 |
|---|---|---|---|---|
| 모악산<br>도립공원 | 전북<br>김제 28.22<br>완주 14<br>전주 3.13 | 42.22 | 71.12.2<br>71.11.1 | 모악산, 금산사, 대원사, 귀신사, 수왕사, 심원암, 학선암, 청연암 등 |

## (5) 무등산도립공원

무등산

무등산(無等山)은 전라남도 화순군 과 담양군, 광주시의 경계에 위치해 있다. 산중에는 장군봉, 금당산 등의 기암괴석을 비롯해서 증심사, 원효사, 약사암 등의 고찰과 고승들의 유적이 많이 남아 있다. 그리고 산기슭에는 7백여 종의 고산대 식물이 분포하고 있는데, 특히 무등산 수박과 작설차는 예로부터 널리 알려져 있는 특산물이다.

### 증심사 · 원효사

무등산에서 가장 큰 사찰인 증심사(證心寺)는 신라 고승 철감국사가 창건했다. 경내에는 철조비로나사불좌상, 오백전, 3층석탑, 5층석탑, 오백나한, 석조보살입상 등이 있어 신라와 조선시대의 건축양식을 보여준다. 그리고 원효사(元曉寺)는 신라 때 원효대사가 개창한 고찰이다.

### 무등산도립공원 현황

| 공원명 | 위치<br>(시도별 면적, $km^2$) | 면적<br>($km^2$) | 지정<br>연월일 | 주요자원 |
|---|---|---|---|---|
| 무등산<br>도립공원 | 광주(27.03)<br>전남<br>담양 0.8<br>화순 2.4 | 30.23 | 72.5.22<br>72.5.10 | 천황봉, 서인봉, 입석대, 의상봉, 지공터널, 원효사, 증심사, 용추계곡 등 |

### (6) 선운산도립공원

호남의 금강산이라 불리는 선운산(禪雲山)은 전라북도 고창군 아산면에 위치해 있으며, 품고 있는 문화유적과 수려한 산세로 어느 곳에 내놓아도 전혀 손색이 없다.

선운산

선운산은 해발 3~4백m로 크게 높지는 않지만, 봉우리 하나하나가 범상치 않다. 신선이 학을 타고 내려왔다는 선학암, 봉황 머리 모양의 봉수암, 절을 굽어보는 독수리 모양의 수리봉, 칠산바다로 떨어지는 일몰이 장관인 낙조대, 진흥왕이 수도했다는 진흥굴, 검단선사에 쫓긴 이무기가 당황하여 바위를 뚫고 도망갔다는 용문굴 등이 빼어난 자태를 뽐내고 있다.

#### 1) 선운사

선운사(禪雲寺)는 삼국시대 신라 진흥왕이 세웠다는 설과 백제 위덕왕 24년(577)에 검단선사가 창건했다는 설이 각각 전한다. 사찰의 대웅전 내에는 금동보살좌상과 지장보살좌상이 있다.

#### 2) 선운사 동백숲

선운사가 세인들의 사랑을 받는 이유는 절의 풍모 때문이기도 하지만, 그것은 절 뒤편에 5백년 묵은 동백나무 3천 그루가 숲을 이루고 있기 때문이다.

**선운산도립공원 현황**

| 공원명 | 위치<br>(시도별 면적, km²) | 면적<br>(km²) | 지정<br>연월일 | 주요자원 |
|---|---|---|---|---|
| 선운산<br>도립공원 | 전북<br>고창 437 | 43.7 | 79.12.17<br>79.12.13 | 행호선사, 선운사, 동백숲 등 |

## (7) 조계산도립공원

전라남도 승주군 소백산맥 끝자락에 위치한 조계산(曹溪山)은 해발 8백 87m의 비교적 낮은 산으로 산세가 부드럽고 아늑하며 동쪽에 선암사, 서쪽에 송광사를 거느리고 있다. 만수봉이 송광사 일대를 병풍처럼 둘러싸고 있고, 선암사 둘레에는 월출봉, 장군봉 등이 줄지어 솟아 있다. 또한 조계산은 울창한 숲, 폭포, 약수 등 자연경관의 아름다움을 간직하고 있는 명산이다.

### 1) 송광사

국내사찰 중 규모가 가장 큰 송광사(松廣寺)는 16국사를 배출한 곳으로 유명하며 통도사, 해인사와 더불어 우리나라 3대 사찰의 하나루 손꼽힌다.

송광사 전경

신라 말 혜린대사가 작은 암자를 짓고 길상사라 한 데서 송광사의 역사가 시작되었고, 3년 후 보조국사가 이곳에 와서 도와 선을 닦으며 대찰을 키우게 되었나.

현재 송광사의 불사는 대략 30여 동에 이른다. 경내에는 국보 3점을 비롯해 많은 문화재를 간직하고 있고, 송광사의 상징적 건물이라 할 수 있는 국사전(국보 56호)에는 이곳에서 배출된 16국사의 영정이 모셔져 있다. 그밖에 중요한 건물로는 하사당(보물 263호), 약사전(보물 302호), 영산전 (보물 303호), 응진전, 관음전, 대웅전 등이 있다.

### 2) 국사전

국보 제 56호인 국사전은 전면 4칸에 단층 맞배기와 지붕을 얹은 조선시대 건물 중 하나이다. 이 건물은 보조, 진각, 청진 등 세 국사의 화상을 안치하기 위해 고려 공민왕 8년(1359년)에 세워졌다. 그 후 조선 인조 2년(1624년)에 보수를 했고, 1914년에 다시 중수했다. 단청은 비교적 잘 보존되어 있는 편이며, 내부 천정에는 금색의 완연한 연판무늬가 남아 있다.

### 3) 선암사

송광사의 맞은편 산자락에 위치한 선암사는 영화 아제아제바라아제의 촬 영장소로 널리 알려진 곳이다. 이 사찰은 백제 성왕 7년(529)에 아도화상이 창건한 것인데, 서쪽에 선인이 바둑을 두었던 큰 돌이 있어 선암사라는 이름을 얻게 되었다. 그후 고려 선조 6년(1088)에 대각국사 의천에 의해 대대적인 확장이 이루어 졌으나, 정유재란 등 전란에 휩싸여 여러 차례 공사를 거듭했다

현재 이곳에는 대웅전 3층석탑(보물 395호), 승선교(보물 400호), 금동향로 등 보물 7점과 지방문화재 12점, 그리고 40여 동의 건물이 남아 있다.

#### 조계산도립공원 현황

| 공원명 | 위치<br>(시도별 면적, km²) | 면적<br>(km²) | 지정<br>연월일 | 주요자원 |
|---|---|---|---|---|
| 조계산<br>도립공원 | 전남<br>승주 27.38 | 27.38 | 79.12.26<br>79.12.13 | 송광사, 목조삼존불상(국보 42호), 고려고종제서(국보43호), 국사전(국보 6호), 천자암, 선암사, 송광사, 이팝나무(천연기념물 44호), 쌍향수(천연기 념물 88호), 감로암, 광원암 등 |

## 3 명산 · 사찰

### (1) 강천산

전북 순창과 전남 담양군의 경계에 위치한 강천산은 비록 낮은 산이지만, 수려한 계곡과 맑은 물 그리고 기암절벽이 병풍을 치듯 늘어서 있어 호남의 소금강이라는 찬사를 받고 있다.

단풍나무가 유난히 많은 강천산은 매년 11월 초순경에 절정을 이룬다. 특히 강천산만의 자랑인 아기단풍이 곱게 물들을 때는 더욱 장관이다. 등산로 초입부터 병풍바위를 비롯해서 용바위, 비룡폭포, 금강문 등 명소들이 즐비하고, 금성산성도 옛모습 그대로 보여주고 있어 오밀조밀한 산세에 감탄하게 된다.

강천산은 최근에 벚꽃으로 주목받기 시작했다. 대개 4월초에 피기 시작해 10일경에 만개한다. 이곳의 산벚꽃은 꽃이 잘고 빛깔이 흰 것이 특징이다. 벚나무는 강천산 입구 상천호 주변을 에워싸고 있으며, 등산로 어디에서든 볼 수 있다. 강천계곡 6km 구간을 지나 정상에 이르면 전망대가 있다. 이곳에서 산 아래의 흰빛 벚꽃물결을 감상할 수 있다.

#### 강천사

강천산에는 신라 진성여왕 때 도선국사가 창건한 고찰 강천사가 있다. 강천사는 신라시대 도선국사가 창건한 고찰로 한 때는 1천여 명의 승려가 있던 큰 절이었다고 한다. 절 뒤로 치솟은 암벽과 강천산 암봉이 어울려 한폭의 그림을 연상케 한다.

### (2) 백암산

백암산은 내장산국립공원에 속한다. 백암산의 절경은 결코 내장산에 뒤지지 않을 정도로 아름답다. 백학봉 · 상왕봉 · 사자봉 등의 기암괴석이 곳곳에 있어 산세가 험준한 편이다. 백암산(7백 41m)의 가을 단풍 역시 절경을 자아낸다. 특히 이곳은 백양사 등 수많은 관광명소와 바위가 희다는 데서 유래한 백학봉의 신비까지 간직하고 있어 소설 속의 산을 찾는 기분이 든다.

### (3) 불감산

불감산은 백제 때의 고찰인 불갑사를 품고 있는 산으로 그다지 높거나 크지는 않다. 그러나 울창한 숲으로 이루어진 산세가 포근한 느낌을 주고 단풍과 낙엽이 어우러진 늦가을 정취가 그윽하다. 전국의 유명한 단풍 관광지와는 달리, 발길이 비교적 뜸해 인파에 시달릴 걱정없이 화려한 단풍을 조용히 감상할 수 있다.

불갑사 옆 계곡을 따라 핀 오색영롱한 단풍과 불갑사 마당의 노란 은행나무가 늦가을 정취를 나아낸다. 단풍 절정기는 대략 11월 초순부터 중순 무렵이다. 남도의 봄은 빠르고도 아름답다. 붉은 동백꽃이 송이채 뚝뚝 떨어지는 동백 골, 온통 길을 뒤덮은 맥문동, 암자터의 굵은 왕대숲, 멋대로 자란 비자나무, 해불암에서 바라보는 서해의 낙조가 장관이다. 일출을 보려거든 경주의 토함산을, 낙조를 보려거든 **영광의 불감산**이라 할 만큼 낙조가 볼만하다.

불갑사 경내에는 보물 830호인 대웅전과 고려 공민왕 8년(1359년)에 이달충이 세운 진각국사비를 비롯하여 팔상전, 보광전, 명부전, 칠성각, 만세루 천왕문, 일광당, 산신각, 관사정 등이 있다.

### (4) 운정산

진안고원에 위치한 운정산은 상봉, 동봉, 서봉의 3개의 봉우리가 거의 비슷한 높이로 이루어져 있다. 운정산에서 발원한 계류가 대불리를 지나 운일암, 반일암계곡을 거쳐 나가며 주자천을 이룬다. 특히 운일암, 반일암계곡은 열 두굴, 삼형제바위, 대불 바위, 보살암, 비석바위, 용소 등의 기암괴석이 즐비해 경관이 수려하고 여름철 피서지로서 각광받는 곳이다.

학선동 동쪽 늘막골계곡의 능선에는 기암괴석이 많다. 중산에서 내처사동 갈림길을 지나 능선으로 오르는 길에는 산죽이 많고 경사가 급하다. 활목재는 억새풀로 메워져 있고, 서봉쪽 암벽 밑에는 석간수가 있다. 서봉은 일명 독재봉이라고도 하며 큰 암봉으로 되어 있고, 서봉에서 상여바위를 지나면 운정산 정상이다. 산행기점은 일반적으로 피암목재에서 오르는 코스를 많이 이용한다.

## (5) 유달산

목포8경중에서도 제1경인 유달산은 목포시와 다도해를 한눈에 굽어볼 수 있는 높이 2백 28m의 목포 뒷산이다. 기암절벽이 첩첩하여 호남의 개골이라고도 하며 노적봉을 비롯하여 해발 2백 28m의 일등바위와 이등바위로 나뉘어져 있다.

유달산

정상에 올라서면 다도해의 경관이 시원스럽게 펼쳐지고 오고 가는 크고 작은 선박들의 모습들을 볼 수 있다. 그리고 이곳에는 대학루, 달성각, 유선각 등 5개의 정자가 있으며, 산 아래에는 4 · 19 기념탑, 충혼탑, 가수 이난영이 부른 목포의 눈물 기념비 등과 조각품 1백여 점이 전시된 조각공원과 난공원이 있다.

## (6) 적상산

적상산은 사면이 절벽으로 둘러싸여 가을 단풍이 붉게 물들면 여인네의 치마와 같다 하여 적상이라는 이름이 붙어졌다. 게다가 가을뿐만 아니라 철따라 독특한 개성미를 가득 뿌린다. 적상산에는 장도바위, 장군바위 등의 자연 명소와 함께 최영 장군이 건의하여 축조했다는 적상산성(사적 제146호)이 있다.

현재의 성은 조선 인조 6년(1628년)에 다시 쌓은 것으로서 둘레가 8.143㎞에 이른다. 적상산성 안에는 고찰 안국사 등 유서 깊은 문화유적이 운치를 더해준다.

적상산은 적상면 중앙에 솟은 향로봉과 기봉 두 봉우리를 주봉으로 한다. 북쪽 향로봉과 남쪽 기봉이 마주하고 있는 정상일대는 원시림을 방불케 할 정도로 나무가 울창하다. 등산로는 서창리 지소쪽이나, 조금 아래쪽으로 내려가서 안국사로 오르는 적상교가 일반적이나 안국사로 오르는 길은 돌비탈을 지나야 하고, 길도 애매해서 지소쪽에서 산행을 시작하는 것이 좋다.

### (7) 영취산

영변 약산이 북녘의 **진달래 고향**이라면 전남 여수의 영취산(5백 10m)은 남녘의 **진달래 정원**이다. 영취산은 화왕산(경남 창녕군 · 7백 56m), 무악산(경남 마산시 · 7백 76m)과 함께 한국의 3대 진달래 명산으로 수만평 산기슭에 진달래가 군락을 이루고 있다.

정상에서 바라보는 광양만의 장도, 송도, 대륙도 등 자그마한 섬들은 남도의 봄녘을, 그리는 소품으로 눈을 돌리면 금산(경남 남해군 상주면 · 7백 1m), 팔영산(전남 고흥군 점암면 · 6백 9m) 등 남도를 대표하는 아름다운 산들이 보인다.

영취산에서 진달래가 크게 군락을 이루고 있는 곳은 봉우재에서 영취봉으로 이어지는 남쪽 비탈과 영취산 정상(진례봉)에서 북동쪽으로 뻗은 산줄기가 대표적이다. 오르는 길은 봉우재를 기점으로 흥국사, 사격장, 임도, 상암동 등 여러 곳이 있지만, 대부분 흥국사나 임도에서 시작한다.

정상으로 이어지는 등산로에는 억새가 지천으로 피어있다. 오른편으로 여천공단과 광양 제철소가 한눈에 들어오고, 왼편 산자락에 활짝 핀 진달래의 물결은 산과 바다 그리고 등산객의 마음까지 붉게 물들인다. 산행시간은 넉넉잡고 4시간이면 족해 가족산행지로 적격이다.

### (8) 태안사

죽곡면 원달리에 있는 태안사는 1200년의 역사를 자랑하는 고찰이다. 이곳에는 신라말 구산선문의 하나인 동리산파의 중심사찰로 화려한 다포계로 지어진 일주문과 광자대사 부도(보물 274호), 부도비(보물 275호)를 비롯하여 석종형 부도 3기와 8각원형당 부도 271가 있는 부도밭, 적인대사 혜철의 부도(보물 273호)와 부도비 등 많은 문화재가 있다.

## 4 폭포 · 계곡

### (1) 위봉폭포

위봉 산성의 동문쪽에 있는 위봉폭포는 높이가 60m이며, 2단으로 쏟아지는 물줄기는 예로부터 안산8경에 드는 절경으로 유명하다. 폭포 주변의 기암괴석과 울창한 숲이 빼어난 경관을 이루며, 가까운 곳에는 임진왜란 당시 왜군을 맞아 치열한 전투를 벌인 것을 기념하는 웅치전적지(전라북도 기념물 25호)와 종남산 기슭의 송광사, 그리고 하류에는 동상저수지, 대아저수지, 화순온천이 있다.

### (2) 직소폭포

직소폭포는 변산반도 국립공원에 속하는 옥녀봉, 선인봉, 쌍선봉 등의 봉우리에 둘러싸여 흐르는 2km의 봉래구곡 내에 있다. 높이 22.5m의 직소폭포가 암벽단애 사이로 떨어져내려 깊이를 헤아리기 힘든 둥근 소를 이룬다. 이 폭포는 변산8경의 제1경으로 변산 최고의 절경으로 이름나 있다.

### (3) 무주구천동

무주구천동은 덕유산국립공원(1천 6백 14m) 북쪽 70리에 걸쳐 흐르는 계곡으로 입구인 나제통문을 비롯하여 은구암, 와룡담, 학소대, 수심대, 구천폭포, 연화폭포 등 구천동 33경의 명소들이 계곡을 따라 위치해 있다. 여름철의 무성한 수풀과 맑은 물은 삼복더위를 잊게 해주며, 온 산을 붉게 물들이는 가을철의 단풍과 겨울철 설경 등 사시사철 아름다운 경치를 볼 수 있다.

### (4) 백운동계곡

전북 진안군 백운면에 위치한 백운동계곡은 덕태산, 선각산 줄기 골짜기로부터 5km에 걸쳐 동쪽으로 흐르는 백암온천계곡을 말한다. 이 계곡은 1개의 폭포와 2개의 사방댐, 수십 개의 크고 작은 못이 있고, 좌우에 울창한 참나무, 단풍나무, 잣나무가 숲 속에 자리하고 있어 오염되지 않은 맑은 계곡과 함께 여름철 피서지로 각광을 받고 있다.

### (5) 칠연계곡

전북 무주군 안성면에 위치한 칠연계곡은 무주구천동에 비해 널리 알려지지는 않았지만, 기암괴석과 크고 작은 폭포, 소(沼)와 담(潭)이 어우러져 아름다운 절경을 이루고 있다. 이 계곡의 명소는 칠연폭포로 7개의 폭포와 못이 연이어 있다고 해서 붙여진 이름이다. 이 폭포는 위에서 아래로 소와 소 사이로 맑은 물이 완만한 폭포를 이루면서 흘러내린다.

## 5 해수욕장 · 섬

### (1) 가가미해수욕장

가가미해수욕장은 전라남도 영광군 홍농읍 계마리에 위치해 있다. 영광에서 서쪽으로 24km 지점에 금정산을 배경으로 길이 1km, 폭 2백m의 백사장이 반달 모양으로 둥그렇게 자리 잡고 있고, 2백여 그루의 울창한 소나무 숲이 길게 펼쳐져있어 아늑한 분위기를 자아낸다. 게다가 수심이 낮고 물이 깨끗해 호남의 3대 해수욕장의 하나로 꼽힌다.

### (2) 구사포해수욕장

고창군 상하면에서 서쪽으로 6km쯤 가면 깨끗한 모래사장이 십리에 걸쳐 펼쳐진 구사포해수욕장이 나온다. 모래사장 남쪽 기슭에는 비둘기 굴이라고 부르는 천연동굴이 있는데, 정유재란 때 인근 주민 수십명과 비둘기 떼가 피난한 곳이라고 한다.

### (3) 나로도해수욕장

전라남도 고흥군 봉래면 신금리에 위치한 나로도해수욕장은 폭 1백m로 고운 모래가 깔린 백사장이 약 1km 뻗어 있고, 수령 약 3백년 된 소나무 3백 여 그루가 절경을 이루고 있다. 특히 이곳은 어업전진기지라서 해산물을 싸게 구입할 수 있고, 바다 낚시터로도 좋다. 최근에는 육지와 내나로도를 연결하는 연육교와 외나로도를 연결 하는 연도교가 준공되어 교통이 편리해 졌다.

### (4) 중리해수욕장

중리해수욕장은 일명 **보길도해수욕장**이라고도 하며, 백사장 길이 1km, 폭 1백 30m에 이른다. 얼마 전까지만 해도 잘 알려지지 않은 해수욕장이었으나,

경사가 완만하고 울창한 숲이 있어 피서객들에게 각광을 받고 있다. 주변에는 고산 윤선도의 유적지가 있다.

### (5) 돌산도

돌산도는 우리나라에서 7번째로 큰 섬으로 1984년 12월 15일 여수와 돌산도를 이어주는 돌산대교가 개통 되었다. 길이 4백 50m, 폭 17m의 사장교인 돌산대교는 주변의 아름다운 해상 풍경과 멋진 조화를 이뤄, 그 자체가 관광거리가 되었다.

돌산도에는 돌산공원, 무술목전적지, 방죽포해수욕장, 향일암 그리고 은적암 등 명승지와 유적지가 있으며, 섬 전체를 둘러볼 수 있는 도로가 잘 포장되어 있고, 특히 근래에는 관광 식당과 민박이 생겨 많은 여행자들이 찾고 있다.

돌산대교 아래쪽에는 임진왜란 당시 이순신 장군이 지휘했던 거북선이 실물 모형으로 건조돼 웅장한 자태를 뽐내고 있으며, 인근에서 잡아 올린 갖가지 횟감을 즐길 수 있는 식당이 해안을 따라 즐비하게 자리하고 있다.

돌산공원(일명대교공원)에서 내려다보는 여수시 전경도 빼놓을 수 없는 구경거리이다. 또한 섬 전체에 산비둘기와 꿩이 많아 평화롭고 한가로운 모습을 감상할 수 있다.

#### 1) 향일암

금오산 중턱의 깎아지른 듯한 절벽 위에 자리잡고 있는 향일암은 남해 최고의 해맞이 장소로 유명하다. 다도해에서는 보기 드물게 아무것도 없는 망망한 바다에서 솟아오르는 해를 맞을 수 있기 때문이다.

향일암 부근의 독특한 지형도 눈여겨볼 만하다. 등대 앞쪽으로 불쑥 튀어나간 부분이 거북의 머리, 입구의 주차장은 왼쪽 앞발이 되고, 향일암 쪽은 거북의 등부분에 해당된다. 마치 거대한 거북이 암자를 지고 바다로 뛰어드는 듯한 형상이다. 향일암 위쪽의 바위들은 거북의 등 무늬처럼 갈라져 있어 신비감을 더해준다.

매년 1월 1일이면 향일암의 장엄한 해맞이를 구경하기 위해 각지에서 몰려온 사람들로 혼잡을 이루는 곳이었으나, 2009년 12월 20일 원인을 알 수 없는 화재로 인해 황금단청이 아름다운 원통보전을 비롯하여 모두 전소되었다.

### 2) 무슬목의 자갈해변

검은빛 자갈이 해면 전체를 뒤덮고 있는 무슬목의 자갈해변은 방죽포의 모래사장보다 깨끗하고 시원한 느낌이 드는 곳이다. 자갈밭 뒤쪽으로는 소나무가 드문드문 그늘을 드리우고 있다. 지금은 방조제 때문에 육지가 넓어졌지만, 원래는 두 개의 섬으로 보일 정도로 가느다랗게 연결되어 있어 목이라 하였다. 충무공이 왜구를 유인해 격퇴한 것도 이러한 지형적 특색을 잘 이용했기 때문이다.

만조 때는 갯바위낚시로 감성돔과 놀래미를 낚아올릴 수 있고, 물이 빠져나간 뒤엔 홍합과 고동을 따는 재미도 맛볼 수 있다.

### 3) 작금

돌산도에서 바다낚시나 갯바위낚시를 즐기려면 작금으로 가야한다. 작금은 돌산도의 크고 작은 고깃배들이 모여드는 자그마한 어항이다. 아담한 자갈해변과 점점이 떠 있는 낚시배들이 정겨운 어촌풍경을 자아내는 곳이다. 그늘이 없고 해안선이 짧지만 여름이면 해수욕을 즐기는 사람들도 간간이 보이고, 자맥질을 할 줄 안다면 싱싱한 톳을 건져 올릴 수도 있다. 붉게 물든 바다와 하늘 위에 고깃배, 구름, 작은 섬들이 어우러지는 황혼이 아름답다.

### 4) 방죽포해수욕장

방죽포해수욕장

방죽포해수욕장은 돌산도에서 유일하게 고운 모래가 깔린 해수욕장이다. 수질이 깨끗하고 바닷바람에 염분이 많이 섞이지 않아 끈적거리지 않는다. 그러나 해안선의 길이가 짧고, 백사장이 그다지 깨끗하지 않다는 것이 단점이다. 다만 백사장 뒤쪽의 5백년 된 아름드리 소나무가 방죽포의 명성을 지키고 있다. 해수욕장 끄트머리에 있는 갯바위에서 낚시를 하거나 소라와 고동을 따는 재미를 즐길 수 있다.

### 5) 은적암

암자 입구를 지키고 있는 노송 하나만으로도 매력적인 은적암은 작은 암자로 구례 화엄사의 부속 도량이다. 마당에는 접시꽃이 소담스럽게 피어 있고, 툇마루에 앉으면 주변의 울창한 수림과 절벽이 손에 잡힐 것처럼 다가선다. 이 암자는 고려시대 보조국사가 창건한 것으로 전해지며, 전라남도 문화재자료 39호로 지정되었다.

### 6) 대미산월암산성

사람이 없는 한적한 등산로를 30분 남짓 오르면 여수 일대의 섬과 바다가 한눈에 들어오는 대미산 정산에 닿을 수 있다. 산의 능선을 곧장 타고 오르기 때문에 그늘이 없다는 점이 아쉽다.

힘들여 산을 오르면 월암산성 바로 밑에 시원한 샘과 그늘이 기다리고 있다. 월암산성은 일제시대에 축조된 석성으로, 반쯤 허물어진 돌무더기 위에 올라서면 돌산대교와 여수항, 무슬목이 발 아래로 펼쳐진다. 신석기 말기의 것으로 추정되는 고인돌 3기가 소나무 아래 드러누워 있고, 갈대밭이 펼쳐져 있는 등산로 초입도 매우 운치가 있다.

## (6) 보길도

완도 국제항으로부터 12km 지점에 있는 보길도(甫吉島)는 일찍이 고산 윤선도가 배를 타고 제주도로 가던 중 심한 태풍을 피하기 위해 이곳에 들렀다가 수려한 산수에 매료되어, 10여 년을 머물면서 세연정, 낙서재 등 건물 25동을 짓고 전원생활을 즐겼던 곳으로, 그의 유명한 작품 《어부사시사》가 이곳에서 집필되었다.

이 섬에는 은빛모래와 자갈밭이 펼쳐진 해수욕장이 세 곳 있어 여름 피서지로도 인기가 있다. 특히 섬 남쪽의 예송리해수욕장은 자갈밭이 1.4km나 펼쳐져 있어 천연기념물 40호인 예송리 상록수림과 어우러져 더욱 아름답다. 게다가 아열대성 식물이 무성하게 자라 투명한 바다와 신비스런 조화를 이루고 있어 아름다움을 더 한다.

또한 이곳에는 고산 윤선도 유적 외에도 조선 수종 때 송시열이 병풍처럼 생긴 바위에 탄식의 글을 새겨 넣었다는 '글씐바위'를 비롯해서 예송리 일출과 보죽산, 선창리 일몰 풍경, 부용리 동백림 등도 빼놓을 수 없는 볼거리이다.

### 1) 예송리해수욕장

예송리해수욕장은 천연기념물로 지정된 상록수림과 깻돌밭이 어우러져 색다른 정취를 자아낸다. 물이 유난히 맑고, 낮에 달구어진 돌들이 식지 않아 초저녁까지 해수욕을 즐길 수 있다. 상록수림은 남쪽에서 불어오는 강한 바람을 막는 방풍림으로 상록수 15종, 낙엽수 8종이 길이 7백40m, 너비 30m 규모로 형성되어 있다. 해수욕장 이외에도 낚싯배를 빌려 바다로 나갈 수도 있다.

### 2) 통리해수욕장

통리해수욕장은 규모는 작지만 솔숲과 어우러진 은빛 백사장이 아름다워 조용하게 바다 풍경을 즐길 수 있다. 날씨가 맑을 때는 제주도 한라산이 어슴프레하게 보인다. 왼쪽에 있는 목섬은 하루에 두 번씩 물길이 열리는데, 그곳으로 건너가 낚시를 즐길 수도 있고, 싱싱한 해초와 석화를 채취할 수 있다.

### 3) 중리해수욕장

중리해수욕장은 경사가 완만해 간조 때는 질 좋은 모래사장이 1백m까지 펼쳐지고, 2~3백m를 들어가도 사람 키를 넘지 않을 만큼 수심이 낮아 수영에 미숙한 사람들이나 어린아이들도 해수욕을 즐기기에 그만이다. 또 해수욕장 뒤에는 뜨거운 태양을 피할 수 있는 소나무숲이 있어 야영을 하기에 적당하다.

### 4) 부용동세연정

부용동세연정은 윤선도가 연못을 파고 정자를 세워 시를 읊고 활을 쏘며 자연을 노래했다는 곳으로 그의 《어부사시사》가 창작된 곳이다. 소쇄원과 마찬가지로 국내 조경문화의 걸작으로 꼽히고 있다.

### 5) 글씐바위

글씐바위는 송시열이 상소를 올린 것이 화근이 되어 제주도로 귀양가던 중 풍랑을 만나 상륙하였던 곳으로, 섬 동쪽 끝의 백도리 해변 석벽에 자신의 심경을 한시로 새겨놓은 곳이다. 가는 길이 비포장인데다가 도로의 폭이 좁아 차가 들어가기는 어렵다. 백도리까지 버스를 타고 간 뒤 동백나무가 울창한 길을 30분쯤 걸어가면 파란 남해바다와 기암절벽이 솟아 있는 곳을 만나게 된다. 이곳은 일출을 보기에도 적합한 곳이다.

### 6) 동천석실

동천석실은 윤선도가 말년에 머물렀던 정자로 부용동에서 제일 경치가 아름답다. 동척석실로 올라가다 보면 석문, 석담, 석천, 석폭, 석대 및 희황(복희씨)의 유적이 있다. 아슬아슬한 절벽 위에 세운 한 칸짜리 정자는 여유롭게 책을 읽으며, 신선처럼 소요하는 은자의 처소라는 느낌을 갖게 한다.

고산이 다도를 즐겼던 오목하게 패인 차바위, 바위 사이에서 솟아나는 석간수를 받는 작은 석지와 연지, 암벽 사이에서 자생하는 석란, 한사람만이 거닐 수 있는 돌계단 등 자연 그대로의 모양에 따라 여러 바위에 상징적인 이름을 붙인 유적들을 볼 수 있다.

### 7) 산신당

산신당은 매년 정월 초하룻날 마을에서 제주를 뽑아 마을의 안녕을 위하여 제사를 모시는 곳이다.

### 8) 솔섬

청별 선착장에서 가다 보면 정동리가 나온다. 그 오른편에 소나무가 심어져 있는 작은 섬이 보이는데, 이곳이 바로 낚시터로 유명한 솔섬이다. 육지와 연결되어 있어 쉽게 갈 수 있으며, 황홀한 일몰도 감상할 수 있다.

## (7) 선유도

선유8경으로 대표되는 아름다운 경관과 고운 모래가 10리에 걸쳐 깔려 있는 선유도(仙遊島)는 피서지로서의 여러 조건을 갖추고 있는 섬이다. 특히 이곳은 청정 해수욕장에다가 근처 새끼섬에서 바다낚시도 즐길 수 있다. 관광명소로는 명사십리해수욕장, 대장도몽돌밭, 망주봉 등을 꼽을 수 있다.

### 1) 명사십리해수욕장

유리알처럼 흰 규사가 장대하게 펼쳐져 있는 명사십리는 망주봉을 안고 있어 경치가 일품인데다 1백m까지 들어가도 물이 허리밖에 차지 않아 가족 단위의 해수욕장으로 적합한 곳이다.

### 2) 대장도 몽돌밭

선유도에서 장자교를 건너 대장도에 이르면 바위산 기슭에 서울 간 지아비를 애절하게 기다리다 돌이 되었다는 전설이 서린 장자할매바위가 있고, 그 아래 바위 계곡에는 석간수가 흘러 아담한 우물을 이루고 있다. 그 우물 아래쪽으로 반짝반짝 빛나는 몽돌밭이 있는데, 가족이나 연인들이 오붓하게 해수욕을 즐기기에 안성맞춤이다.

### 3) 망주봉

선유도로 유배당한 신하가 망주봉에 올라 임금이 계신 한양을 바라보았다고 해서 망주봉이라 이름지어졌다. 주변의 명사십리 백사장, 기러기 날개짓을 하고 있는 모습의 평사낙안의 모래톱과 절묘하게 조화를 이루고 있다.

## (8) 소록도

소록도(小鹿島)는 녹동에서 1km가 채 안되는 곳에 있는 섬으로 섬의 모양이 어린 사슴과 비슷하다 하여 소록도라 부른다. 섬의 길이는 14km, 면적은 여의도 면적의 1.5배 되는 작은 섬이다. 이곳은 경치가 뛰어나고 기후가 따뜻하며 울창한 소나무숲과 고운 모래사장이 1.2km나 이어져 있다.

이곳에는 나환자를 위한 우리나라에서 가장 크고 시설이 완벽한 갱생원(국립나병원)이 있어 섬에서의 숙박은 금지되어 있다.

### (9) 오동도

여수하면 오동도(梧桐島), 오동도 하면 동백꽃이 연상될 정도로 동백꽃이 유명한 오동도는 한려해상국립공원의 기점이자 종점이다. 여수 중심가에서 10여 분 차를 타고, 다시 방파제를 10여 분 걸어 건너면 도착하는 3만 6천여 평의 작은 섬으로 동백나무와 대나무 등 2백여 종의 수종으로 이뤄진 울창한 상록수림이 하늘을 가리울 정도이다.

오동도

3천여 점의 어패류와 갑각류의 박제를 전시해 놓았던 수족관은 지금은 헐려 없어지고, 옆에는 새로 식물원을 개관하였다.

섬 전체를 덮은 동백나무에서는 이르면 11월부터 한 송이씩 꽃이 피기 시작해 겨울 중에도 붉은 동백꽃을 볼 수 있으며, 2월 중순 경에는 약 30% 정도 개화되다가 3월 중순경에 절정을 이룬다.

섬 전체에 거미줄처럼 뻗어 있는 산책로는 연인들의 데이트코스로 인기가 높다. 오동도 입구에서 안으로 들어가는 길은 방파제(7백 68m)를 이용하는데, 좀 더 운치를 즐기려면 동백열차 또는 오동도 유람선을 이용하면 된다.

## 6 온천 · 약수터 · 동굴

### (1) 화순온천

전남 화순군 북면 옥리에 위치한 화순온천은 신경계통에 효과가 있는 것으로 알려진 알칼리성 라듐온천으로 체류형 관광지를 목표로 개발되고 있다. 현재 화순리조트는 4,600여 평의 초대형 온천장으로 2,500여 명을 수용할 수 있으며, 대온천장과 실내온천수영장, 노천탕, 음식점 외에 130m의 튜브슬라이드를 갖추고 있다. 인근에는 백마산 휴양림이 조성되어 있으며, 숙박시설로 휴양지호텔이 문을 열었다.

### (2) 죽림온천

죽림온천은 1993년 10월 개장한 알칼리성 탄산나트륨 유황온천으로 전북 완주군 상관면 죽림리에 위치하고 있다. 다량의 유황성분이 물에 용해되어 있어 일본의 뱃푸온천보다 수질이 뛰어나다는 평을 받고 있으며, 마시면 위장병, 피부미용, 고혈압에 효과가 있다고 한다. 조선시대부터 부녀자들이 겨울에 멱을 감았다고 전하며, 돌탑으로 유명한 마이산이 근처에 있다.

### (3) 화개약수터

화개약수터는 지리산 쌍계사로 들어가는 길목에 위치해 있다. 화개천 가운데 돌바닥이 있고, 그 가운데 반석에서 약수가 솟고 있다. 이른바 냇물 한가운데 있는 약수로서, 강물 속에도 또 다른 물이 솟는 특이한 현상을 보인다. 약수는 유황천으로 매운 맛이 나고 피부병에 좋은 것으로 알려져 있다.

### (4) 화암굴약수터

마이산 입구에서 가파른 계곡길을 오르면 두 봉우리사이에 V자형 계곡이 있다. 그 곳을 분수령으로 북쪽은 금강의 최상류이고, 남쪽은 섬진강의 최상류가 된다. 화암굴은 그 사이에 있는데, 일명 천왕문약수라고도 불리는 화암굴약수가 솟는다. 이 약수터는 아무리 가물어도 마르지 않고 홍수가 나도 넘치지 않는다고 한다.

# 7 공원 · 호수 · 유원지

## (1) 영산호

영산호

영산호(榮山湖)는 영산강 하류 지역의 농업 용수 공급과 홍수 및 바닷물의 피해를 막기 위해 쌓은 제방으로 담수량 2억 5천 3백만 톤의 동양 최대 인공호수이다.

이 제방으로 영암과 목포 사이에 4.3km의 6차선 도로가 생겼고, 1981년에는 국민관광지로 지정되어 호수를 중심으로 대규모 휴양지로 개발되고 있다. 1993년 10월 관광지 내에는 영산호 농업박물관이 개관되었다.

## (2) 장성호

광주로부터 24km 떨어진 곳에 있는 장성호는 영산강 유역 개발사업의 하나로 황룡강의 상류를 막아 건립된 거대한 인공호수이다. 제방의 길이 6백 3m, 높이 36m, 저수량이 8천 9백 70만톤으로 각종 민물고기가 많을 뿐만 아니라 산으로 둘러싸여 아름다운 경관을 이룬다.

이곳에는 가족 단위 산책로와 잘 가꾸어진 민물 낚시터가 있으며, 수상관광을 즐길 수 있는 유람선과 모터보트도 있다. 주변에는 입암산과 남창계곡을 비롯해서 백암산과 백양사, 내장사, 고산서원, 추월산 등이 있다.

## (3) 나주호

영산강유역 개발사업의 일환으로 건설된 나주호(羅州湖)는 저수량 9천 1백만 톤에 달하는 인공호수이다. 특히 이곳은 담수어가 많이 잡히는 낚시터로 각광 받고 있고, 주변에 불회사, 운주사, 석불입상 등의 문화재가 있다.

## 8 문화유적지

### (1) 경기전

전주시 풍남문에서 동쪽으로 150m쯤 가면 울창한 숲 속에 고색 창연한 경기전이 나온다. 사적지로 지정된 경내에는 유형문화재 2호인 경기전과 유형문화재 16호인 조경묘가 있다.

이곳에 봉안한 영정은 임진왜란과 정유재란, 병자호란 등 전화를 피해 내장산 용굴암을 비롯 충청도 아산과 적상산성 등으로 옮겨 다니다가 1614년 경기전이 중건되었을 때 다시 돌아왔다. 동학혁명 때는 위봉산성으로 피난하여 병화를 면할 수 있었다.

경기전에 인접한 북쪽에 전주 이씨의 시조인 이한공과 시조비의 위판을 봉안 한 조경묘가 있다. 조경묘는 영조 47년에 창건하여 영조가 친히 위판을 썼으며, 동학혁명군이 전주부성에 입성할 때 태조의 영정과 함께 위봉사의 행궁에 옮겼다가 7월에 다시 전주로 옮겨 놓았다.

### (2) 고산서원

고산서원은 조선말기의 대표적 성리학자인 기정진을 추모하기 위하여 문인 후학들이 1927년 건립한 것이다. 현재는 그의 문하생인 정성가, 이채선, 김록휴, 조의곤, 정재규, 기우만이 배향되어 있다. 현재 서원 경내의 부지면적은 1천 6백 $m^2$으로 여기에는 7동의 건물이 있다.

특히 46$m^2$의 장서각에는 《노사문집》 목판 980매와 《노사집》 12책(1질)을 비롯하여 많은 전적과 유물이 보존되어 있다. 기정진은 정조 22년(1798)에 전북 순창군 복흥면 구수동에서 중추원사 건의 후손으로 출생하였다. 자는 대중, 호는 노사, 본관은 행주이다. 8~9세에 이미 경사에 통했다는 천재로서 순조 31년(1831) 사마시에 장원으로 급제한 후, 순조 32년(1832) 강릉참봉을 초임으로 시작하여 고종 13년(1876) 호조참판에 이르기까지 그 사이 많은 관직에 임명되었으나, 모두 사퇴하고 오로지 장성의 향토에서 학문연구와 후생들에 대한 강학으로 일생을 보냈다.

## (3) 광한루

광한루는 원래 조선 세종 때인 1419년 황희 정승이 건립, 광통루라 하였으나 1444년 관찰사 정인지가 그 아름다운 경치에 취하여 이곳을 월궁속에 있는 광한청허부와 같다하여 광한루라 이름을 붙였다. 소설 춘향전에서 이도령과 춘향이 인연을 맺은 곳으로도 유명하며, 1920년대에 경내에 춘향사를 건립하고 춘향의 영정을 모셔 놓았다.

광한루

광한루(사적 303호)에는 견우와 직녀의 전설이 담긴 오작교를 비롯하여, 광한루를 중심으로 춘향사당 춘향관, 월매집, 완월정 등의 여러 정자와 누각들이 자리 잡고 있다.

## (4) 내산서원

내산서원은 인조 13년(1635) 나라에서 용계사라 하여 사액되었고, 숙종 28년(1702)에 동사를 중수하였다는 기록이 있다. 제향을 받드는 공간은 정면 삼간, 측면 이간의 맞배집으로 아담한 규모를 지녔으며 서원은 정면 사간, 측면 삼간의 팔작지붕이다. 외삼문은 근년에 지은 것으로 보인다.

### (5) 신촌리고분군

영산포에서 남쪽으로 약 11km 떨어진 나지막한 자미산 기슭 구릉지대인 대안리, 덕산리, 신촌리 일대에 30여 기의 옹관고분이 사적 76 · 77 · 78호로 지정되어 있다. 신촌리 고분군은 1917~1918년에 발굴된 것으로 보인다.

이때 신촌리 9호분에서 금동관과 금동신발 등의 중요한 유물이 출토되어 이곳이 마한 목지국의 마지막 거점지역으로 추정하고 있다. 현재 이곳 반남면 일대 고분군은 20기가 복원되어 있다

### (6) 녹우당

녹우당

3백여 년 전 단가문학의 거성 고산 윤선도가 터를 잡았던 연동마을에는 윤선도 고택과 유물관, 시비 등이 있다. 이 고택은 대문, 안채, 사당, 사랑채, 제각 등을 두루 갖춘 호남지방의 대표적인 반가로 특히 사랑채는 가을이면 은행잎이 소낙비처럼 우수수 떨어진다고 해서 녹우당(綠雨堂)이란 이름이 따로 붙었다. 지금도 고택동을 통틀어 녹우당이라고 부른다.

녹우당은 ㅁ자 구조로 되어 있는 60여 칸의 건물로 남도에서는 가장 규모가 크고 오래되었다. 집주인보다 일하는 사람들에게 필요한 공간이 많아 대지주 집의 살림살이를 짐작케 한다.

녹우당의 유물관에는 윤씨가전고화첩, 고산수적관계문서, 노비문권 등의 보물과 2천여 점의 유물이 보존되어 있다. 현재 이곳에는 고산의 14대손이 살고 있다.

## (7) 진남관

진남관은 건물 평면이 길이는 53.6m에 달하는 굉장히 큰 규모의 건물이다. 정면을 열 다섯간, 측면을 다섯간으로 나누었으나, 우리나라에서 이와 같이 주간 이 열 다섯간이나 되는 건물은 곽무와 같은 건축을 제외하고는 해인사 장경판고와 단 두군데 뿐이다. 공포는 기둥 위에만 배치하고, 그 사이사이의 공간에는 화반을 받쳤는데, 이러한 구성의 건축은 주심포집 내지 익공집 계통에서 주로 사용하는 방식이다.

그러나 공포 하나 하나의 구조는 다포집 계통의 수법에 의하여 이출목으로 짜 올려서 외목도리를 받쳤다. 외부의 살미첨차는 쇠서와 함께 연꽃등을 조각하여 하나의 장식판처럼 변형되었다. 건물의 전후면에서 안쪽으로 제2주열에 높은 기둥을 배열하여 그 위에 대량을 가구하였으나, 내부에 군데군데 내고 주를 세워 대량의 중간을 받치게 했다.

진남관은 조선 때 전라좌수영에 속하는 건물로 임진왜란 때인 선조 32년에 창건되었으나, 소실된 것을 그 후 1716년에 재건하였다. 현재는 여수시 교육청으로 편입된 부지를 내입 정화하였고, 1981년 진남관 전면 골목길을 완전 매입하여 계단식으로 입구를 통하도록 보수하였다.

## (8) 필암서원

필암서원은 하서 김린후를 주향하고, 고암 양자징을 배향한 서원이다. 이 서원의 문루인 곽연루는 정면 3간, 측면 3간, 상하 18간의 2층 와가로 영조 때 두 번이나 중개수되었고, 문루의 편액은 우암 송시열이 쓴 것이다.

문루를 들어서면 정면 5간, 측면 3간, 총 15간의 단층 와가인 강당 청절당이 있는데, 이 건물에는 9간 대청과 좌우의 3간 협실이 있고, 대청에는 송동춘의 글씨로 된 편액이 있으며, 처마 밑에는 병계 윤봉구의 글씨로 된 필암서원이란 편액이 달려 있다.

그 뒷편 서측의 숭의재와 동측의 진덕재는 영조와 고종 때 중개수된 것으로 서원의 동서재를 이루고 있는데, 그 재호는 모두 동춘 송준길의 글씨이고, 각기 6간 43㎡이며, 대청과 좌우에 협실이 있다.

### (9) 면앙정

면앙정은 봉산면 제월리 제봉산 산자락의 나지막한 언덕 위에 위치해 있다. 활엽수와 키 작은 대나무가 뒤엉켜 자란 숲길을 오르면 마당처럼 넓은 평지가 나오고 그 한켠에 정자가 있다. 정자에 오르면 담양 벌판과 영산강이 보인다.

면앙정은 담양군 고서면에서 태어나 여러 관직을 두루 걸친 송순이 중종 28년(1533)에 지었다. 이곳에서 송순은 고경명, 기대승, 임제, 정철 등의 문하들과 시를 논하고,《면앙정장가》,《면앙정단가》등 주옥같은 작품을 집필했다.

### (10) 송강정

선조 17년(1584) 대사헌을 지내다 정쟁으로 물러난 송강 정철은 어린시절의 향수가 어린 담양으로 내려와 죽록정을 중수하여 송강정이라 개칭했다. 송강은 이 정자에 머물며《사미인곡》과《속미인곡》을 비롯한 뛰어난 단가와 시조를 지었다. 특히 선조대왕을 사모하는 심경을 남편과 이별하고 사는 부인의 심사에 비겨 자신의 충정을 고백한《사미인곡》은 우리나라 가사문학의 백미로 꼽힌다. 정자 옆에 1955년에 건립한 사미인곡 시비가 있다.

# 9 박물관 · 기념관

## (1) 국립광주박물관

국립광주박물관 전경

신안 앞바다에서 건져낸 중국 송 · 원 때의 해저 유물과 호남지방 선사유물, 백제와 신라의 유물, 조선시대 회화 등 9백여 점의 문화재가 전시된 광주박물관은 한국고대사 연구와 호남 전통문화의 터전이 되고 있다.

국립광주박물관은 지상 2층, 지하 4층의 누각형태를 본뜬 우리나라의 전통적인 건물로서 1978년에 개관하였다. 지상 2층에는 중앙전시장과 특별전시실, 도서실 등 전체가 전시실로 꾸며졌고, 지하는 유물창고와 휴게실을 갖추고 있다.

## (2) 국립전주박물관

국립전주박물관은 전라북도를 중심으로 한 호남권의 귀중한 문화재 8백여 점을 전시하고 있다. 이 박물관에는 지방 전통문화보존과 문화창조의 요람으로 전북지역의 선사시대 생활상과 문화상을 전시한 고고실, 각종 특별전시행사를 위한 기획전시실, 고려자기, 금속공예품, 한국역사의 자료를 전시한 미술실과 전북지방의 민속을 한눈에 볼 수 있게 전시한 민속실 등으로 구성되어 있다.

## (3) 청자자료박물관

청자자료박물관은 대구면 청자 도요지에 있으며, 청자자료 전시와 고려청자 재현 작업을 하는 곳이다. 이곳에는 청자자료박물관, 청자전시장, 고려청자 가마터 그리고 전래 가마를 재현한 강진요 1호, 청자 제작실 등이 있다.

박물관은 지하 1층, 지상 2층의 건물로 1층에 기획전시실, 시청각실, 작업실, 도서실이 있으며, 2층은 청자자료실 및 전시실이다. 전시관에는 고려시대의 청자 20여 점과 관련 자료 및 청자 파편 3백여점이 전시되어 있으며, 수장고에는 3만여 점의 고려시대 청자편이 있다.

### (4) 담양죽물박물관

담양죽물박물관에는 담양에서 생산되는 죽물제품과 죽물에 얽힌 것들을 전시해 놓은 곳이다. 이곳에는 대나무를 가마솥에 쪄서 소쿠리며 평상, 접시, 심지어 침대까지 만들어 놓았다. 그리고 죽물을 만드는 풍물을 재현하고, 한켠에 자리한 가게에선 죽물제품을 판매한다. 해마다 5월에 죽물경진대회를 열어 농가에서 생산한 각종 죽물제품의 등위를 매기고 상품으로 판매하기도 한다.

담양죽박물관

## 10 종합레저시설 · 민속촌

### (1) 낙안읍성 민속마을

낙안읍성은 전남 승주군 낙안면에 있다. 삼한시대는 마한땅, 백제 때는 파지성, 고려 때는 낙안군 고을터이며, 조선시대 성과 동헌, 객사, 임경업 장군비, 장터, 초가가 원형대로 보존되어 성과 마을이 함께 국내 최초로 사적 302호로 지정되었다.

낙안읍성 민속마을

조선태조 6년(1397) 왜구가 침입하자 이 고장 출신 양혜공 김빈길 장군이 의병을 일으켜 토성을 쌓아 방어에 나섰고, 3백년 후인 인조 4년(1626)에 충민공 임경업 장군이 낙안군수로 부임하여 현재의 석성으로 중수했다.

다른 지역 성과는 달리 넓은 평야 지대에 1~2m 크기의 정방형의 자연석을 이용하여 높이 4m, 너비 3~4m, 성곽 총 길이가 1천 4백 10m로 동내, 남내, 서내 등 4만 1천 평에 달하는 3개 마을 생활근거지를 감싸 안은 듯 네모형으로 견고하게 축조되어 4백년이 가까운 지금도 끊긴 데가 없고 웅장하기 이를데 없다.

지금도 성 안에 1백 8세대가 실제 생활하고 있는, 살아 숨쉬는 민속고유의 전통마을이다. 면적은 6만 8천여 평으로로 초가는 초라한 느낌마저 들지만, 조상들의 체취가 물씬 풍겨 친근한 정감이 넘치며, 남부지방 독특한 주거양식인 툇마루와 부엌, 토방, 지붕, 섬돌 위의 장독과 이웃과 이웃을 잇는 돌담은 초가지붕을 얹은 옛 시골의 정취 그대로다.

그리고 마을주변 음식점 거리도 옛정 취를 자아낸다. 주변에는 조계산도립공원, 송광사, 선암사, 제석산, 동화사, 주암호 고인돌공원 등의 명소가 있다.

### (2) 강진다산초당

강진군 만덕리 귤동마을은 다산 정약용이 10년 동안 귀양살이를 한 곳이다. 다산은《목민섬서》,《경세유표》 등의 저서를 남긴 대학자이다. 그가 이곳과 인연을 맺게 된 것은 신유교난 때 강진으로 귀양오면서부터이다.

강진다산초당

다산은 강진으로 귀양와 5년 동안은 동문밖 주막을 거처로 정하고 은신했고, 3년 동안은 백련사에 와 있던 혜장선사의 주선으로 이 절의 암자인 고성암 보은산방에 신세를 지게 되었다. 그러다가 귤동마을의 해남윤씨 소유인 다산 초당으로 거처를 옮겨 10년간 적거생활을 하였다.

초당으로 오르는 산길은 대나무와 동백 숲이 우거져 한낮에도 해를 가리고, 다산이 손수 밭을 일구어 미나리를 심었다는 옛터가 눈길을 끈다. 다산초당(茶山草堂)이란 현판은 추사 김정희의 글씨이다. 초당의 뜰 앞에는 그가 손수 만든 연못이 있고, 동편 산마루에 오르면 강진만의 푸른 바다가 한눈에 들어온다.

## 11 기타 관광명소

### (1) 땅끝마을

땅끝마을

한반도의 땅끝에 위치한 송호리 갈두부락은 사자봉(1백 22m) 아래에 자리잡고 있다. 사자봉 위에 있는 전망대에서 바라보는 다도해의 절경은 일품인데, 날씨가 맑은 날이면 제주도 한라산이 가까이 보이며, 보길도 등 남해의 여러섬과 아름다운 조화를 이룬다.

전망대 아래 바다로 내민 사자봉 언저리에는 이곳이 땅끝임을 알리는 토말비가 있고, 거기서 한참 내려간 곳에 기념비가 서있다. 입구 주차장에서 전망대까지는 도보로 10분, 그리고 전망대에서 토말기념탑까지는 40분 정도 걸어야 한다. 주변에는 송호해수욕장, 달마산, 두륜산도립공원, 우수영국민관광지 등이 있다.

## (2) 화순적벽

흔히 화순적벽이라 하면 장항리에 있는 것을 가리키는데, 적벽 앞에 망미정이 있어 일명 **망미적벽**, **노루목적벽**, **동적벽**이라고도 한다. 동복으로 귀양을 왔던 조선 중종 때의 선비 최산두가 이곳을 보고 소동파의 **적벽부**에서 이름을 따서 **적벽**이라고 불렀다고 한다. 그러나 85년 동복댐이 준공되면서 적벽이 25m 가량 물에 잠겨 버렸다.

물염마을에 있는 적벽은 담양출신 송정순이 지었다는 물염정이 있는 까닭에 **물염적벽**이라고 불린다. 정자안에는 김인후, 이식, 권필 등 조선시대 선비들이 지은 시문이 붙어 있다. 물염적벽은 화순적벽보다 높지는 않으나, 적벽강이 휘감아 도는 절벽위에 물염정이 있다. 화순적벽은 전라남도 기념물 60호로 지정되었다.

## (3) 김제벽골제

김제벽골제

호서(湖西)니 호남(湖南)이니 하는 말은 우리나라 최초의 저수지인 김제의 벽골제와 익산의 황등제, 고부의 눌제에서 비롯되었다는 것이 정설이다. 그 가운데에 가장 크고 역사적으로 가치를 인정받는 것이 벽골제이다. 벽골제는 **벽골**의 둑이란 뜻이다. **벽골**은 김제의 옛이름으로 **볏골**, 즉 **벼의 고을**이란 뜻이다. 벽골제는 선사시대부터 우리 선조들이 자연을 개조해 벼농사를 지어 왔다는 사실을 상기시켜 주는 위대한 유산이다.

### (4) 담양 태목리 대나무 군락

국내 처음으로 대나무 숲이 천연기념물로 지정되었다. 문화재청은 2006년 2월 1일 전남 담양군 대전면 담양 태목리 대나무 군락을 천연기념물로 지정 예고하였다. 태목리 대나무 군락은 영산강 하천변을 따라 자연적으로 조성된 대규모 군락(群落)으로, 다양한 습지 식생과 하상 지형을 보여 주고 있어 생태학적으로 가치가 큰 곳으로 알려져 있다.

이곳엔 천연기념물인 매, 황조롱이, 큰오색딱따구리 등 조류 56종, 두더지, 등줄쥐, 멧밭쥐 등 포유류 7종, 다묵장어, 돌마자 등 어류 48종이 서식하고 있다. 현재 담양의 대나무 숲은 전국 대나무 면적의 25%를 차지하고 있다.

Chapter » 06

# 제6장 경상권

## 1 국립공원

### (1) 소백산국립공원

소백산 전경

소백산(小白山)은 한반도의 등뼈와도 같은 태백산맥의 줄기가 서남쪽으로 뻗어 내려 강원도, 충청도, 전라도, 경상도를 경계로 근 산계를 이루고 있다.

가장 높은 봉우리인 비로봉(1천 4백 39m)을 중심으로 국망봉(1천 4백 21m) · 제1연화봉(1천 3백 94m) · 제2연화봉(1천 3백 57m) · 도솔봉(1천 3백 14m) 등 많은 영봉들이 어울려 웅장하면서도 부드러운 산세로 수려한 경관을 보여준다.

특히 소백산은 부석사 등 한국 불교의 천년 고찰을 그대로 간직하고 있고, 동시에 사액서원(賜額書院)의 효시가 되는 소수서원(紹修書院)도 있어 한국의 유학과 불교의 중심지라고 해도 과언이 아닐 것이다. 등산로는 희방사, 천동리 등으로 오르는 코스가 있다.

### 1) 희방폭포

중앙선 희방사역에서 동북쪽으로 약 4㎞ 떨어진 소백산 기슭에 자리한 희방폭포는 소백산맥의 최고 봉우리인 비로봉(1천 4백 39m)으로 올라가는 길목에 있는데, 높이 28m로 내륙 지방에서 가장 큰 폭포이다. 무더운 여름철, 우거진 잡목과 시원한 폭포가 어우러진 희방폭포는 최고의 피서지로 손꼽힌다.

### 2) 희방사

희방사(喜方寺)는 희방역에서 동북쪽으로 4㎞나 되는 소백산 기슭 해발 8백 50m 높이에 있으며, 신라 선덕여왕 12년(643년)에 두운대사가 세운 것이다. 이곳에는 법당과 훈민정음의 원판과 월인석보 12권의 판목을 보존하고 있었으나, 6·25 전란으로 소실되었다. 그 후 1953년에 중건되어 오늘에 이르고 있으며, 은은한 종소리로 유명한 희방사동종(도유형문화재 226호)이 보관되어 있다. 절 입구는 자연림이 우거져 햇빛을 가리우고 있다.

### 3) 천체관측소

천체관측소는 제2연화봉에 있으며, 우리나라 유일의 연구용 천체관측소이다. 공식 이름은 국립천문대 소백산 천체관측소이다.

### 4) 소수서원

사적 55호인 소수서원(紹修書院)은 경상북도 영풍군 순흥면 내죽리에 있는 우리나라 최초의 서원이다. 소수서원은 조선 왕조 중종 37년(1542)에 풍기 군수 주세봉이 고려말의 명유 안향의 사당으로 세우고 처음에는 백운동서원이라고 이름 붙였으나, 명종 5년(1550)에 소수서원으로 바뀌었다.

### 5) 부석사

부석사(浮石寺)는 경북 영풍군 부석면 북지리에 위치해 있다. 신라 문무왕 16년(676)에 의상조사가 왕명을 받아 처음 세운 절로 무량수전을 비롯한 국보 5점과 보물 3점이 보존되어 있다.

#### 무량수전

국보 18호인 부석사 무량수전(浮石寺 無量壽殿)은 경북 영주시 부석면 북지리에 위치해 있다. 무량수전은 한국 특유의 주심포(柱心包) 집의 기본형을 가장 잘 남기고 있으며, 세부수법(細部手法)이 후세에 보이는 장식적 요소가 적어 소박하다. 가구에 쓴 재료는 모두 직선재(直線材)를 썼다는 점이 특이하다.

#### 소백산국립공원 현황

| 공원명 | 위치<br>(시도별 면적, km²) | 면적<br>(km²) | 지정<br>연월일 | 주요자원 |
|---|---|---|---|---|
| 소백산<br>국립공원 | 경북<br>영풍 172.31<br>충북<br>단양 148.19 | 320.50 | 87.12.12 | • 산봉 : 비로봉, 국망봉, 연화봉 제2연화봉, 두율봉 등<br>• 계곡 : 죽령, 죽계구곡, 질골, 신골(원민터), 천동, 희방산, 어의곡 석윤, 갈래골 등<br>• 기암 : 거북바위, 배바위, 수호암 신선바위, 좌석, 금계바위, 신선대 병풍바위, 영구암, 상월불, 봉바위, 천길바위 등<br>• 폭포, 소 : 희방폭포, 석천폭포, 다리안폭포, 용담폭포, 죽령폭포, 절골폭포, 용서, 월전 제123폭포, 비로폭포, 수리폭포, 연화제1,2폭포 등<br>• 동굴 : 온달동굴, 천동동굴, 노동동굴, 두음굴, 고수 동굴 등<br>• 국보 : 부석사석등(17호), 무량수전(18호), 조사당(19호), 석조여래좌상(45호), 조사당벽화(46호), 매헌 영정(111호), 적성비(198호)<br>• 식물 : 주목군락(천연기념물244호) 등 86과 481종 |

### (2) 주왕산국립공원

주왕산 전경

한반도의 등뼈인 태백산맥이 왼쪽으로 동해를 바라보며 남쪽으로 뻗어 내려오다가 경상북도 땅에서 그 여세를 몰아 하나의 거대한 자연 수석 작품을 빚어 놓은 것이 주왕산(周王山)이다.

주왕산국립공원은 동북쪽의 영덕군과 남서쪽의 청송군 사이에 끼어 있는 우리나라 3대 기산(奇山) 가운데 하나로 손꼽히는 명산이다.

총면적은 105.58km이고, 북쪽에는 설악산과 오대산, 남쪽에는 경주, 서쪽에는 속리산과 덕유산 등의 국립공원과 인접해 있으며 태행산, 관음봉, 촛대봉 등의 봉우리 외에도 주왕굴, 무장굴, 월외폭포, 절골계곡, 내원계곡, 월외 계곡, 구룡소 등이 유명하다.

예전에는 기암괴석이 병풍처럼 늘어서 있다 하여 석병산이라고 불리던 것을 신라시대 왕자 주원왕이 이곳에서 수도 생활을 한 후 주왕산으로 불리어졌다. 등산로는 폭포 길과 왕거암 길 등의 코스가 있다.

#### 1) 대전사

대전사(大典寺)는 고려 태조 2년(919)에 보조국사가 주왕의 아들 대전도군의 명복을 빌기 위하여 세운 절이라고 전해지고 있으나, 지금은 거의 불타 없어지고, 보광전과 명부전 등 2개의 석탑만이 남아 있다.

### 2) 백련사

백련사

백련사(白蓮寺)는 대전사(大典寺)와 계류를 사이에 두고 마주보고 있는 절로, 주왕의 딸인 백련낭자의 명복을 빌기 위하여 세워진 절이라고 한다.

### 3) 주왕암

주왕암(周王岩)은 대전사에서 1.5km 정도 되는 석가봉, 미륵봉, 촛대봉, 비로봉 중턱에 위치해 있다. 고려 태조 2년에 눌옹대사가 주왕의 명복을 벌기 위하여 세운 절이라는 설과 신라 때 세워진 절이라는 설이 각각 전하고 있다.

### 4) 주광굴

주왕굴(周王窟)은 주왕암 뒤쪽 1백m쯤 되는 곳에 있는 조그마한 암굴과 폭포를 가리킨다. 일설에 의하면 주왕이 이곳에 숨어 있다가 들켜 죽었다고 하는 전설이 있다. 이 굴은 비로봉과 촛내봉 임벽 사이의 바위 디녈같은 협곡 속에 끼어 있다.

### 5) 무장굴

무장굴은 주왕암 왼쪽 산허리 2백m쯤 되는 곳에 있으며, 주왕이 무기를 숨겨 두었던 곳이라는 전설에서 나온 이름이다. 굴속은 큰 바위 벽으로 가로 막혀 있기 때문에 10m 이상은 들어 갈 수가 없다.

### 6) 달기약수

달기약수(達基藥水)는 청송읍에서 동쪽으로 약 3km 들어간 곳에 있는 탄산약수터로 약 70년 전에 발견되었다. 이 약수는 빈혈증, 위장병, 신경통, 만성부인병 치료에 효과가 있다.

**주왕산국립공원 현황**

| 공원명 | 위치<br>(시도별 면적, km²) | 면적<br>(km²) | 공원보호<br>구역(km²) | 지정<br>연월일 | 주요자원 |
|---|---|---|---|---|---|
| 주왕산<br>국립공원 | 경북<br>청송 75.73<br>영덕 29.85 | 105.58 | 0.70 | 76.3.30 | • 산악 : 금은광이, 주왕산, 태행산 연화봉, 장군봉 등<br>• 계곡 : 월외, 내주왕, 외주왕, 내원 등<br>• 굴 : 주왕굴, 무장굴, 연화굴<br>• 기암 : 석병암, 급수대, 쟁암 등<br>• 사찰 : 대전사, 광암사, 연화사, 청연사 등<br>• 지소 : 주산지, 구룡소<br>• 폭포 : 제1폭포, 제2폭포, 제3폭포, 월외폭포, 주산폭포 등<br>• 약수탕 : 하탕, 중탕, 신탕, 상탕, 성지탕<br>• 암자 : 주왕암, 자연암, 연화암 등 |

## (3) 경주국립공원

경주(慶州)는 동방에서 아침 햇볕이 가장 먼저 닿는 땅을 의미하는 서라벌(경주의 옛 이름)이라는 이름대로 신라시대의 영화를 알려주는 유물과 유적, 빛나는 불교예술의 완성인 불국사와 석굴암 등 최고의 유물과 유적이 산재한 곳이다.

특히 경주는 그 자체가 지붕이 없는 박물관, 벽이 없는 박물관 등으로 불리울 정도로 시내 전역에 산재한 수많은 유적은 옛날의 찬란한 면모를 되새기게 한다. 관광명소는 천마총, 경주박물관, 불국사, 석굴암 등이 있다.

### 1) 천마총

천마총(天馬塚)은 1973년에 발굴되었으며, 부장품 중에는 장구한 세월에도 썩지 않는 자작 나무 껍질에 오색찬란한 아름다운 천마를 그린 장니(障泥)가 발견되었다. 그 천마도의 출토에 연유하여 천마총이라 부르게 되었다.

천마총

이 고분에서 출토된 유물은 1만 1천 5백 26점에 달하며, 특히 천마도는 우리나라 고분에서 처음 출토된 귀중한 유물이다. 여기서 출토된 유물은 경주박물관에 진열되어 있다.

### 2) 첨성대

신라 선덕여왕 때 반월성 북쪽에 건립된 첨성대(瞻星臺)는 천문관측대로서 동양에서 가장 오래된 석조유구(石造遺構)이다. 이 첨성대는 지진이나 일식, 월식 등을 관찰, 기록하고 예언하거나, 혹은 별의 이동을 관찰하여 길흉을 판단하는 일과 농사에 도움이 되는 농업기상관측을 했던 것으로 보인다.

### 3) 분황사

분황사(芬皇寺)는 박물관에서 안압지 앞으로 난 임해로와 보문단지로 가는 천군사이에 있으며, 선덕여왕 3년(634)에 세워졌다고 한다.

분황사는 자장율사가 첫 주지였고, 그 후 원효대사도 이곳에서 지냈다고 한다. 분황사 내에는 불상 주조 대가인 강고내말이 755년에 만든 약사여래상을 비롯해서 솔거가 그린 관음보살상과 호국의 용이 나왔다는 우물 그리고 국보 30호인 석전탑 등이 있다.

### 4) 불국사

불국사

찬란한 신라문화의 근본이며 민족문화의 정수라고 불리는 불국사(佛國寺)는 구름을 머금다가 다시 내뿜는다고 하는 토함산 중턱에 위치하고 있다.

모두 7개의 국보를 소장하고 있는 이 유명한 절은 신라 법흥왕 22년(535)에 왕모 영제 부인이 국태민안을 기원해 창건했다고 한다. 그러나 일설에 의하면 경덕왕(743~764) 때 재상 김대성(金大成)이란 사람이 부모의 극락장생을 기원하여 창건한 것이라고 한다. 어떻든 수천년이나 되는 역사를 가지고 있는 불국사는 찬란한 신라 문화의 하나의 상징이라고 할 수 있겠다.

절 입구 서쪽에는 국보 22호인 연화교, 칠보교가 있고, 동쪽에는 국보 23호인 청운교, 백운교가 있는데, 문화재 관리상 출입이 금지되고 있다. 그리고 청운교 위에는 자하문이 있고, 자하문 안에 대웅전과 다보탑, 석가탑이 있다.

#### 연화교 · 칠보교

국보 22호로 지정된 아래쪽의 다리가 연화교(蓮花橋), 위쪽이 칠보교(七寶橋)이다. 이 돌 계단은 각각 45도의 경사로서 우아한 조화를 보이고 있으며 정면의 극락전으로 통하고 있다.

## 청운교 · 백운교

국보 23호 청운교(靑雲橋), 백운교(白雲橋)는 불교 진리의 심오함을 사상적으로 형상화한 것이라고 한다. 다리 아래쪽의 부분은 아치형으로 축조되어 통행할 수 있도록 되었으며, 그 구조의 기묘함과 기교의 세련됨은 한국 석교(石橋)의 정수라고 평가되고 있다.

## 다보탑

불국사

석가탑 맞은편 동쪽에 다보탑(多寶搭)이 있다. 석가여래(釋迦如來)를 석가탑으로 표현하였듯이 다보탑은 다보여래(多寶如來)의 상징이다. 높이 10.4m의 순백색 화강암 석탑인 다보탑은 신라 경덕왕 시대의 건조물이다. 국보 20호인 이 탑은 마치 목조처럼 정교한 수법과 뛰어 난 형태는 동양 불교국가 중에서도 유례가 드문 신라예술의 극치라고 말할 수 있다.

## 석가탑

불국사

석가탑(釋迦搭)은 국보 21호로 높이 8.2m의 그 간결하고 직선적인 선의 아름다움은 완전한 안정감을 갖고 있다. 이 탑을 만들기 위해 멀리 백제에서 데려온 석공과 남편을 찾아 멀리 경주까지 온 그의 처와 슬픈 전설에서 일명 **무영탑(無影搭)**이라고 부르고 있다.

한편 현진건(玄鎭健)의 소설로 해서 무영탑은 유명해 졌고 아사녀와 아사달의 애처로운 사랑이 독자들의 심금을 울렸으며, 불국사가 널리 알려지고 보편화 되는데 상당한 효과를 거두었다.

### 5) 석굴암

불국사

석굴암(石窟庵)은 인도의 아잔타 동굴, 중국의 운강, 용문 등과 더불어 아시아의 3대 동 굴 사원의 하나라 일컬어지고 있다.

석가상의 높이는 3.84m로 신라 경덕왕 10년(751)에 재상 김대성이 30여 년에 걸쳐서 창건했다고 하며, 인조석굴 중에서 가장 정교함을 나타내고 있다고 한다.

특히 석굴암은 천장 위에도 공간이 있으며, 그 위에도 하나 더 공간이 있어, 이중 구조를 하고 있다. 그리고 벽 뒤에도 거대한 석재를 쌓아서 견고한 보호벽을 만들고, 여기에 숯을 부수어 넣어서 습도 조절에 완벽을 꾀하고 있다.

### 6) 문무대왕릉

경북 경주시 봉길리 앞바다에 대왕암이라 불리는 문무왕(文武王)의 수중릉(水中陸)이 있다. 당나라와 연합해 삼국통일의 위업을 달성한 문무 대왕은 죽기 전에 자신의 시신을 화장해 그 재를 동해바다에 뿌리면 용이 되어 나라를 지키겠다고 유언했다. 그 유언에 따라 수중에 석함을 만들고 뚜껑을 덮어 장골(藏骨)한 것으로 보인다. 해면에서 1.2m의 수중에 안치되어 있다.

문무대왕릉

### 경주국립공원 현황

| 공원명 | 위치 (시도별 면적, km²) | 면적 (km²) | 지정 연월일 | 주요자원 |
|---|---|---|---|---|
| 경주 국립공원 | 경북<br>경주 112.95<br>월성 25.21 | 138.16 | 68.12.2 | • 산악 : 토함산, 단석산, 금오산 구미산, 선도산<br>• 사찰 : 불국사다보탑(국보20호) 석가탑(국보21호), 연화교, 칠보교(국보22호), 청운교, 백운교(국보23호), 석굴암석굴(국보24호) 신라태종무열왕릉비(국보25호), 금동비로사나불좌상(국보26호), 금동아미타여래좌상(국보27호), 고선사지3층석탑(국보38호), 감은사지3층석탑(국보112호) 등<br>• 왕릉 : 무열왕릉, 문무대왕수중릉 |

## (4) 가야산국립공원

예로부터 조선8경 또는 12명산 중의 하나로 꼽히는 가야산(伽倻山)은 경상남도 합천군과 거창군, 경상북도 성주군의 경계에 위치해 있다. 높이 1천 4백 30m, 넓이 57.81km에 달하는 가야산에는 홍류동의 빼어난 경치와 그 유명한 해인사(海印寺)가 자리 잡고 있다.

등산로는 용탑선원에서 시작하는 제1코스와 홍제암에서 북쪽계곡으로 오르는 제2코스가 있다. 관광명소는 우리나라 3대 사찰 가운데 하나인 해인사와 팔만대장경을 비롯해서 홍류동 계곡을 들 수 있다.

### 1) 해인사 · 팔만대장경

해인사(海印寺)는 우리나라 3대 사찰 가운데 하나이면서 4총림(叢林)에서 가장 역사가 깊은 절이다. 이 절은 신라 애장왕 3년(802)에 명승이었던 의상의 제자 순응과 이정에 의해 세워진 것으로 전해지고 있다. 해인사는 흔히 법보

(法寶)사찰이라고 불리기도 한다. 그것은 국보 32호인 팔만대장경이 이곳에 있기 때문이다.

해인사

팔만대장경(八萬大藏經)은 몽고의 침입을 부처의 힘으로 물리치기 위해 고려 고종 23년(1236)부터 38년(1251)까지 16년 동안에 걸쳐 만들어진 것이다. 처음 만들어 졌을 때는 강화도 선운사에 있었는데, 조선 태조 7년(1398)에 지천사로 옮겼고, 다시 그 이듬해인 정종 1년(1399)에 해인사로 옮기게 되었다.

팔만대장경

대장경의 경판 한 장의 크기는 세로 24cm, 가로 69cm, 두께 3cm이며, 경판의 총수량은 8만 1천 2백 58판이다. 그리고 이 대장경을 보관해 두고 있는 곳을 **장경판**이라고 하며, 역시 국보 52호로 지정되었다.

### 2) 홍류동계곡

홍류동계곡(紅流洞溪谷)은 기껏해야 버스를 타고 가면서 왼쪽에 펼쳐진 십리 남짓한 아름다운 계곡에 흘깃 눈길만 보내고 지나치게 되는 것이 고작이다. 그러나 가야산의 봄은 이 홍류동계곡의 진달래와 철쭉으로 대표된다. 홍류동계곡의 품위를 더욱 돋보이게 하는 것은 이와 같은 빼어난 자연경관 때문만이 아니다. 여기에는 최치원 선생의 시혼(詩魂)이 서려 있기 때문이다.

### 가야산국립공원 현황

| 공원명 | 위치 (시도별 면적, ㎢) | 면적 (㎢) | 공원보호 구역(㎢) | 지정 연월일 | 주요자원 |
|---|---|---|---|---|---|
| 가야산 국립공원 | 경남<br>합천 45.35<br>거창 2.6<br>경북<br>성주 9.86 | 57.81 | 25.59 | 72.10.13 | • 산악 : 가야산, 두루봉, 남산 비봉산, 단지봉, 매화산, 이상봉 등<br>• 계곡 : 가야계곡, 용문폭포, 용산정, 낙화담, 홍류동, 용기폭포 등<br>• 사찰 : 해인사팔만대장경판고4동(국보52호), 대장경판 81258(국보32호), 청량사 등 |

## (5) 한려해상국립공원

한려해상의 기암절벽

한려해상국립공원은 맑은 물길을 따라 연속적으로 나타나는 섬들과 기암괴석으로 유명하다. 1968년 12월에 국립공원으로 지정된 한려해상(閑麗海上)은 총면적 5백 7㎢로 경남과 전남에 걸쳐 5개 시, 7개 군을 포함하고 있으며, 1백 15개의 유인도(有人島)와 2백 53개의 무인도(無人島)가 보석을 흐트러 놓은 것처럼 영롱하고 아름답게 산재해 있다.

한려해상국립공원은 거제, 통영, 충무, 삼천포, 남해, 하동, 여수 등 넓은 지역에 분포하고 있으므로 보호관리의 단점이 있어 6개 지구(해금강지구, 한산도지구, 삼천포지구, 노량지구, 금산지구, 오동도지구)로 분할, 관리하고 있다.

### 1) 해금강

신비의 무인도인 해금강(海金剛)의 명물은 십자굴(十字窟)이지만, 이곳은 거룻배가 흔들리지 않을 정도로 파도가 잔잔해야만 들어 갈 수가 있다. 파도가 잘 때 십자굴을 들어가 이 섬의 은밀한 신비를 캐는 것은 해금강 관광의 백미(白眉)로 꼽힌다.

### 2) 한산도

충무공(忠武公)의 구국충절이 어린 한산도(閑山島)는 충무항에서 뱃길로 40분 거리에 있다. 한산만 어귀에는 거북등대가 우뚝하고, 등대의 서쪽 문어포 뒷산에는 역사적인 한산대첩비 (閑山大捷碑)가 세워져 있다.

한산도의 거북등대

한산도는 충무공이 한산도로 전라좌수영(全羅左水營)을 옮기고 이듬해 삼도수군통제사(三道水軍統制使)로 승격되면서 삼도수군의 본영(本營)으로 삼아 1597년까지 5년간 이 본영을 유지했던 곳이다.

#### 제승당

제승당(制勝堂)은 삼도수군통제 본영의 대표적인 건물이름이며, 이 성역내에는 제승당을 비롯하여 적의 동정을 살피던 병루(兵樓), 활을 쏘던 한산정(閑山亭), 충무공의 공적을 기리기 위해 영정을 모신 충무사(忠武祠)와 유적비 등이 있다.

## 세병관

세병관(洗兵館)은 경복궁의 경회루, 여수 진남관과 함께 단일 건축물로는 2백평이 넘는 가장 큰 건물 가운데 하나로 1603년에 건립되어 그 후 2백 93년간 본영으로 사용되었다.

### 3) 금산

남해에는 무려 38경을 자랑하는 금산(錦山)이 있고 그 아래 해변에 상주 해수욕장이 있다. 노송 방풍림이 둘러져 있는 이곳은 백사장 길이가 2㎞로 아름답고 조용한 곳이며, 그 뒤로 해발 6백 81m의 금산이 비경을 품고 있다.

금산(錦山)은 원효대사가 보광사라는 절을 창건하면서 보광산이라 불려오다가 태조 이성계가 등극하게 되자, 비단으로 이 산을 두르게 하라고 해서 지금의 아름다운 이름을 갖게 되었다는 전설이 있다.

### 4) 오동도

한려해상의 종점이 되고 시발점이 되는 오동도(梧桐島)는 남국의 정취가 물씬 풍겨 여수지역에서 유일하게 공원으로 지정되었다.

시민을 비롯해 많은 관광객들로 연일 붐비는 오동도는 7백 40m에 이르는 방파제에서 유람선이 운항되고 있다. 숲속 산책로에는 빽빽이 들어 찬 동백(冬柏)나무를 주종으로 여러 가지 나무들이 있고, 해안 산책로에서는 여수 앞바다와 돌산도의 바다 내음을 만끽할 수 있다.

### 한려해상국립공원 현황

| 공원명 | 위치<br>(시도별 면적, $km^2$) | 면적<br>($km^2$) | 지정<br>연월일 | 주요자원 |
|---|---|---|---|---|
| 한려해상<br>국립공원 | 전남<br>여수 28.9<br>경남<br>거제 170.5<br>통영 172.2<br>삼천포 26.7<br>하동 7.6<br>남해 72.12 | 478.62<br>육지 :<br>128.7<br>해상 :<br>349.92 | 68.12.31 | • 거제해금강, 남해대교, 오통도 동백숲, 금산, 한산도, 제승당 등<br>• 해수욕장 : 구조라해수욕장, 상주해수욕장, 비진도해수욕장<br>• 천연기념물 : 거제도의 팔손이 나무 자생지(63호), 거제도연안의 아비 도래지(227호), 거제학동의 동백림 및 팔색조 도래지(233호), 산천포 학섬의 백로 및 왜가리 도래지(208호) 등 |

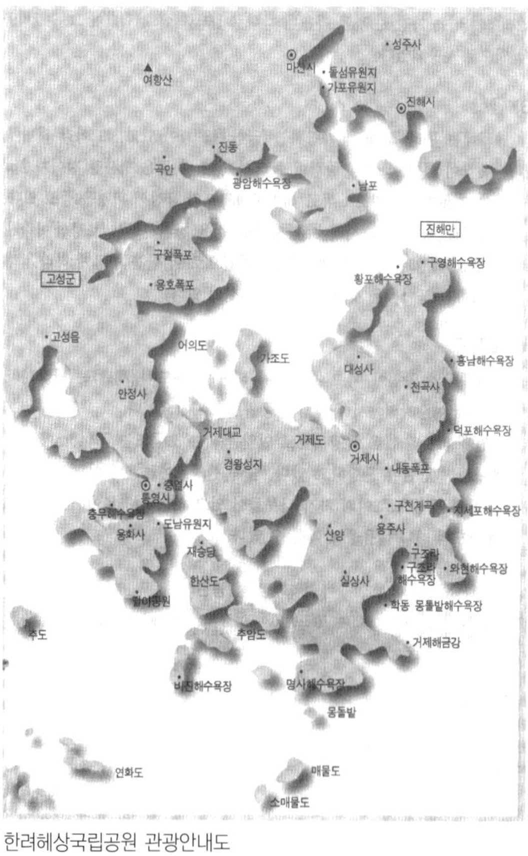


한려헤상국립공원 관광안내도

# 2 도립공원

## (1) 가지산도립공원

가지산(迦智山)은 서남쪽에 밀양의 천황봉, 고헌산(1천 33m)과 동남쪽으로 신불산(1천 2백 9m)과 이웃하면서 태백산맥의 남단을 형성하고 있다. 특히 태백산맥 줄기에 솟은 영취산, 원효산, 천성산(8백 10m) 등은 자연경관이 빼어나기로 유명하며, 산지에는 통도사를 비롯해서 내원사, 석남사 등이 있다. 1979년 11월 5일 도립공원으로 지정되었다.

### 1) 통도사

통도사 전경

영취산 품에 안긴 통도사(通度寺)는 신라 선덕여왕 15년(645)에 자장율사가 당나라에서 부처의 가사와 사리를 받아 창건한 절이다. 영취산의 기운이 서역국오인도(西域國五印度)의 땅과 통한다고 하여 통도사라 불렀다고 하고, 모든 진리를 통해 일체 중생을 제도한다는 뜻에서 통도라고 한다.

통도사는 대웅전을 중심으로 한 가람 배치가 특이한 것으로 유명하다. 부처의 진신사리가 금강계단에 봉안되어 있어 정면에 자리잡고 있는 대웅전에는 부처를 봉안하지 않았다. 우리나라 3대 사찰 중 하나로 꼽히는 이 절에는 대웅전(보물 144호), 은입사동제향로(보물 334호)를 비롯해 부처의 진신사리를 봉안한 금강계단, 봉발탑(보물 471호), 관음전, 응진전, 대광명전 등 크고 작은 건물과 보물들이 있다.

### 2) 석남사

가지산 동쪽에 자리한 석남사는 현덕왕 16년(824)에 우리나라 최초로 선(禪)을 도입한 도의가 호국도량으로 세운 절이다. 창건 당시 화관보탑의 빼어남과 각로자탑의 아름다움이 영남 제일이라고 해서 석남사라고 이름 붙였다고 한다. 현재 이곳에는 비구니들의 도량으로 100여 명이 넘는 비구니들이 수도를 하고 있다.

### 3) 내원사

천성산 기슭에 자리한 내원사(內院寺)는 통도사의 말사로 비구니 도량이다. 규모는 비교적 큰 편이지만, 단 한 점의 문화재도 간직하고 있지 않은 소박한 절이다.

계곡의 맑은 물소리에 섞여 아련히 들려오는 풍경소리와 목탁소리는 산사에서만 느낄 수 있는 편안함을 안겨준다. 병풍을 두른 듯한 암벽들 사이로 시원한 계류가 흐르는 절 입구의 계곡은 단연 으뜸이다.

#### 가지산도립공원 현황

| 공원명 | 위치<br>(시도별 면적, km²) | 면적<br>(km²) | 지정<br>연월일 | 주요자원 |
|---|---|---|---|---|
| 가지산<br>도립공원 | 경남<br>밀양 14.04<br>울주 28.6<br>양산 63.87 | 106.51 | 79.9.26 | 석남사, 내원사, 통도사, 가지산, 취누산, 극락암, 비로암, 백운암, 사명암 등 |

## (2) 금오산도립공원

해발 9백 77m인 금오산(金烏山)은 경상북도 구미시 금릉군 칠곡군의 경계에 위치해 있다. 산정에는 길이 2㎞의 금오산성이 있고, 북쪽 산록에는 채미정과 금오서원이 있다.

조선조 초기에 무학대사가 이곳 금오산을 보고 왕기(王氣)가 서려있구나라고 했다고 한다. 사찰로는 약사암과 해운사가 있고, 그밖에 도선굴, 마애불과 높이 38m를 자랑하는 명금폭포 등이 있다. 1970년 6월 1일 우리나라에서는 처음으로 도립공원으로 지정되었다.

### 1) 금오산성

금오산성(金烏山城)은 약사암에서 서쪽 약 8백m쯤 되는 곳에 성안이라 불리는 높은 지역에 형성된 부락이다. 이 부락은 북쪽만 트인 천연요새로 부락 서쪽 능선에는 아직도 옛 산성의 자취가 남아 있다.

### 2) 채미정

채미정(採薇亭)은 금오서원(金烏書院)이라고도 불리는 정각 4동으로 고려말기의 충신이며 성리학자인 야은(冶隱) 길재(吉再)가 조선왕조에 복종을 거부하고 이 산에 은거하였기에 그의 충절과 유덕을 추모하기 위해 조선 영조 44년(1768)에 왕의 어명으로 창건되었다. 채미정은 백이숙제(伯夷淑齊)의 고사에서 이름을 딴 것이다. 채미정에는 숙종이 쓴 야은 길재를 읊은 5언시(五言詩)가 보존되어 있다.

### 3) 약사암

약사암(藥師庵)은 금오산 북쪽 암벽 밑에 위치해 있다. 이 암자는 신라 눌지왕(417~457) 때 아도화상(阿道和尙)이 김천직지사(金泉直指寺)를 창건하고 내려오다가 저녁노을 속에 무리지어 다니는 까마귀 떼를 보고 금오산이라 이름 짓고, 이 절을 약사암이라 하였다.

### 4) 도선굴

도선굴(道詵窟)은 금오폭포 오른편 절벽 가운데의 암굴로서 옛날에 의상대사(義湘大師)가 수도했던 굴이다. 굴 안에는 16평 남짓한 광장이 있다.

### 5) 마애보살입상

금오산 정상의 서북쪽 암벽에는 신라시대의 작품으로 추정되는 마애보살입상(磨崖菩薩立像)이 조각되어 있다. 불상의 높이 4.17m의 이 보살상은 보물 490호로 지정되어 있다.

#### 금오산도립공원 현황

| 공원명 | 위치<br>(시도별 면적, km²) | 면적<br>(km²) | 지정<br>연월일 | 주요자원 |
|---|---|---|---|---|
| 금오산<br>도립공원 | 경북<br>구미 21.13<br>금릉 8.28<br>칠곡 8.5 | 37.91 | 70.6.1<br>70.4.18 | 금오산성, 채미정, 음오폭포, 새운사, 약사암 대각사, 금오지 등 |

## (3) 문경새재도립공원

문경새재의 영남 제3문

새도 쉬었다 간다 하여 조령(鳥領)새재(1천 10m)라 했다. 산적과 맹수가 득실대 사람들은 꼭 무리를 지어 넘어 다녔다. 그러나 언제부터인지 맹수는 자취를 감췄고, 한적한 나들이 길로 변한 문경(聞慶)새재, 가끔 운무(雲霧)에 뒤덮여 아름다운 경치를 연출한다.

문경새재는 충북 괴산군 연풍면 연풍리와 경북 문경군 문경읍 상촌리 간의 낮은 고개를 이용해 쌓은 산성으로, 1925년 일제(日帝)가 자기네들 경성(京城; 서울) 가기 편하라고 그 아래 이화령에 신작로를 뚫은 것이다. 이 아름다운 고개, 임진왜란 때 동래에 상륙한 일본군이 경성으로 진격한 길이다. 당시 신립 장군은 새재를 내주고 충주 탄금대에 진지를 트는 대 실수를 저질렀다가 궤멸하였다. 전쟁 와중인 1594년에 부랴부랴 2관문을 짓고, 이어 병자호란이 지나고도 한참 뒤에 나머지 관문을 지었다. 결국 소 잃고 외양간 고친 셈이었다.

등산은 충북 괴산쪽 3관문 조령관(鳥領關)에서 산행을 시작한다. 이 관문 뒤부터 영남 땅이다. 1관문까지 느긋한 내리막길 6.5㎞ 길은 입자가 고운 흙을 다져 포장했다. 경상북도에서는 1981년 6월 4일 이 지역을 도립공원으로 지정하였다. 주변에는 오송폭포, 문장대, 경업대, 견훤산성 등의 관광자원이 있다.

### 문경새재도립공원 현황

| 공원명 | 위치<br>(시도별 면적, $km^2$) | 면적<br>($km^2$) | 지정<br>연월일 | 주요자원 |
|---|---|---|---|---|
| 문경새재<br>도립공원 | 경북<br>문경 5.3 | 5.30 | 81.6.4<br>81.5.23 | 영남제일관문, 조곡관, 조령관, 혜국사,<br>여궁폭포, 오송폭포, 문장대, 경업대 등 |

### (4) 연화산도립공원

연화산(蓮花山)은 경남 고성군에 위치해 있으며, 1983년 9월 29일에 도립공원으로 지정되었다. 연화산은 국토에서 잘 보이지 않는 곳에 있어서 고성 사람들 외에는 잘 알려져 있지 않다. 그러나 산 중턱으로 올라가면 의외로 규모가 큰 대밭(竹田)이 펼쳐지는 등 경관이 빼어난 산이다. 연화산에는 옥천사의 대웅전을 비롯해서 옥천사 판종(飯鐘) 그리고 연동계곡 등이 자리하고 있다.

#### 옥천사

옥천사(玉泉寺)는 신라 문무왕 16년(676)에 의상대사가 창건한 것으로 대한불교 조계종 제13교구 본사인 하동 쌍계사의 말사이다. 옥천사의 이름은 대웅전 뒤의 자연샘의 이름에서 유래되었다고 한다.

#### 연화산도립공원 현황

| 공원명 | 위치 (시도별 면적, km²) | 면적 (km²) | 지정 연월일 | 주요자원 |
|---|---|---|---|---|
| 연화산 도립공원 | 경남 고성 28.717 | 28.717 | 83.9.29 | 옥천사, 옥천사 판종, 연동계곡 등 |

### (5) 청량산도립공원

경북 봉화와 안동시에 자리하고 있는 해발 8백 70m의 청량산(淸凉山)은 1982년 8월 2일 도립공원으로 지정되었다. 예로부터 소금강이라 불리는 청량산은 명현고승(名賢高增)들의 발자취가 봉우리와 골짜기마다 미치고 있다.

청량산 전경

이곳에는 청량사와 공민왕당지를 비롯해서 원효대사(元曉大師)의 원효정(元曉亭), 최치원(崔致遠)의 치원봉, 금생(金生)의 금생굴 등의 유적지가 산재해 있다. 그밖에 도립공원 주변에는 도산서원(陶山書院), 안동댐 등이 있다.

### 청량사

청량사의 건축물로는 내청량사(內淸凉寺)와 외청량사(外淸凉寺) 등이 있는데, 연화봉 기슭에 내청량사가 있고, 금탑봉 기슭에 외청량사가 있다. 외청량사는 이국에서나 볼 수 있는 승원(僧院)처럼 높은 절벽 중간에 지어져 있어 감동을 주고 어풍대 절벽길을 돌아가는 아슬아슬함이 만점이다.

**청량산도립공원 현황**

| 공원명 | 위치 (시도별 면적, $km^2$) | 면적 ($km^2$) | 지정 연월일 | 주요자원 |
|---|---|---|---|---|
| 청량산 도립공원 | 경북<br>봉화 40.36<br>안동 8.4 | 48.76 | 82.8.2 | 청량사, 공민왕당지, 원효정, 치원봉, 도산서원 등 |

## (6) 팔공산도립공원

팔공산 전경

팔공산(八公山)은 대구직할시와 영천군 신녕면, 군위군 부계면, 칠곡군 가산면에 결쳐 위치해 있으며, 최고봉인 비로봉(1천 1백 92m)을 중심으로 동봉과 서봉의 양 날개를 펴고 우뚝 솟아있다.

팔공산에는 은해사, 동화사, 파계사 등의 유명한 사찰이 있고, 원효, 의상, 윤필 등이 이곳에서 수도했다.

### 1) 은해사

은해사(銀海寺)는 신라 헌덕왕 때 혜철국사가 창건한 절로 19동의 건물과 8채의 암자를 거느린 거찰이다. 특히 이곳은 울창한 송림과 가을의 단풍, 겨울의 낙엽으로 유명하다.

### 2) 동화사

동화사

팔공산 사찰 가운데 가장 규모가 크고 유서깊은 동화사(桐華寺)는 신라 소지왕 때 극달화상이 창건, 유가사라 불렀는데, 흥덕왕 때 심지왕사가 중건하자 겨울에 경내의 오동나무 꽃이 활짝 피어 이름을 동화사로 바꿨다고 한다. 경내에는 마애불좌상, 석조비로자나불좌상, 삼층석탑 등의 보물이 있다.

### 3) 파계사

신라 애장왕 때 세워진 파계사(把溪寺)의 이름은 주변에 흐르는 9개의 물줄기를 흩어지지 못하게 잡아 모은다는 뜻을 담고 있다. 어필각에는 숙종, 영조, 정조의 친필이 보관되어 있다.

#### 청량산도립공원 현황

| 공원명 | 위치<br>(시도별 면적, $km^2$) | 면적<br>($km^2$) | 지정<br>연월일 | 주요자원 |
|---|---|---|---|---|
| 팔공산<br>도립공원 | 대구 30.58<br>경북<br>칠곡 29.72<br>군위 21.7<br>경산 10.61<br>구미 0.43<br>영천 29.04 | 122.08 | 80.5.13<br>80.4.25 | 팔공산, 가산산성, 은해사, 동화사, 파계사, 제2석굴, 대율사지 |

# 3 명산 · 사찰

## (1) 금정산

금정산(金井山)은 부산시의 동래온천 북쪽 4㎞되는 곳에 있으며, 일부는 경남 양산군에 속해 있다. 산 위에는 조선 숙종 29년에 쌓은 둘레 18.45km의 산성이 일부 남아 있으며, 양산 방면에는 범어사가 있다.

동래 방면의 금강공원에서 금정산성까지는 케이블카가 마련되어 있으며, 기암괴석과 울창한 숲이 산을 덮고 있어, 부산시민의 1일 등산 코스로 많이 애용 되고 있다.

### 범어사

범어사

범어사(梵魚寺)는 신라 문무왕 18년(830)에 의상대사가 창건했다는 설과 덕흥왕 10년에 세웠다는 설도 있다. 경내에는 대웅전(보물 434호)을 비롯해 전각 7개, 누각 2개, 문 3개, 영각 1개, 요사채 7개, 암자 9개가 있다. 특히 네 개의 돌기둥으로 세운 일주문이 인상적이고 반쯤 누운 듯한 노송이 묘한 운치를 더한다.

범어사는 나라를 지켜온 절로도 이름이 높다. 이 절의 창건사적기를 보면 절을 짓게 된 동기부터가 왜적으로부터 나라를 지켜달라고 부처님께 비는 데 있었다. 임진왜란 때는 서산대사가 승병을 거느리고 이곳에 내려와 싸웠고, 조선 숙종 때부터 이 절의 승려들이 다른 절의 승려들과 함께 금정산을 지켜냈다고도 한다.

### (2) 기백산

경남 거창과 함양군 북서에서 남동쪽으로 가르는 기백산(1천 3백 31m)은 긴 세월의 연륜을 말해주듯 침식 퇴적의 작용으로 노출된 암반을 따라 한수동 계곡의 맑은 물이 흐르고 있으며, 수많은 웅덩이와 폭포가 어우러져 계곡의 아름다움을 한층 더해주고 있다.

#### 1) 장수사 조계문

장수사 조계문은 신라 소지왕 9년(487)에 창건된 일주문으로 직경 1m 되는 두 개의 기둥 위에 화려한 팔각지붕을 한 건물이다. 한쪽 기둥은 싸리나무이고, 다른 한쪽은 칡넝쿨이라고 한다.

#### 2) 용추사

용추사는 신라 소지왕 때 창건된 장수사의 부속암자로 절 앞에 용추폭포가 있다.

#### 3) 원학동

원학동은 지금의 마리면과 위천면을 말한다. 금원산이 감싸는 위천면과 기백산이 감싸는 마리면을 합하여 일컫는 말이다. 음양의 조화를 이룬 금원산과 기백산을 여성과 남성 또는 흑과 백으로 본 옛사람들의 지혜를 엿볼 수 있다.

### (3) 내연산

태백산맥의 남단 경북 영일군에 위치 한 내연산(9백 30m)은 동해를 바라보면서, 유서깊은 보경사의 운치를 감상할 수 있다. 보경사 주변은 무려 12개의 폭포가 어우러진 절경을 자랑한다. 일명 **내연산 12폭포골** 또는 **보경사계곡**이라 불리는 곳이다.

## 1) 보경사

보경사

경북 영일군 송라면 내연산의 빼어난 산세를 배경으로 터를 잡은 보경사(寶鏡寺)는 신라 성덕왕 때 일조대사가 세웠다는 설과 진평왕 때 명지법사가 창건했다는 설도 전해지고 있다. 절 이름의 유래를 보면 명지대사가 중국에서 불경과 8면 보경을 가지고 와서 못에 묻고 지은 절이라 해서 보경사라고 한다.

경내에는 고려 고종 때의 원진국사 공적을 새긴 원진국사비와 사리를 봉안한 부도가 보물로 지정되어 있다.

## 2) 보경사12폭포

내연산의 보경사 계곡

보경사에서 계곡을 따라 산허리를 1.5km 휘돌아가면 제1폭포인 쌍생폭이 나오고 연이어 계곡을 따라 삼보폭, 보연폭, 잠룡폭, 관음폭, 연산폭, 은폭, 시명폭, 그리고 제1, 2, 3복호폭이 이어진다.

가장 절경을 이루는 곳은 제6폭인 관음폭과 제7폭인 연산폭이다. 쌍폭인 관음폭은 관음굴과 구름다리, 기암절벽이 어우러져 비경을 그려낸다. 이곳에서 구름다리를 넘어서면 12폭포 중 가장 웅장하고 아름다운 연산폭포에 이른다. 내연산은 폭포가 이루어 놓은 계곡미와 계곡을 흐르는 물, 울창한 자연림이 뛰어나 관광지로서 각광을 받고 있다.

## (4) 백암산

온정면과 수비면에 걸쳐있는 백암산(1천 4m)은 온정리의 백암온천을 기점으로 남쪽 능선을 따라 소나무 숲길을 계속 올라가면 정상에 오를 수 있다. 정상의 북쪽 계곡에는 선시골(일명 신선골) 늪을 비롯해서 수십 개의 늪과 담을 이루고 있고, 아래 능선에는 신라 때 쌓은 고모산성과 할매산성 그리고 조선 선조 때의 백암산성이 있다.

### 1) 백암온천

백암온천은 평해에서 서쪽으로 약 14.2㎞ 들어간 백암산 기슭에 자리잡고 있다. 이곳은 1979년에 국민관광지로 지정된 뒤 평해와 온정리 간의 도로가 포장되어 관광객들이 점차 증가하고 있다.

백암온천은 수온이 섭씨 48℃이고 라듐이 많이 함유되어 있는 국내 유일의 방사능 알칼리성 온천으로 우리나라 온천 가운데 천질이 좋기로 소문나 있다. 효험으로는 신경통, 만성관절염, 동맥경화증 등에 효과가 있다. 대구, 안동, 영덕에서 직행 버스가 수시로 운행하고 있으며, 관광버스를 이용해도 좋다. 숙박시설로는 호텔과 여관, 민박이 있다.

### 2) 선시골 계곡

선시골 계곡은 온정면의 백암산 정상 북쪽에 있으며, 울창한 소나무와 참나무들로 덮힌 이 계곡은 수십 개의 늪과 담이 곳곳에 있다. 특히 맑은 계곡물은 갖가지 바위와 어우러져 아름다운 모습을 자아내고 있으며, 계곡의 상류에는 고모산성과 백암산성의 능선이 아기자기하여 등산객의 발길이 끊이지 않는다.

## (5) 수도산

수도산(1천 3백 17m)은 가야산을 분수령으로 한 비교적 높은 산으로 일명 **불영산**이라고도 하며, 정상인 신선대에 오르면 가야산, 덕유산, 황악산, 금오산이 손에 잡힐 듯 보인다. 수도계곡은 구비구비마다 독특한 절경의 연속이고, 산기슭에는 비구니들이 수행 정진하는 청암사 승가대학이 있다. 그리고 정상 부근에는 수도암이 있다.

### 수도암

수도암은 수도산 상부에 위치한 도량으로 옛날 도선국사가 이 도량을 보고 앞으로 무수한 수행인이 나올 것이라 하여, 산과 도량 이름을 각각 수도산, 수도암이라 칭하였다는 데서 유래되었다. 그러나 백년 전부터 부처님의 영험과 이적이 많다하여 사람들이 **불영산**이라고도 부르게 되었다.

수도암은 통일신라 헌강왕 3년(859)에 도선국사가 창건한 이래 여러 번의 중수를 거쳐 오늘에 이르고 있다. 한편 경내에 있는 석불상과 석탑 그리고 지형을 상싱한 석물 등도 모두 천년의 역사를 지니고 있다. 매우 조용하고 한적한 곳으로서, 암자까지 걸어 오르는 숲이 우거진 오솔길은 아늑한 정취를 느끼게 해준다.

## (6) 천황산

높이 1천 1백 89m의 천황산(재약산 사자봉)은 산세가 부드러우면서도 정상 일대에는 거대한 암벽을 갖추고 있다. 이곳에는 얼음골, 표충사, 층층폭포, 금강폭포 등 수많은 명소를 지니고 있으며, 재약산(수미봉), 천황산(재약산 사자봉), 능동산, 신불산, 영취산으로 이어지는 억새풀 능선 길은 최고의 산악미를 자랑한다. 정상 일대에는 목장으로 개발되고 있는 수십만평에 이르는 사자평 고원이 있다.

### 표충사

표충사(表忠寺)는 신라 흥덕왕 4년에 세워진 절로 창건 당시 이름은 영정사였다. 고려 말 ≪삼국유사≫를 쓴 일연이 1천 명이 넘는 스님과 함께 수도한 곳으로 알려져 있다. 경내에는 국보 75호인 향로 청동함은향완과 보물 467호인 3층석탑 등이 있다.

표충사 전경

## (7) 직지사

직지사 전경

경북 금릉군 대항면 황악산 기슭에 자리잡은 직지사(直指寺)는 신라 눌지왕 때 아도화상이 창건했다. 경내에는 대웅전과 칠불전, 극락전, 명부전, 일주문, 천불선원과 요사채 등이 있다. 또한 보물 319호인 석조약사여래좌상을 비롯해 대웅전 앞 삼층석탑(보물 606호), 비로전 앞 삼층석탑(보물 607호), 삼존불탱화세폭(보물 670호) 등 수많은 보물을 소장하고 있다.

특히 일주문, 금강문, 대양문, 만세루를 지나 대웅전에 오르는 동안 곳곳에서 흐르는 맑은 물, 청아한 바람소리가 마음의 때를 깨끗이 씻어준다.

## (8) 운문사

경남 청도군에 자리하고 있는 운문사는 운문산과 가지산이 만나는 골짜기의 아늑한 소나무 숲에 둘러싸인 우리나라 최대의 비구니 승가대학이다.

아직 관광객의 발길이 많이 닿지 않은 곳이어서 학소대와 이목소 등 수려한 경관이 잘 보전되어 있고, 절 마당 한쪽을 차지하고 있는 수령 4백년 된 처진 소나무는 옆으로 낮게 퍼진 모습이 독특해 눈길을 끈다.

운문사 전경

### (9) 고운사

등운산에 있는 고운사는 신문왕 1년(681)에 의상대사가 창건한 것이다. 대한불교조계종 제16교구 본사로서 현재까지 그 맥을 이어오고 있으며 많은 유물을 간직하고 있다. 경내에는 유형문화재 15호인 가운루의 아담하고 단아한 아름다움이 인상적이며, 신라시대 때 제작된 대좌와 광배가 완전하게 남아 있는 석조석가여래상(보물 246호)이 있다.

## 4 폭포 · 계곡

### (1) 달기폭포

달기약수탕에서 월외계곡을 따라 약 3km쯤 거슬러 올라가면 높이 11m의 장엄한 폭포가 앞을 가로막는데, 이것이 바로 달기폭포이다. 주왕산의 제1폭포를 여성에 비유한다면 달기폭포는 힘찬 남성에 비유한다.

### (2) 내원사계곡

내원사계곡은 경부고속도로의 통도사 인터체인지에서 통도사와는 반대 방향인 부산쪽으로 7㎞ 떨어진 천성산 기슭의 계곡이다. 내원사로 유명한 이 계곡에

내원사 계곡

는 약 6㎞의 맑은 시냇물이 천성산에서부터 흘러내리고 있다. 이곳은 물과 바위, 숲이 삼위일체가 되어 있어 이곳을 찾는 이로 하여금 탄성을 자아내게 한다. 이 계곡 일원에는 국가 지정문화재 5점과 경상남도 지정문화재 4점이 있다.

**내원사**

산중턱에 비구니의 도량인 내원사가 자리잡고 있다. 이 절은 당초 신라의 원효대사가 창건하였는데, 6 · 25때 불에 타 그 후 수옥스님이 재건한 절이다.

### (3) 불영계곡

불영계곡은 울진군 서면 하원리에 위치해 있으며, 약 15km에 이르는 깊은 계곡은 사철 맑은 물과 오색바위가 어우러져 환상적인 정취를 자아낸다. 계곡 중간중간에 야영장도 마련되어 있다. 불영계곡에서 가장 아름다운 곳은 불영사를 중심으로 한 10㎞의 구간이며, 특히 절에서 남쪽으로 3백m 지점에는 천년 묵은 굴참나무와 4백년 된 소나무 숲과 계곡의 폭포가 어우러져 아름다운 선경을 이루고 있다. 불영계곡으로 가는 길은 영주에서 봉화를 지나 울진으로 가는 길을 따라가면 된다.

### (4) 덕구계곡

덕구계곡은 울진군 북면 덕구리에 위치해 있다. 덕구는 해발 9백 88m의 응봉산에서 부구리 해안까지 20㎞에 걸쳐 깊은 골이 형성되어 있다. 이곳의 산림은 태고의 신비를 실감할 수 있는 원시수림대를 형성하고 있다. 선녀탕과 형제폭포 그리고 용소폭포 주변에서 야영을 즐길 수 있다. 덕구계곡으로 가는 길은 삼척에서 울진으로 가다 원자력발전소 삼거리에서 오른쪽으로 들어가면 된다.

## (5) 옥계계곡

옥외계곡

옥계계곡은 영덕군 달산면 옥계리에 위치해 있다. 태백산 줄기의 끝자락인 팔각산과 동대산의 기암절벽이 이뤄낸 깊은 계곡이다. 인적이 없는 바위틈 사이를 지나 오십천으로 흘러내리는 맑은 물이 사람들의 마음을 사로잡는다. 특히 이곳은 향로봉과 병풍암, 일월병, 학소대 등 37경이 절경을 이룬다. 옥계계곡으로 가는 길은 안동에서 청송을 지나 영덕쪽으로 가다 오른쪽으로 들어가면 된다.

## (6) 송계사계곡

송계사 입구에서 6km 정도의 계곡은 덕유산 특유의 무성한 숲과 절벽, 그리고 계류가 어우러져 절경을 이루고 있는데, 특히 계곡이 너무 깊어 두문동계곡이라고도 하며, 맑은 계곡과 울창한 숲으로 둘러싸여 여름의 녹음과 가을의 단풍, 겨울의 송계사를 감싼 눈쌓인 덕유연봉이 아름다워 찾는 이로 하여금 감탄을 불러일으킨다. 이 계곡은 약 16km 정도 이어진다.

## (7) 얼음골계곡

재약산(천황산) 북쪽 중턱의 높이 6~7백 50m쯤 되는 곳의 골짜기를 얼음골이라고 하는데, 삼복더위 때면 얼음이 얼었다가 처서가 지나야 녹는 곳이며, 반대로 겨울철에는 계곡물이 얼지 않는 신비한 곳이다. 천연기념물 224호로 지정 · 보호하고 있다.

### (8) 유안청계곡

경남 거창군 위천면 금원산(1천 3백 50m) 자락에 자리잡고 있는 유안청계곡은 길이가 2.5㎞에 이르며, 경관이 빼어날 뿐만 아니라 계곡이 깊고 수량이 풍부한 곳이다. 계곡내 곳곳에 아름다운 폭포와 소(沼)가 있으며, 특히 80m 높이의 유안청폭포가 압권이다. 이밖에도 와폭과 붉은 색을 띤 화강암 위로 쏟아져 내리는 자운폭포가 피서객의 발길을 붙잡는다.

### (9) 월성계곡

덕유산은 향적봉(1천 6백 14m)을 중심으로 장중한 능선이 남서쪽으로 30여 km나 이어져 남덕유산(1천 5백 70m)에 다다른다. 덕유산의 계곡은 구천동 계곡을 제외하고 황골, 월성, 산수리, 안성, 송계사계곡 등 대부분 남쪽과 서쪽으로 흘러내린다.

경남 거창군 북상면 소재지에서 군도 1082호선을 따라 영각사로 넘어가는 계곡가에는 물놀이를 즐길 수 있는 장소가 곳곳에 널려 있다. 그 중 포장도로가 끝나는 황점에서 남덕유산 등산로를 따라 이어진 월성계곡은 사람들의 발길이 잘 닿지 않는 한적한 곳이다.

### (10) 빙계계곡

경북 의성군 춘산면 빙계리 빙계계곡에 있는 빙혈과 풍혈은 한여름에도 얼음이 얼고 찬바람이 불어나오는 기이한 곳이다. 얼음이 어는 원리는 땅속 깊은 곳의 바위가 얼기설기 틈이 생긴 지층구조로 되어있고, 그 사이로 들어간 바깥 공기가 한 바퀴 돌아 나올 때 단열현상에 의해 온도가 급강하하면서 찬바람이 되어 생기는 현상이다.

빙혈은 빙산 기슭의 암석 사이에 있는 너비 1.5m, 길이 5m의 굴로 여름에

빙계계곡

는 고드름과 얼음이 얼고, 겨울에는 훈훈한 바람이 불어나온다. 특히 바람의 온도가 여름에는 풍혈보다 낮고, 겨울에는 더 높아 많은 사람들이 찾는 곳이다. 풍혈은 여름에는 서늘한 바람이 겨울에는 따듯한 바람이 불어나오는 너비 1m, 길이 10m의 바위 틈새이다.

불가사의에 가까운 명소로 이루어진 빙계계곡은 삼복더위에 얼음이 얼고 엄동설한에 더운 김이 피어오른다고 해서 **빙계**로 이름 붙었고, 그 계곡이 있는 산은 **빙산**, 마을 이름은 **빙계리**로 불리게 되었다.

## (11) 용추계곡

용추계곡

경남 함양군 안덕면 신성리에 위치한 용추계곡은 덕유산의 남쪽자락인 화림동 계곡과 인접하여 거창군 경계에 접하며, 함양군 군립공원 1호로 지정된 기백산에 자리잡고 있다. 약 8km 정도 되는 깊은 계곡에서 흘러내리는 맑은 물과 반석, 기암괴석 등이 원시림 상태로 잘 보존된 주변의 울창한 활엽수림과 어우러져 아름다움을 더해준다.

일주문에서 왼쪽으로 올라가면 용추폭포가 나온다. 폭포의 상류에는 설옥암, 만원대가 있으며, 폭포에서 떨어지는 물소리가 마치 용의 울음소리 같다 하여 용**추폭포**라 한다. 그리고 절벽에서 떨어지는 옥수가 부서져 물안개를 이루어 주위의 산과 바위와 어울려 선경을 이룬다.

## 5 해수욕장 · 섬

### (1) 구룡포해수욕장

구룡포해수욕장은 포항시에서 동남쪽 약 24㎞쯤 되는 곳에 있으며, 길이 4백m, 너비 30m, 경사 5도, 평균수심 1m, 평균수온 23℃ 안팎으로 7월 중순경부터 8월 말까지 개장한다.

해수욕장에서 북쪽 6㎞ 지점에는 국내에서 가장 높은 264m의 대보등대가 있으며, 해안의 기암괴석이 많아 풍치가 아름답고, 근처에서 바다낚시를 즐길 수도 있다. 숙박시설은 구룡포읍에서 민박을 비롯한 여관 등이 있고, 시즌에는 모래밭 부근의 간이 숙박시설을 이용하기도 한다.

### (2) 구조라해수욕장

구조라해수욕장은 장승포읍에서 남쪽으로 약 12㎞쯤 되는 곳에 있으며 , 길이 1.1㎞, 너비 20m, 경사 2도, 평균수심 1m, 평균수온 22℃ 안팎으로 7월 초순부터 8월 말까지 개장한다. 이곳은 모래도 좋고, 송림도 울창하며, 민물이 한가운데로 흘러 가족끼리 즐기기에 알맞은 곳이다. 숙박은 여관, 민박집 등을 이용하면 된다.

### (3) 남일대해수욕장

남일대해수욕장은 삼천포시에서 동남쪽으로 약 2㎞쯤 되는 곳에 있으며, 길이 4백m, 너비 1백 50m, 경사 5도, 수심 1~2m, 평균수온 22℃ 안팎으로 7월 초순부터 8월 중순까지 개장한다. 이곳은 주로 조개껍질과 절벽으로 이루어져 있다. 숙박은 민박, 별장, 야영장 등을 이용할 수 있다.

## (4) 다대포해수욕장

다대포해수욕장

다대포해수욕장은 송도해수욕장에서 서쪽 12㎞쯤에 있으며, 길이 9백m 너비 1백m, 경사 10도, 평균수심 1.2m, 평균수온 21℃ 안팎으로 7월 초순부터 8월 말까지 개장한다. 이 해수욕장은 낙동강 하구에 위치하고 있어 해마다 모래밭이 1m쯤 넓어지고 있다. 숙박은 가까운 부산시내 숙박시설을 이용하거나, 바닷가 송림 속의 야영지를 이용해야 한다.

## (5) 대진해수욕장

영덕군 영해면 해안마을인 대진리를 중심으로 펼쳐진 대진해수욕장은 어디에 내놓아도 손색이 없는 곳이다. 백사장의 모래는 알이 굵고 사질이 좋아 모래찜질에는 그만이며 몸에 잘 붙지 않는 것이 특징이다.

대진해수욕장의 가장 큰 사랑거리는 백사장을 가로 질러 흐르는 폭 2백m의 송천천으로 이곳에서 담수욕을 즐길 수 있다. 또한 이곳은 뱃물과 바닷물이 만나고 있어 어족이 풍부하고 민물낚시와 바다낚시를 동시에 즐길 수 있다. 백사장의 길이는 8㎞, 폭 1백m, 수심 1~2m에 이른다.

## (6) 명사해수욕장

명사해수욕장은 밝을 명(明)과 모래 사(砂)로서 모래의 질이 좋고 물이 맑다고 해서 유래되었다. 이 해수욕장은 아름다운 모래사장뿐만 아니라 해수욕장에 이르는 오솔길로도 유명하다. 해변의 길이는 3백 50m로 맑고 고운 모래가 완만한 경사를 이루며 유리알 같이 빛난다.

주변에는 천년 노송이 우거져 있으며, 조용한 여름 피서지로 적당한 곳이다. 주위에 대 · 소병대도 등 천혜의 낚시터가 있으며, 유람선을 이용해 홍포와 여차 등의 절경을 탐방할 수 있다.

### (7) 봉길해수욕장

경주시에서 동쪽으로 32㎞ 떨어진 대종천 하구에 자리한 봉길해수욕장은 백사장의 길이 5백m, 폭 40m, 평균수온은 섭씨 22℃ 가량된다. 앞에는 신라 문무대왕의 해중릉인 대왕암이 있으며, 가까운 곳에 감은사, 이견대, 기림사, 용연 등의 명소가 있다.

### (8) 상주해수욕장

상주해수욕장

상주해수욕장은 남해읍에서 남쪽 24㎞, 남해대교에서는 약 40㎞되는 남해 남쪽 끝에 있으며, 길이 1.7km, 너비는 밀물 때 70m, 썰물 때 1백30m, 경사 5도, 평균수심 1~1.5m, 평균수온 22℃ 안팎으로 7월 중순부터 8월 말까지 개장한다. 주변에는 금산이 있고, 해수욕장을 흐르는 맑은 계류가 남해에서 으뜸이다. 숙박시설로는 관광호텔, 방갈로, 여관, 민박 등이 있다.

### (9) 율포해수욕장

율포해수욕장은 보성읍에서 서남쪽으로 17.5㎞ 되는 곳에 있으며, 길이 1.2㎞, 너비 60m, 경사 5도, 평균 수심 1.5m, 평균수온 20℃ 안팎으로 7월 중순부터 8월 중순까지 개장한다.

뭍에서 6㎞의 앞바다에는 득량도 낚시터가 있고, 보성 저수지와 우리나라에서 제일가는 보성다원이 있으며 주변에는 1만 그루가 넘는 오동나무, 70만 그루가 넘는 삼나무 숲이 있어 풍치가 빼어나다. 숙박은 민박을 하거나 야영을 해야 한다.

### (10) 일산해수욕장

일산해수욕장은 울산시에서 동남쪽 24km, 방어진에서 1km되는 곳에 있으며, 길이 4백m, 너비 8백m, 평균수심 1~2m, 평균수온 21℃ 안팎으로 경사가 완만하고, 7월 초부터 8월 말까지 개장한다.

해수욕장 주변에는 울기등대, 어현, 용담, 동굴, 바위섬, 용당굴 등의 명소와 고능물탕(약수) 등이 있다. 숙박시설은 여관, 별장이 있으나, 방어진 쪽의 여관을 이용하는 것이 한결 편리하다.

### (11) 장사해수욕장

영덕읍에서 남으로 16km 떨어진 장사해수욕장은 백사장의 길이 9백m, 폭 80m, 평균수심 15m의 자그마한 해수욕장으로 인근 사람들이 많이 찾는다. 백사장 뒤로는 소나무숲이 우거져 있고, 탈의장, 샤워장, 주차시설도 갖추고 있다.

장사해수욕장

### (12) 칠포해수욕장

칠포해수욕장은 포항시 북구 흥해읍 칠포리에 위치해 있다. 칠포는 포항에서 북쪽으로 가다 흥해읍에서 오른쪽으로 6㎞쯤 들어 가야 한다. 일명 홍해해수욕장이라고도 부른다. 해변의 길이는 2km, 너비 70m로 7월 중순부터 8월 말까지 개장한다.

해수욕장 동쪽은 경사가 완만하고, 서쪽은 곤륜산과 방목산이 병풍처럼 둘려 있으며 북쪽은 기암괴석, 남쪽은 나무가 울창한데다가 해수욕장 안으로 곡강천이 흘러들고 있고, 50m 앞까지의 수심이 1m 정도에다 물이 맑아서 조개와 해조류가 훤히 들여다보일 정도로 해수욕장의 조건을 고루 갖춘 이상적인 곳이다. 숙박은 여관, 방갈로, 민박을 이용하면 된다.

### (13) 포항송도해수욕장

포항송도해수욕장은 예로부터 은빛 모래와 주위의 우거진 소나무 숲으로 둘러 쌓인 천혜의 자연조건이 좋은 이름난 해수욕장이지만, 공단 설립과 일부 백사장 유실로 지금은 백사장이 1천 7백m에 불과하다. 1983년 국민관광지로 지정되었고, 현재 개발에 박차를 가하고 있다. 해수욕장보다는 산책장소로 더 많이 이용되고 있다.

### (14) 해운대해수욕장

해운대(海雲臺)라는 지명은 신라 말기의 대학자 최치원이 세상이 어지러움을 슬퍼하며 속세를 떠나기 위해 해인사(海印寺)로 가던 길에 이곳에 이르러 그 절경에 감탄하고 동백섬의 암반 위에 해운대라 새겼다는 데서 유래했다.

해운대해수욕장

백사장의 길이는 1.8㎞, 너비 35~50m, 경사 10도, 평균수심 1m, 평균수온 22℃ 안팎으로 7월 초순부터 9월 중순까지 개장한다. 특히 여름 피서철이면 하루에 1백만 명 이상의 인파가 몰려든다.

해수욕장 서편 끝의 울창한 송림과 동백나무 산책길이 빼어나며, 동백섬 꼭대기에 있는 최치원 선생의 동상과 시가 새겨진 병풍석비도 볼만하다.

## (15) 소매물도

소매물도

통영에서 27㎞ 떨어진 매물도는 **대매물도, 소매물도, 등대도** 등 세 개의 섬으로 되어있다. 소매물도와 등대도의 기암괴석과 총석단애가 특히 절경인데, 썰물일 때는 이 두 섬이 서로 연결되어 건너다닐 수가 있다. 이곳에는 옛날 중국 진시왕의 사자 서불이 불로초를 구하러 여기까지 왔다가 동굴 천장 위에 **서불과차**라고 새겨 지금까지 그 흔적이 있다 하여 **글씽이섬**이라 부르기도 한다.

글씽이섬 부근에는 부처바위, 병풍바위, 촛대바위, 거북바위, 글씽이굴 등 비경을 더해주는 바위들이 즐비하며 바다안개가 일어나면서 바위층의 허리를 휘감이 용트림히는 모습은 일대 장관이며 특히 일출과 일몰 때의 경관이 빼어나다. 또한 1910년에 세워진 등대는 이 섬의 명물의 하나이며, 바다 낚시터로도 유명하다.

### 1) 등대섬

대부분이 사람들이 **등대 섬**때문에 소매물도를 찾는다고 해도 과언이 아니다. 국내에선 보기 드문 이국적인 아름다움을 지니고 있기 때문이다. 푸른 초원이 펼쳐진 언덕 위에 하얀 등대, 한 번쯤 꿈꿔 본 낙원의 모습이 눈앞에 펼쳐진다. 이 등대는 일제시대에 일본이 뱃길을 확보하기 위해 세운 것이다. 그래서인지 등대섬엔 서글픈 아름다움이 서려 있다.

이 섬에는 현재 4명의 등대지기와 본섬 출신의 일가족 4명이 관사에서 살고 있다. 등대 섬 전경을 가장 잘 볼 수 있는 곳은 본섬 마을의 정상, 망태봉이다. 민가 사이로 난 좁은 산깃을 30분 정도 오르면 푸르고 하얀 등대섬이 펼쳐진다.

### 2) 몽돌밭

본섬과 등대섬을 연결하는 몽돌밭, 하루에 두 차례 물이 빠지고 찬다. 썰물 때 고른 몽돌밭이 차츰 드러나면서 길이 열리는데, 이때 바닷가로 들어가 물놀이를 할 수도 있다. 스쿠버 다이빙을 처음 시작하는 사람들이 체험 다이빙을 하기에도 적격이다. 간조 때가 매일 조금씩 변하므로 마을에서 미리 썰물 시간을 알고 가는 것이 좋다.

### 3) 글씽이굴

빼어난 경치 때문에 남해의 진주, 해금강에 비할만하다 하여 해금도라고 불리기도 하는 등대섬. 등대 바로 뒤의 절벽에는 아치형의 커다란 동굴이 있다. 글씨가 쓰인 바위가 동굴을 이루고 있어 글씽이굴이라 부른다. 중국 진시황제의 사자 서불이 불로초를 구하러 이곳까지 왔다가 이 동굴을 보고 천장 위에 서불과차라고 써 놓고 갔다는 전설이 전해지는 곳이다. 글썽이굴 주의에 있는 용바위, 처바위, 촛대바위 등도 저마다의 사연을 안고 서 있다. 동굴 밑으로 보트를 타고 들어가면 구석구석을 자세히 감상할 수 있다.

## (16) 오륙도

항구도시 부산의 상징인 오륙도는 부산항 동쪽 바다위에 떠 있는 한 무더기의 섬을 일컫는 것인데, 육지에서 먼곳부터 밭섬(등대섬), 존섬, 송곳섬, 수리섬, 방패섬의 다섯 개 섬이다.

물이 많이 차면 방패섬 위로 물이 올라가 방패 섬이 두 개의 섬이 되므로 모두 여섯 개처럼 보여서 **오륙도**라는 이름을 가졌다. 부산 영도구청 주변에서 바라보는 것이 가장 잘 볼 수 있다. 여섯 개 섬을 부산지방기념물 22호로 지정하였다.

오륙도

## (17) 울릉도

동해의 고도 **울릉도(鬱陵島)**는 포항에서 약 268km 떨어진 동쪽에 위치해 있으며, 뱃길로 5시간 걸리는 동해의 금강이다. 해발 984m의 성인봉을 중심으로 산줄기가 사방으로 퍼진 면적 73㎢의 아름다운 섬이다. 울릉도는 섬 전체가 화산 용암의 바위산이며 해송, 향나무, 잣나무, 대나무, 동백 등의 상록수로 된 밀림지대이다.

울릉도

해안은 기암절벽으로 절경을 이루고 있고, 특히 저동 앞바다의 촛대바위, 죽도, 동북단의 산선암, 짝새섬, 딴방우, 현포의 구멍 바위 , 장홍의 수뢰 바위 등이 유명하다. 그밖에 도동의 천년 묵은 은행나무, 도동약수, 저동 입구의 후박나무와 봉래폭포는 인상적이다.

교통편은 포항에서 대아고속 카페리와 대원 1호가 이틀에 한 번 왕복으로 번갈아 떠난다. 숙박시설은 도동에 여관이 있으며, 천부, 현포, 남양에도 숙박시설이 있다.

### 1) 나리분지

나리분지는 울릉도의 유일한 평야지대로 포근한 어머니의 품같은 곳이다. 주변에는 너와집과 투막집, 울릉국화와 섬백리향 군락지가 있다. 울릉도 지방 특유의 투막집과 너와집은 겨울에 눈이 많이 내렸을 경우 눈의 무게를 견디지 못해 무너지는 것을 막기 위해 독특한 형태를 취하고 있다. 성인봉에 둘러싸여 폭 파묻힌 나리분지, 황혼이 질 무렵이면 더욱 아늑하고 포근한 분위기가 되어 어디라도 누워버리고 싶은 기분이 들게 한다.

### 2) 도동약수공원

산기슭에 자리잡고 있는 이 공원에는 약수터를 비롯, 여러 가지 볼거리가 많다. 이 약수는 빈혈 및 제산작용에 효과가 있으며, 철분이 함유되어 있다. 따라서 약수가 나오는 부분은 물론, 그 주변까지도 황토색으로 변해 있다. 약수공원에는 약수터 이외에 울릉도의 민속유물과 선조들의 생활상을 전시한 향토사료관, 소공원, 전망광장, 기념비광장, 향토수목원, 체육공원 등이 있다.

### 3) 봉래폭포

봉래폭포는 성인봉에서 흘러 내려오는 물이 관음봉에서 폭포를 이룬 곳으로, 세 곳에서 물이 흘러내린다 하여 3단폭포라고도 한다. 이 물은 이곳 주민들의 식수원으로 이용되고 있다.

### 4) 태하리해수욕장

타원형의 해안을 가진 태하리는 섬사람들의 생활을 직접적으로 체험할 수 있는 곳이다. 주택가 주변 곳곳에는 만국기처럼 널려 있는 오징어들이 울릉도 고유의 풍경을 만들어내고 있다. 해수욕장 오른쪽 방파제는 마치 동굴처럼 생겼는데 바위들이 즐비해 낚시터로도 그만이다.

### 5) 사자암과 투구봉

사자암과 투구봉은 오랫동안 비바람과 파도에 의해 침식된 모양이 포효하는 사자의 형상과 닮았다 하여 붙여진 이름이다.

### 6) 풍혈

풍혈은 바위틈에서 찬바람이 나오는 곳이다. 한여름에도 찬바람이 나오는데, 일명 천연 에어컨이라고 한다. 이 바위 주변에 벽을 만들어 굴처럼 만들고 더위에 지친 사람들이 쉬어가기에 좋게 만들어 놓았다.

### 7) 성인봉

울릉도 한가운데 우뚝 솟아 있는 성인봉(해발 984m)을 오르는 길은 하늘도 보이지 않을 만큼 원시림이 빽빽이 들어차 있어 감회가 새로운 등산로이다. 정상에서 정북방향으로 3m 정도 내려가면 나리분지와 형제봉, 송곳산을 한눈에 내려다 볼 수 있다. 또 정상 1km 못 미친 곳에 있는 바람골은 맑고 바람 한점 없는 날에도 옷이 날아갈 정도로 바람이 불고 구름이 안개처럼 끼여 있어 신비스러운 분위기를 자아낸다.

### 8) 관음도

공암, 삼선암과 함께 울릉 3경으로 불리는 관음도는 섬 개척 당시 깍새가 많이 살았다 하여 깍새섬이라고 불리기도 한다. 울릉도는 섬전체가 갈매기들의 낙원이지만, 특히 이곳은 갈매기의 보금자리이다. 해발 65m의 관음도는 죽도에 이어 두 번째로 큰 부속섬으로 지금은 아무도 살지 않는다.

### 9) 삼선암

관음도를 뒤로 하면 선창이라는 마을이 보이는데, 이곳을 돌아나가면 세 개의 바위 봉우리가 우뚝 솟아오른 모습이 눈에 들어온다. 먼저 뾰족한 두 개의 바위가 보이고, 그 바위들과 약간의 거리를 둔 또 하나의 바위가 보이는데, 이들 세 개의 바위를 합해 삼선암이라고 한다.

### 10) 만물상

태하1리에 위치한 만물상은 바위의 형상이 해가 떠 있는 위치에 따라 1만 가지의 모습으로 변한다고 해서 붙여진 이름이다. 만물상의 형상을 제대로 보려면 한낮보다는 해가 질 무렵에 가는 것이 제일 좋다.

## (18) 독도

독도

독도는 서기 512년(신라 지증왕 13) 이래 울릉도와 함께 우산국의 영토로서, 우리의 역사와 문화권에 편입된 후 지금까지 면면히 이어져 온 우리의 고유 영토이다. 과거의 독도는 바다 가운데의 작은 외딴섬으로 크게 주목받지 못했지만, 해양에 대한 의존도가 점차 높아지고 있는 오늘날에는 정치, 경제, 군사, 학술 등 다방면에서 매우 중요한 위치를 가지게 되었다.

이러한 이유로 현재 일본과 그 영유권을 두고 민족의 자존심이 걸린 첨예한 갈등이 빚어지고 있다. 특히 독도박물관은 독도 및 동해를 둘러싼 관련 자료를 발굴, 수집, 연구하며, 그 결과를 바탕으로 전시, 관리, 교육, 홍보함으로써, 일본의 독도영유권 주장을 반박할 수 있는 자료와 이론의 토대를 구축하는 동시에 국민의 영토의식과 민족의식을 고취시키는데 건립 목적을 두고 있다. 현재 독도는 천연기념물 336호 독도천연보호구역으로 지정되어 있다.

### (19) 을숙도

을숙도

천연기념물 179호로 지정된 낙동강 하구의 을숙도는 50여 종, 10만여 마리의 철새들이 쉬어가는 철새들의 낙원으로 널리 알려져 있다. 1983년부터 시작된 낙동강 하구뚝 공사때문에 을숙도의 절반 가량인 갈대숲은 완전히 물속에 가라앉게 되어 매우 아쉽지만, 아직도 세계적인 희귀조인 재두루미, 저어새 . 흰꼬리수리 등이 날아와 겨울을 나고 있다.

## 6 온천 · 약수터 · 동굴

### (1) 덕구온천

덕구온천은 경북 울진과 강원도 삼척군의 경계인 응봉산계곡에 있다. 고려말 한 사냥꾼에 의해 발견된 이 온천은 중탄산과 나트륨이 주성분인 45℃의 알칼리성 단순천으로, 특히 신경통에 좋고, 그밖에 부인병, 피부병 등에도 효과가 있다. 덕구온천은 예부터 노천탕으로 수 백 년 이어져 오다가 1991년부터 대규모 대중탕 시설이 갖추어 지면서 본격적으로 이용되기 시작하였다.

### (2) 동래온천

동래온천은 부산시에서 북쪽으로 약 14km 떨어진 금정산 중턱에 있다. 이 온천수는 알칼리성 식염천으로 류머티스, 신경마비, 신경통, 산후조리 등에 효과가 있다. 온천 주변에는 명승 고적이 많고 부산 시민의 유일한 등산 코스인 금정산이 있어 이용객이 많다.

> **식염천**
> 식염천은 온천수 1킬로그램 중에 식염의 함유량이 1천밀리그램 이상되는 온천을 말한다. 식염천에 목욕을 하면 염분이 땀의 증발을 막아주기 때문에 몸이 후끈거리며 보온효과가 있다. 효험으로는 류머티스, 근육통, 요통 등에 효과가 있다. 동래온천 · 해운대온천 등이 대표적인 식염천이다.

### (3) 마금산온천

마산에서 남해안 고속 도로(부산~순천)를 따라 버스로 45분 정도 가면 마금산온천이 나오는데, 마산에서는 북면온천이라 부르기도 한다. 이 온천수는 나트륨으로 고혈압, 부인병에 효험이 있다. 교통편은 마산에서 완행 버스가 수시로 운행하고 있다.

> **중조천**
> 중조천은 중조가 주성분인 온천으로 약알칼리천이라고도 하며, 색깔은 무색투명하다. 이 온천수에 목욕을 하면 피부의 지방이 제거되어 상쾌한 느낌을 주고, 하이드로탄산이온이 세포 재생을 촉진시켜준다. 특히 중조천은 피부가 부드러워지기 때문에 '미인탕' 이라고도 하며, 피부 표면의 수분이 증발하기 때문에 '냉탕' 이라고 부른다.
> 효험으로는 피부병, 화상, 간장병, 류머티스 등에 효과가 있고, 음용하면 만성 위염에 특효가 있다. 또한 식전에 마시면 위산과다증이나 위궤양에 좋다. 마금산온천과 오색온천이 중조천으로 유명하다.

### (4) 부곡온천

부곡온천

부곡온천은 창녕군 남서쪽 덕암산 기슭에 자리 잡고 있으며, 국내 온천중 위락시설이 가장 잘 구비되어 있다. 최고 수온이 78℃로 국내에서 가장 높으며, 하루 용출량도 6천톤으로 으뜸이다.

수질은 라듐 유황천으로 규소, 염소, 칼슘, 칼륨 등 20여 종의 무기질이 들어 있어서 피부병, 신경통, 류머티스, 부인병 등에 좋고, 호흡기 질환에도 효과가 있는 것으로 알려져 있다. 강남 터미널에서 부곡 온천장까지 가는 고속버스가 있으며, 4시간 50분 걸린다. 숙박 시설로는 부곡 하와이 호텔을 비롯하여 여관과 민박이 있다.

### (5) 해운대온천

해운대온천은 우리나라 유일의 임해온천으로 해수욕과 온천을 함께 즐길 수 있는 전천후 휴양지이다. 신라 진성여왕이 자주 찾아와 목욕을 즐겼다고 전해질 만큼 오래된 명소이다. 해운대온천은 45~65℃의 알칼리성 단순천으로 라듐성분이 섞여 있다. 특히 방사선, 라듐토층의 침투력이 강한 성분은 호르몬 분비촉진과 피부미용에 효력이 있는 것으로 알려져 있다.

### (6) 달기 약수터

청송읍에서 북쪽으로 3km 떨어진 주왕산 기슭에 위치한 달기약수터는 계곡을 따라 올라가며 상탕, 중탕 등 10여 개의 약수가 흩어져 있다. 철분성분이 유난히 많은 달기약수는 빈혈, 위장병, 만성 부인병 등에 탁월한 효과가 있다고 전해진다. 색깔과 냄새가 없으며 겨울에도 얼어붙지 않는 게 특징이다.

### (7) 성류굴

경북 울진군 울진읍에 위치한 성류굴(聖留窟)은 천연기념물 155호로 지정된 석회암 종유굴이다. 신라 31대 신문왕의 아들 보천태자가 굴속에서 수도를 하고 사찰을 지어 성류사라 이름붙인 데서 유래했다.

부곡온천

굴 내부는 5개의 못과 12개의 크고 작은 광장으로 구성되어 있다. 종유석과 석순, 석주 등이 잘 발달된 동굴로 선비로운 경관을 이루고 있어 지하의 금강으로 불린다. 굴의 생성시기는 약 2억 5천만년 전으로 추정된다.

## 7 공원 · 호수 · 유원지

### (1) 용두산공원

용두산공원

용두산공원(龍頭山公園)은 부산 중심가에 자리잡고 있으며, 공원 안은 정원처럼 아름답게 가꾸어져 있고, 높이 118m의 부산 타워를 비롯하여 충무공 동상, 충혼탑, 꽃시계, 팔각정 등이 있다. 부산타워 전망대에 오르면 부산시가지는 물론 오륙도, 태종대, 송도를 비롯하여 김해시까지 볼 수 있고, 내외항에 정박해 있는 배와 현해탄을 항해하는 선박까지도 볼 수 있다.

### (2) 자성대공원

자성대공원(子城大公園)은 부산만 깊숙한 곳, 좌천동의 바닷가에 석축으로 쌓은 옛 성벽이다. 이 일대는 1968년 8월 공원으로 고시된 후 현재에 이르기까지 오랫동안 환경정비와 녹화사업을 계속한 결과 지금은 부산시민들이 즐겨 찾는 안식처가 되고 있다. 원래 이 성지는 임진왜란 때 왜군이 부산에 주둔하면서 부산진의 지성으로 쌓은 성이다. 지금 남아 있는 이 성은 일본식 성이다. 자성대라는 명칭은 부산진성을 모성(母城)이라고 하고, 그 자식의 성이라는 뜻과 산정에 자성(子城)을 만들고 장대로 하였다는데서 유래되었다고 한다.

## 8 문화유적지

### (1) 노산서원

퇴계 이황선생이 후진을 양성했던 도산서원(陶山書院)은 안동호의 북쪽 상류인 안동군 도산면의 경관이 좋은 언덕에 위치해 있으며, 최근에는 안동댐의 물이 언덕 아래까지 들어차 아름다운 경관을 이루고 있다. 서원을 들어서면서 오른쪽으로 도산서당이 있고, 맞은편으로 농운정사가 있다. 진도문을 거쳐 광명실을 지나면 그 뒤에 주건물인 전교당(보물 210호)이 있고, 전교당 뒤편 중앙에 퇴계의 사당인 상덕사(보물 211호)가 있다. 도산서원 현판 글씨는 명필 한석봉의 글씨이다. 경내에는 도산서당을 비롯하여 전교당이 있으며, 안동댐으로 인해 경내 바로 앞까지 물이 들어와 있다.

도산서원

### (2) 무열왕릉

무열왕릉은 고속버스 터미널에서 서천다리를 건너 대구로 가는 국도변 3km 지점에 있으며, 김유신 장군과 함께 삼국통일의 위업을 이룩한 신라 태종무열왕의 능이다. 둘레 100m, 높이 12m의 화려하고 장엄한 통일신라시대의 무덤으로 사적 20호인 태종무열왕릉비가 비각 속에 들어 있다.

### (3) 충렬사

충렬사(忠烈祠)는 부산 동래구 안락동 로터리 앞에 위치해 있으며, 임진왜란 때 왜적과 싸우다 장렬하게 전사한 동래부사 송상현, 부산진첨사 정발, 다내포진첨사 윤흥신 등 선열들을 모신 사당이다.

이 사당은 선조 38년(1605) 당시 동래부사 윤훤이 송상현을 봉사하기 위하여 동래읍성(東萊邑城)의 남문안에 건립하였던 것이 그 시초가 되었다. 그 후 인조 2년(1624)에 충렬사라는 사액(賜額)이 내려지면서부터 충렬사로 불리게 되었으며, 이 때 이곳에다 정발도 함께 배향하였다.

한편 효종 3년(1652)에 충렬사를 지금의 위치로 옮기고 선열들의 충절과 학행을 후세의 사표(師表)로 삼기 위해 강당과 서재를 지어 서원의 규모를 확장하였고, 영조 11년(1735)에 윤흥신을 이곳에 추배했다.

### (4) 소수서원

하늘을 가린 울창한 송림이 그윽한 운치를 자아내는 소수서원(紹修書院)은 영풍군 순흥면 순내리에 있으며, 우리나라에서는 최초로 임금이 이름을 지어 내린 사액서원이자 사학기관이다.

조선 중종 37년(1542년)에 풍기군수 주세붕이 안향을 제사하기 위해 사당을 세웠다가 이듬해 유생들을 교육하면서 백운동서원이라 하였다. 명종 5년

(1550년)에 풍기군수 이황의 요청에 의해 소수서원이라 사액을 받고 나라의 공인과 지원을 받게 되었다.

중종 39년(1544년)에 안축과 안보를 제사지냈고, 인조 11년(1633년)에는 주세붕을 더하여 제사지냈다. 소수서원은 대원군이 서원을 철폐할 때 살아남은 47개 서원 중의 하나이며, 매년 봄 가을에 제사를 지낸다.

### (5) 옥산서원

경주시 안강읍 옥산리에 위치한 옥산서원은 1572년 경주부윤 이재민이, 조선 중종 때의 성리학자인 이언직을 배향한 서원이다. 옥산서원은 화개산, 자옥산, 무학산, 도덕산 등 4개의 명산으로 둘러싸인 명당으로서 특히 늦가을 정취가 낭만적이다. 이 서원에는 이언적의 친필과 저서를 비롯하여 역대 명인들의 시적과 글씨 등 약 4천여 점이 소장되어 있다.

### (6) 월송정

월송정은 관동8경의 하나로 꼽히는 고려시대의 정자로, 조선 중기에 관찰사 박원종이 중건했다. 현재의 정자는 일제가 헐어 버린 것을 1980년에 복원한 것이다. 월송정에 오르면 울창한 소나무 숲 너머로 하얗게 부서지는 포말과 아담한 백사장이 한눈에 들어온다.

### (7) 촉석루

경남 진주시 본성동에 있는 촉석루는 남강변 바위 벼랑위에 장엄하게 솟은 영남 제일의 아름다운 누각이다. 고려 말기 공민왕 14년(1365)에 창건하여 8차례의 중건과 보수를 거쳤던 이 누각은 정면 5간, 측면 4간의 단층 팔작(八作)의 와가(瓦家)로 일명 주장대(主將臺), 남장대(南將臺), 장원루라고도 한다.

촉석루는 고려 말 부사(府使) 김충광(金忠光)이 창건 했다는 설과, 고려 때 김중선(金仲先) 등이 진주성 수축시에 신축했다는 설이 전해지고 있다.

## 9 박물관 · 기념관

### (1) 국립경주박물관

국립경주박물관

국립경주박물관은 반월성 뒤 넓은 벌판에 있으며, 정문의 추녀부터 신라 옛 건물의 모습을 보여 주고 있다. 박물관 뜰에는 에밀레종(선덕대왕 신종)과 불국사 다보탑과 석가탑을 똑같은 크기로 모조하여 세운 것이 관광객의 눈길을 끌고, 대지 2만 7백평, 건평 3천 3백평의 2층 건물에는 국보 13점과 보물 19점을 비롯하여 1만여 점의 문화재가 있다. 제1실에는 선사시대 유물, 제2,3실에는 토기, 제4실에는 금속공예품, 제 5실에는 기와, 제6실에는 골호, 제7실에는 사리기, 제8실에는 불상 등이 분리되어 전시되고 있다.

### (2) 국립진주박물관

진주성은 진주에서 가장 첫 번째로 꼽는 명승지로 현재는 공원으로 꾸며져 있다. 성안에는 국립진주박물관이 있어 가야의 유물과 유적이 일목요연하게 전시되어 있다.

### (3) 부산시립물관

부산 남구 대연동 유엔묘지공원 입구 참전기념탑 옆에 위치한 부산시립박물관은 1975년에 착공하여 1978년 1월에 완공, 7월 11일 개관하였다. 이 박물관은 지하 1층, 지상 3층, 연건평 1천 4백평으로 선사가야실, 가야실, 역사자료실, 서화실, 공예실, 특별전시실 등 각종 전시실 및 부대시설을 갖추고 있다. 현재 소장하고 있는 소장품은 1천 2백여 점에 이른다.

부산시립박물관

### (4) 독도박물관

독도박물관은 1995년 광복 50주년을 맞아 울릉군이 대지를 제공하였다. 삼성문화재단이 건축한 건물에 이종학 초대관장이 30여 년 동안 국내외에서 수집, 기증한 자료와 故홍순칠 대장의 유품 및 독도의용수비대 동지회와 푸른 독도 가꾸기 모임 등의 자료를 보충해 1997년 8월 8일 국내유일의 영토박물관으로 개관되었다.

박물관 건물은 대지 8,068㎡, 연면적 1,600㎡의 지하 1층과 지상 2층으로, 지상 1층의 3개 전시실, 중앙홀, 2층의 1개 전시실, 자연생태 영상실, 독도전망로비 등으로 이루어져 있다.

# 10 종합레저시설 · 민속촌

## (1) 경주보문단지

경주보문단지

경주보문단지는 경주 시내에서 동북쪽 약 6km쯤 되는 곳에 있으며, 인공적으로 조성된 50여만 평의 보문호를 중심으로 총 1천 3m²에 달하는 종합관광단지이다. 경주를 찾는 국내외 관광객들에게 신라의 정취를 느끼게 하는 위락시설과 숙박시설이 고루 갖추어져 있어서 옛 고장의 새로운 관광대상으로 떠오르고 있다. 국제적 규모의 시설을 자랑하는 경주조선호텔과 현대호텔 등이 주된 건물을 이루고, 그 주위에 골프장, 테니스장 등의 운동시설과 물레방아 휴게소 등 여러 공원시설이 있다. 그밖에 한옥 단층 14동으로 된 상가 지역에는 토산품점과 기념품점 등이 있다.

### 1) 선재미술판

보문단지 내에 있는 선재미술관은 경주에서 가장 현대적인 감각을 접할 수 있는 곳이다. 푸른 잔디 위로 펼쳐진 야외 조각전시장, 국내외 유명화가들의 작품이 망라된 실내전시장 등에서 격조 높은 예술의 세계를 만날 수 있다.

### 2) 경주월드

경주월드는 26만 4천 4백 64m²의 넓은 부지에 각종 놀이기구, 수영장, 체력단련장, 방갈로 등의 위락시설을 갖춘 테마파크이다.

## (2) 안동하회마을

안동하회마을

냇물이 마을을 돌아 흐른다는 하회(河回), 또는 물도리동으로 불리는 안동 하회마을은 중요민속자료 122호인 하회탈로 유명한 민속마을이다. 수백 년 전 양반촌의 모습을 고스란히 간직하고 있는 곳으로 유명하지만 더위를 씻어내리는 시원한 경치까지 갖추고 있어 여름을 즐기기에 적당한 곳이다.

최근 영국여왕의 방문을 계기로 국내 최고의 관광명소로 발돋음한 안동하회마을은 많은 관광객이 다녀갈 정도로 인기를 끌고 있다.

풍산유씨들의 동족부락인 이곳은 서애 유성룡과 그의 형 겸암 유운룡이 벼슬길에 나가면서 양반마을로서의 기개를 떨쳤다. 돌담길을 따라 오래된 기와집들이 이어지는데, 특히 보물로 지정된 충효당과 양지당은 눈여겨 볼만하다. 하회마을 초입에 자리잡은 탈박물관에는 한국탈 19종 2백 점과 외국탈 1백여 점이 소장되어 있다.

하회마을은 마을전체가 낙동강에 감싸여 있고 강가에는 넓은 모래밭이 펼쳐져 있다. 또한 서북쪽에는 울창한 송림이 들어서 있어 서늘한 그늘을 이룬다.

## (3) 청학동마을

경남 하동군 청암면 묵계리에 위치한 청학동은 도인촌도 아니고 관광지도 아닌, 유불선교를 생활 속에서 실천하는 사람들이 모여 사는 곳이다. 선불은 내면적 가치를 추구하는 사상철학이고, 유교는 외면적인 가치를 지향하는 실천철학이다. 그러므로 사람들은 매일 아침 국태민안을 기원하는 치성을 드리고, 마을 위에 있는 사당에선 1년에 24번 절기마다 의식을 치른다.

청학동의 빼놓을 수 없는 구경거리였던 청학서당은 서양학문에 밀려 몇 해 전 문을 닫았다. 지금은 방학 때만 서당을 열어 도시의 아이들과 청학동 아이들을 상대로 전통 서당교육을 실시한다. 현재 이곳에는 약 30여 가구가 있으며, 이 가운데 한복에 댕기머리나 상투를 튼 채 생활하는 가구는 약 20호쯤 된다.

## 11 기타 관광명소

### (1) 자갈치시장

자갈치시장

자갈치시장은 충무동과 남포동 바닷가에 있는 상설 어시장으로, 부산 연안에서 잡히는 어패류, 해조류의 집산지이다. 충무동 위탁판매소 2층에 마련된 회센터와 바닷가에 즐비하게 늘어서 있는 포장집에서 싱싱한 생선회를 맛볼 수 있다.

매년 10월이면 이곳에서 오이소!, 보이소!, 사이소!를 외치는 정겨운 자갈치 아지매들의 축제가 개최된다. 풍성하고 다양한 볼거리, 먹을 거리, 살거리 행사로 전통과 현대가 조화롭게 어우러진 한국 최대의 수산물 축제 한마당이 펼쳐지고 있다.

특히 부산의 상징이면서 부산 사람들의 마음의 고향인 자갈치축제는 신선하고 특색 있는 수산문화와 오직 이곳의 이색적인 거리에서만 맛볼 수 있는 추억과 낭만, 즐거움을 만끽할 수 있다.

### (2) 태종대

태종대(太宗臺)는 영도(影島) 남쪽 끝 바닷가에 있으며, 부산 중심지에서 9 ㎞ 정도 떨어져 있다. 태종대라는 이름은 신라 태종 무열왕이 삼국을 통일한 뒤 전국의 명승지를 돌다가 이곳 절경에 반하여 머물렀다는 것에서 나온 것이다.

태종대는 어디를 보나 절경인 1,626㎢의 산과 해안으로 이루어져 있으며, 산에는 울창한 송림이 자라고 있다.

이곳에는 순환 관광도로 겸 산책도로가 나 있어, 기암절벽에 부딪쳐 하얀 포말을 일으키며 부서지는 파도를 마음껏 즐길 수 있다. 또 순환 도로 중간쯤에 있는 모자상, 전망대, 등대, 신선바위 그리고 바닷물 풀장으로 유명한 곤포의 집도 볼만하다.

Chapter » 07

# 제7장 제주권

## 1 국립공원

### (1) 한라산국립공원

한라산

해발 1천 9백 50m. 남한 최고의 높이를 자랑하는 한라산(漢拏山)은 봄 · 여름 · 가을 · 겨울 4계절 다양한 모습과 매력을 갖추고 있다. 넓은 초원에서 말과 소 그리고 양떼가 한가로이 풀을 뜯는 평화롭고 목가적인 봄이 지나면 짙은 녹음과 맑은 계곡, 온갖 새들의 지저귐과 함께 여름이 찾아든다.

한라산 허리를 부드럽게 감싸 안으며 파도처럼 밀려오는 억새 꽃 바람. 낭만의 계절 가을이 붉게 타 들어가고 나면 한라는 하얀 꽃의 천지가 된다. 한라산의 맥은 제주도의 중앙에서 동서로 뻗어 있고 남쪽은 경사가 심한 반면 북쪽은 원만한 편이다. 지대는 약간 높지만, 평탄하여 광활하게 퍼져 있다. 한라산은 지질학적으로 보면 제371 신생대에 조면암이 해저에서 분출함에 따라 큰 종상화산을 이루었는데, 그후 현무암의 분출로 그 주변을 덮어 현재와 거의 같은 모습으로 변모했다.

한라산은 높은 절벽과 기암괴석 등 뛰어난 자연경관과 명물로 손꼽히는 진달래의 군락이 아름답다. 특히 한라산은 어디서나 가깝게 보인다. 그러나 오름짓을 해보면 결코 만만한 산이 아니다. 어느 코스를 선택하더라도 4시간에서 9시간은 투자해야 백록담에 오를 수 있다. 등산로는 어리목, 영실, 성악판, 관음사를 들머리로 하는 4개의 코스가 있다. 1970년 3월에 국립공원으로 지정되었다.

### 1) 백록담

한라산 정상의 백록담

백록담(白鹿潭)은 한라산 정상의 분화구에 형성된 호수로서 기암절벽에 둘러싸여 있으며, 직경 5백m, 둘레 3km, 호수면적 330㎢에 이른다. 백록담은 물이 고인 화구호(火口湖 · crater lake)이다. 화구호는 화산 분출물의 출구로서, 보통 급경사의 내측벽으로 둘러싸인 깔대기 모양의 요지(凹地)를 말한다. 규모로 보면 보통 2㎞ 이내의 것을 말하는데, 이에 대해 규모가 훨씬 큰 분지모양의 것은 칼데라(caldera)라고 한다.

### 한라산국립공원 현황

| 공원명 | 위치 (시도별 면적, $km^2$) | 면적 ($km^2$) | 공원보호 구역($km^2$) | 지정 연월일 | 주요자원 |
|---|---|---|---|---|---|
| 한라산 국립공원 | 제주<br>남제주<br>북제주 | 133 | 19 | 70.3.24 | • 산악 : 한라봉, 백록담, 사제비동산, 만세동산, 어승생오름, 윗세오름, 성널오름, 사라오름, 삼각봉 등<br>• 계곡 : 개미, 어승생, 영실, 성판악 , 탐라, 구구곡 등<br>• 기암 : 영실기암(오백나한), 왕관능 서부벽, 루리굴, 용진굴, 홍웨, 등터, 진궤, 상궤, 탑궤, 평궤 등<br>• 사찰 : 관음사, 천왕사, 석굴암<br>• 천연기념물 : 제주도의 한란(191호) |

## 2 명산 · 사찰

### (1) 성산일출봉

성산일출봉(城山日出峰)은 남제주군 성산읍 성산포에 위치한 해안 절벽으로 둘러싸인 해발 1백 82m의 바위산이다. 이 산은 유일하게 바다 속에서 화산이 분출하여 지각변동으로 바다를 가르며 솟구친 것으로 정상은 99개의 봉우리로 둘러싸여 있다.

성산 일출봉

이 산은 분화구를 호위하며 감싸고 돈 석봉이 일부러 쌓아 놓은 성처럼 보인다 하여 성산(城山)이란 이름을 얻었다. 게다가 분화구로 떠오르는 해돋이가 장관이라서 일출봉(日出峰)이란 아호까지 얻어 성산일출봉이되었다. 일출봉 정상까지는 돌계단이 마련되어 있어 쉽게 오를 수 있다.

### (2) 산방산

산방산

한라산, 성산일출봉과 더불어 제주의 3대 명산으로 꼽히는 해발 3백95m의 산방산(山房山)은 사면이 바위로 곱게 뻗어 올라 있어 호쾌한 모습을 하고 있다. 전설에 의하면 설문대할망이 포수가 쏜 화살에 엉덩이를 맞고 화가 나 한라산 봉우리를 뽑아 던진 것이 산방산이라 한다. 우연인지 몰라도 한라산 백록담 화구의 둘레와 산방산의 밑둥 둘레가 같다고 한다. 산방산 중턱에는 산방사가 자리하고 있다.

**산방사**

산방사(山房寺)는 산방산 중턱 천연동굴 속에 위치한 절이다. 옛날 이 굴에서 여신 산방덕이란 절세의 미인과 고승이란 부부가 살고 있었는데, 이 골에 주관으로 있던 자가 산방덕의 미모에 반해 고승에게 죄명을 씌우고 야욕을 채우려고 하자 산방덕산은 주관의 음모를 알고 속세에 나온 것을 한탄하면서 다시 산방굴로 들어가 바위로 변해 버렸다는 전설이 있다.

### (3) 산굼부리

제주시에서 동부 산업도로를 타고 23㎞쯤 가면 해발 4백 38m의 산굼부리를 만난다. 산굼부리는 천연기념물 263호로, 제주도의 360개 기생화산 중에서도 유일하게 마르(marr)형 화산이다. 이 분화구의 둘레는 2㎞, 지름은 6백~6백 50m, 면적은 320㎢으로, 한라산 백록담보다 조금 더 크다.

이곳에는 4백 20종의 식물이 자생하고 있는데, 분화구의 일조량이 달라서 북쪽에는 붉가시나무, 후박나무 등의 난대성 수목이 자라며, 남쪽에는 소나무, 단풍나무, 산딸기나무 등 온대성 수목들이 자라고 있다.

산굼부리는 다른 분화구들처럼 용암이나 화산 쇄설물이 분출해 형성된 것이 아니라 지하에서 모인 가스가 한순간에 폭발하면서 지표면을 뚫고 나와 만들어진 것이다. 산굼부리란 특이한 이름은 산의 구멍(굼)에서 유래되었다.

## 3 폭포 · 계곡

### (1) 정방폭포

정방폭포(正房瀑布)는 서귀포시 동남쪽 바닷가에 위치해 있으며, 높이는 23m에 이른다. 바다로 직접 떨어지는 폭포로는 동양에서 단 하나밖에 없는 것으로 알려져 있으며, 주변의 해안 절벽과 앞바다에 펼쳐진 새섬, 범섬, 문섬 등과 어우러져 절경을 이루고 있다. 현재 제주10경 가운데 하나로 진시황이 불로초를 캐러 사신을 이곳까지 보냈다는 전설이 있다.

정방폭포

### (2) 천제연폭포

천제연폭포

천제연폭포(天帝淵瀑布)는 중문관광단지 동쪽, 중문천의 천제교 아래로 떨어지는 3단 폭포로 평균 길이는 20m에 이른다.

천제연은 천제(하느님)와 연(연못)을 뜻한다. 이 폭포에는 하늘에서 옥황상제의 7선녀가 내려와 목욕을 하고 승천했다는 전설이 깃들여 있다.

폭포에는 선임교라는 아치형의 다리가 있으며, 교각에는 7선녀의 전설을 상징하는 일곱 선녀상이 조각되어 있다. 폭포 주변에는 지방기념물 14호인 담팔수나무 군락이 서식해 있다.

### (3) 천지연폭포

천지연폭포

천지연폭포(天池淵瀑布)는 서귀포시 서쪽 서귀동에 있는 높이 22m의 폭포를 말한다. 폭포수를 받고 있는 연못 아래에는 무태장어가 살고 있으며, 천연 기념물 27호로 지정되었다. 또한 폭포 주위의 울창한 난대림 지대에는 담팔수 나무가 우거져 있어 장관을 이루며, 가까이 위치하고 있는 서귀포 항구가 이곳의 아름다운 풍광을 더해준다.

### (4) 안덕계곡

안덕계곡(安德溪谷)은 안덕면 화순리에 있는 기암절벽의 계곡이다. 계곡 양 기슭에는 동백나무, 잣나무 등의 원시림이 울창하게 우거져 있다. 또한 계곡 바닥은 편편한 암반으로 되어 있으며, 그 위로 맑은 물이 흐르고 있어 여름 피서지로 안성맞춤이다. 현재는 제주10경의 하나로 지정되어 있으며, 일명 감산계곡으로 불리고 있다.

## 4 해수욕장 · 섬

### (1) 신양해수욕장

성산일출봉 옆에 위치한 섭지코지는 관광명소로 새롭게 떠오르는 곳이다. 다른 해안과 달리 송이라는 붉은 화산재로 되어 있으며, 기암괴석이 바다를 에워싸듯 펴져 있어 수석전시관을 방불케 한다. 특히 이곳의 일출은 성산봉에서 바라보는 것보다 더 아름다워 성산일출을 배경으로 한 사진촬영의 명소로 유명하다. 특히 비취빛 바다 빛깔을 자랑하는 섭지코지 바로 옆의 신양해수욕장은 반달 모양의 백사장이 이색적인 곳이다. 이곳에서는 윈드서핑을 즐기기에 알맞다.

### (2) 중문해수욕장

중문해수욕장

중문단지 내 산책로는 한국콘도를 기점으로 해서 신라와 하앗트 등 최고급 호텔과 중문해수욕장을 끼고 도는 코스로 주변 경치가 뛰어나다. 한국콘도 뒤편으로 난 산책로를 따라 1km쯤 내려가면 중문

전망대와 해수욕장으로 통하는 돌계단이 나타나는데, 주변의 소나무숲이 장관을 이룬다. 중문해수욕장은 제주도의 대표적인 해수욕장으로서 TV드라마의 배경으로 자주 나오는 곳이다.

### (3) 함덕해수욕장

파도소리 정겨운 함덕해수욕장은 제주도에서 제일가는 해수욕장이다. 함덕해수욕장은 제주시에서 20분 거리에 위치한 지리적 여건도 한몫하지만, 그 보다는 본래 품고 있는 매력적인 바다와 해변이 사람들을 유혹하는 탓이다. 특히 곱디고운 황색 모래사장과 격렬하지 않은, 조용히 밀려오는 밤바다의 파도 소리는 함덕의 아름다운 이미지를 몇 배로 확대시켜 준다.

함덕해수욕장에서는 한여름이면 해양청소년 축제와 해변콘서트가 열린다. 그리고 해수욕장 주변에는 200여 호의 민박촌과 야영장, 호텔 등의 시설을 갖추고 있다.

### (4) 협재해수욕장

제주시 서쪽 32㎞에 위치한 협재해수욕장은 제주도에서 손꼽히는 해수욕장 가운데 하나이다. 고운 모래사장과 울창한 소나무 숲, 짙푸른 바다가 감탄을 자아내게 한다. 낙조의 경관이 아름다우며, 앞에 비양도가 바라다 보인다.

### (5) 금능해수욕장

금능해수욕장은 그냥 바라만 보고 있어도 좋은 곳이다. 제주도의 바다 물빛 중 가장 아름다운 곳을 열거하면 단연 금능해수욕장이 꼽힐 정도로 이곳의 물빛은 아름답다. 금능해수욕장의 바다가 특별한 매력을 발휘하는 데에는 바닷물이 깨끗하다는 것 말고도 다른 이유가 있다. 그것은 모래와 바위의 절묘한 조화이다. 이곳의 모래는 햇빛을 반사하는 밝은 빛을 띠고 있어 물속에서도 환하게 빛난다. 물이 얕은 곳은 모래가 빛나고, 사이사이에 검은 돌이 무리지어 있으니 돌빛은 더욱 검어 가히 환상적이다.

### (6) 우도

우도

성산항에서 배를 타고 15분이면 우도에 다다른다. 우도는 둘레가 17㎞로 일명 작은 제주도라고 부른다 우도는 소가 바다를 향해 배를 깔고 드러누운 형상을 하고 있다 하여 우도(牛島)란 이름을 얻었다.

우도는 동쪽으로 솟은 소머리오름을 제외하곤 완만한 구릉지대로 돌담이 정겨운 밭이 많고, 바다에 접한 해안에는 집들이 다닥다닥 붙어 있다. 우도에서는 관광버스를 타고 다녀도 된다. 그리고 여유가 있으면 자전거 하이킹을 해도 되고, 섬의 정취에 푹 젖어 지내고 싶으면 걸어서 다녀도 된다.

관광명소로는 우도전망대 소머리오름, 아름다운 산호가 깔린 산호사해수욕장, 고래가 살았다는 검멀레 등이 있다.

### (7) 마라도

국토의 끝 마라도

국토의 끝, 마라도는 대정읍 모슬포항에서 마라도로 가는 배를 타면 갈 수 있다. 뱃길로 40분이면 닿는 조그만 섬 마라도는 단지 그곳이 한반도의 최남단이란 이유만으로 마라도의 모든 것은 아름답고 신비롭기만 하다.

살래덕 포구에서 내려 계단길을 오르면 드넓은 잔디밭 너머로 마라분교와 교회, 마라도등대, 태양풍력발전소가 한눈에 들어 온다. 그것이 마라도의 전부이다.

## 5 동굴

### (1) 만장굴

만장굴

만장굴(萬丈窟)은 북제주군 구좌읍 금녕굴 부근에 위치해 있으며, 폭 5~6m, 높이 5~10m, 길이 1만 3천 4백 22km에 달하는 세계 최대의 용암동굴이다. 내부 경관은 웅장하면서도 신비해 마치 지하궁전에 들어간 기분을 느끼게 한다. 특히 정교한 조각품 같이 생긴 돌거북은 제주도 모양처럼 생겨 인기가 높다. 동굴 천장의 종유석과 벽의 용암 날개 등도 신비로움을 더하고 있다. 내부 온도가 항상 16~17℃를 유지하고 있다.

현재 이 굴은 출입구에서부터 6백m 거리인 거북바위에서 4백m 더 들어간 돌기둥까지만 공개되고 있고, 금녕굴과 함께 천연기념물 98호로 지정되어 있으며, 세계자연유산(UNESCO)에 등록되어 있다.

### (2) 김녕사굴

김녕사굴은 북제주군 구좌읍에 있는 현무암 동굴로 제주 일주도로에서 남쪽으로 약 6백m 정도 떨어진 모래길 평원 한가운데 위치해 있다. 이 굴은 형태가 뱀을 닮았다 하여 사(蛇)굴이라고 부르고 있다. 굴의 길이는 6백m, 높이 19m, 너비 10m에 이른다.

### (3) 협재굴

협재굴(俠才窟)은 북제주군 한림읍 협재리에 있다. 종유석이 생성 과정에 있는 동굴로 총 길이는 100m, 높이가 3m이다. 주변의 쌍룡굴, 소천굴, 황금굴 등과 함께 용암동굴 지대를 형성하여 천연 기념물 236호로 지정되어 있다. 동굴 주변은 패사층에 의해 형성된 하얀 모래 해변과 까만 현무암이 어우러져 있으며, 특히 주위의 아열대식물이 장관을 이루고 있다.

## 6 공원 · 유원지

### (1) 제주조각공원

제주조각공원에는 한라산에서부터 해안 절경에 이르기까지 자연 그대로를 예술무대로 만들이 1백 60여 점을 전시해 놓고 있다. 이밖에 연못, 전망대, 기념품센터, 어린이 놀이시설 등의 부대시설이 잘 갖춰져 있다.

### (2) 한림공원

한림공원은 제주시에서 북쪽 해안 33km 지점에 위치하고 있다. 1971년부터 330㎢의 황무지를 개간하여 식물원을 만들면서 첫걸음을 내딛었고, 80년대 초 모래밭에 감추어진 협재굴과 쌍용굴을 찾아내어 개발함으로써 한림공원의 주가를 한층 높였다.

한림공원

한림공원은 각 테마별 공원이 하나의 코스로 연결되어 찾아보기 쉽다. 공원에 들어가 처음 보게 되는 2천여 종의 식물을 전시한 아열대식물원은 한림공원 제일의 명소이다. 남국의 정취가 물씬한 야자수정원, 선인장군락, 아름다운 꽃과 향기가 있는 허브정원, 열대식물온실, 향토수목원 등이 있다.

그리고 식물원을 빠져 나와 위싱턴 야자수길을 지나면 협재굴과 쌍용굴이 나온다. 이 동굴에는 용암동굴에서는 찾아볼 수 없는 종유석과 석순이 자라고 있다. 쌍용굴을 나오면 제주 석, 분재원이다. 소나무, 모과나무, 철쭉, 감나무, 느티나무, 배롱나무 등 한 점 한 점마다 독특한 자태와 예술적 성취를 뽐낸다.

### (3) 여미지

여미지식물원

여미지는 중문단지 내에 위치하고 있다. 식물원의 내부 면적은 112㎢으로 동양 최대규모를 자랑한다.

식물원 내에는 수생식물원, 생태원, 열대과수원, 다육식물원, 화접원, 중앙타워 등으로 구분되어 있으며, 온실의 식물은 약 2천여 종에 달한다.

실외에는 우리나라 정원을 비롯해서 일본정원, 불란서정원, 침상원, 이태리정원, 제주자생식물원이 꾸며져 있다. 그밖에 여미지 내에는 카페테리아가 있어 차와 음료를 마실 수 있으며, 유람 전동차를 타고 정원을 돌아볼 수 있다.

### (4) 목석원

목석원

돌이 많은 제주에서 돌과 나무뿌리의 아름다운 조화를 엿볼 수 있는 곳이 목석원(木石苑)이다. 목석원은 제주시내 남쪽 4km 지점의 아라1동에 자리잡고 있으며, 예술적인 형상을 하고 있는 1천여 점의 조록나무 뿌리와 사람의 머리 모양을 한 5백여 점의 석물들이 전시되어 있다. 이 중에 기이한 나무와 괴이한 돌 가운데 20점이 지방기념물 25호로 지정되어 있다.

특히 조록나무 뿌리들을 자연스럽게 전시해 놓은 지하의 광상곡 감상실과 갑돌이와 석순이라 불리는 한 쌍의 돌을 인생에 비유하여 전시해 놓은 갑돌이의 일생이 눈길을 끈다.

## 7 문화유적지

### (1) 관덕정

관덕정

관덕정은 제주시의 시내 중심가에 있는 정자이다. 제주도에서 가장 유서 깊은 건물인 관덕정은 조선조 세종 30년(1448)에 목사 신숙청이 군사 훈련과 상무 정신을 기르기 위하여 세운 연무장이다. 관덕성은 28개의 지주로 받쳐진 1층 누각으로 보물 322호로 지정되었다.

### (2) 삼성혈

삼성혈(三姓穴)은 제주시 이도 일동에 있으며, 옛날 제주도가 무인도였을 때 고을나(高乙那), 양을나(梁乙那), 부을나(夫乙那)의 삼신이 땅에서 솟아나서 나라의 터전을 닦았다고 하는 신화적인 전설의 발상지이다.

지금도 삼신이 나왔다는 흔적이 있는 자리에 삼성사(三姓祠)를 세우고, 해마다 4월 10일과 10월 10일에 후손들이 모여 제사를 지내고 있다. 삼성혈은 사적 134호로 지정되었다.

### (3) 제주도 항몽유적지

항몽유적지는 몽고의 침략에 항쟁한 삼별초의 유적지이다. 1271년 진도에서 여 · 몽 연합군에 패전한 후 김통정 장군이 군사를 이끌고 제주로 들어와 이곳에 외성과 내성을 쌓고 최후까지 항전하다 옥쇄한 유서 깊은 성터이다.

특히 항몽유적지는 몽골에 맞서 항쟁했던 삼별초군이 최후를 맞은 곳으로서, 1977~1978년까지 2만 9천 m²의 대지에 항몽순의비를 세우고 6km의 토성 중 922m를 복원해 놓은 곳이다. 유적지 내에는 삼별초군이 사용했던 과녁과 김통정 장군이 성에서 뛰어 내린 발자국이 패여서 사시사철 샘물이 솟는다는 장수물이 있다.

## 8 박물관 · 기념관

### (1) 제주도 민속자연사박물관

제주도 민속자연사박물관은 제주시 삼성혈 부근에 위치해 있다. 1984년에 개관한 이 박물관은 부지 3만 4천m², 건축면적 4천 9백m²의 초가를 본뜬 1층 건물 1동에, 4개의 전시실과 1개의 시청각실이 마련되어 있다. 전시실에는 자연사 자료 9천 점, 민속자료 3천 2백 점 등 모두 1만 2천여 점의 자료를 갖추었는데, 전시품은 민속유물, 동 · 식물생태 및 지질에 관한 자연사 자료까지 모아놓았다.

자연사 전시실에는 제주의 생성과정, 토양과 암석, 동 · 식물의 박제 등을 갖추어 놓았고, 민속 제 1, 2 전시실에는 제주의 무속, 풍물 등의 민속과 제주 사람들의 일생, 생업기구 등을 갖추어 놓았다. 이 밖에 특별전시실은 제주 출신이나 제주에 연고가 있는 예술인들의 작품전시 공간으로 활용하고 있다.

## 성산포 조가비 박물관

하늘이 내려준 최고의 보석 제주, 그 속에서도 드러나지 않은 제주만의 비경을 간직하고 있는 성산은 매일 아침이면 동쪽 수평선에서 떠오르는 커다란 태양이 장관을 이루고 있으며, 이러한 천혜의 환경 속에 성산포 조가비 박물관이 자리 잡고 있다.

조개는 지구상에 곤충 다음으로 그 종류가 많다. 무려 11만 종이나 되며, 종류가 많은 만큼 크기나 형태도 매우 다양하다. 성산포 조가비 박물관은 이러한 조개의 놀라운 변신과 아름다움을 발견할 수 있는 곳이다.

1~2층에는 세계적인 희귀조개류 1천여 종, 1만 5천여 점이 전시되어 있다. 국내 동해와 제주도 등 해안에서 서식하는 조개류와 전세계 각지에서 서식하는 패류를 중심으로 전시하고 있다.

### (2) 제주도 민속박물관

1964년에 개관한 제주도민속박물관은 제주시 상양동에 위치해 있다. 이곳에서는 제주도의 역사, 민속, 풍습 등 제주 선인들의 발자취를 한눈에 볼 수 있다.

### (3) 신천지 미술관

1987년에 개관한 제주 조각공원 신천지 미술관은 제주공항에서 10분 거리에 위치해 있다. 공원 내에는 야외 조각 전시장과 실내 전시장이 있으며, 소장품은 야외 조각 전시장에 2백 50여 점, 실내 전시장에 조각 1백여 점과 그림 1백여 점이 전시되어 있다.

## 9 종합레저시설 · 민속촌

### (1) 성읍민속마을

성읍민속마을

표선리 마을에서 약 8km 정도 떨어진 곳에 위치한 성읍민속마을은 15세기 제주도의 중심마을이었던 성읍을 기념물로 정한 곳이다.

성읍민속마을은 조선 태종 10년(1410)에 성산면 고성리에 설치되었던 정의 현청이 세종 5년(1423)에 이곳으로 옮겨진 이래, 군현제가 폐지될 때까지 약 5백년동안 제주도 동부를 다스렸다.

제주도 동부 산간지대 마을의 특성을 그대로 살려 놓은 이곳에서는 돌과 진흙, 초가지붕으로 된 3백여 채의 민가와 향교, 돌하루방, 성터, 옛 관공서 등을 볼 수 있다. 특히 곳곳에 자리 잡은 6백~7백년 된 느티나무와 팽나무는 이 마을의 역사를 그대로 보여주고 있다.

현재 이 마을은 많은 문화재가 모여 있어 민속 마을로 지정되었다. 이 지역 특유의 민가 군을 비롯하여 향교, 일관헌, 돌하루방, 성터, 연자매, 옛 관공서터. 옛 비석 등이 원형 그대로 남아 있다. 제주도 토속음식인 똥돼지 구이와 좁쌀 막걸리도 맛볼 수 있다.

### (2) 제주민속촌

제주민속촌은 남제주군 표선면 표선리에 위치해 있다. 이곳은 19세기 무렵의 제주도 마을 모습과 생활 풍속을 재현해 놓았다. 산촌, 중간산촌, 어촌으로 구분하여 이엉을 얹고 새끼줄을 둘러놓은 초가를 재현하고, 제주도 각처에서 수집한 생활용구를 전시해 놓았다.

초가 중간중간에는 한약방, 대장간, 연자매, 해녀의 집 등 제주도에서만 볼 수 있는 민속품을 전시해 놓았고, 죽공예, 베틀공예, 석공예, 목공예, 초신공예 등도 재현된다. 그리고 먹거리 장터에서는 제주 전통음식을 판매한다.

제주민속마을

### (3) 중문관광단지

중문관광단지는 1978년부터 서귀포시 색달동 일원에 종합관광단지로 조성하고 있는 곳을 가리킨다. 이곳에는 개성이 다양한 특급호텔(롯데호텔, 신라호텔, 하얏트리젠시)이 밀집해 있고, 중문골프장, 여미지식물원, 퍼시픽아일랜드, 그리고 절경을 이룬 해안선 뒤에 펼쳐진 시원한 초원으로는 천제연폭포와 안덕계곡이 있고, 작은 야자나무, 용설란, 동백나무 등이 있어서 남국의 정취를 물씬 풍기고 있다.

중문관광단지

## 10 기타 관광명소

### (1) 외돌괴

외돌괴

외돌괴는 서귀포 시내에서 자동차로 5분 거리에 위치해 있으며, 아름다운 해변을 배경으로 바다 위에 우뚝 솟아 있다. 일명 장군석으로 불리는 외돌괴는 고려 때 최영 장군이 이 바위를 장군으로 꾸며 놓고 제주도에 잔류하던 몽고군을 물리쳤다고 하여 붙여진 이름이다.

### (2) 용두암

용두암

용두암은 용담동 바닷가에서 있으며, 용암이 굳어져서 이루어진 자연 조각 작품으로 괴석이 마치 용의 머리를 닮았다고 하여 붙여진 이름이다. 용두암은 맑은 날보다 날씨가 사나운 날에 보아야 제격이다. 바위 모습도 기이하지만 파도가 밀려와 부딪치는 모양은 장관을 이룬다.

제주도 바닷가에 살던 용은 한라산 산신령이 가지고 있는 옥구슬이 탐이 났다. 그러던 어느 날 산신령이 낮잠을 잘 때 용은 옥구슬을 입에 물고 줄행랑을 쳤다. 잠에서 깨어난 산신령은 용이 옥구슬을 훔쳐 간 사실을 알고는 분노해 화살을 쏘았다. 화살을 맞은 용은 바다로 떨어졌고, 고통에 몸부림치던 머리는 굳어서 바위가 되었다. 바다로 포효하는 용두암에 얽힌 전설이다.

# 참·고·문·헌


## 1. 국내문헌

김병문(1998).「관광자원학」. 백산출판사.

김정옥(1997).「관광자원관리론」. 대왕사.

천경화(1993).「한국문화재총설」. 백산출판사.

최기종 외(2004).「관광학원론」. 대학교육문화원.

최기종(2006).「한국의 관광자원」. 기문사.

최기종(2006).「포천시관광자원총람」. 포천시청.

최기종 · 박상현(2001). "IPA를 이용한 관광지 평가 : 산정호수 사례연구", 한국호텔 경영학회.

최기종(2002). "도시관광행동에 영향을 미치는 이미지, 환경단서, 가치지각 변수의 구조적 체계에 관한 연구", 세종대학교 대학원(박사학위논문).

문화관광부(2004). "관광동향에 관한 연차보고서". 문화관광부.

한국관광공사(1995).「백제의 숨결」. 한국관광공사.

한국관광공사(1995).「지역관광산업의 성공적 개발 방안 모색」. 한국관광공사.

한국관광공사(1987).「문화유산과 관광자원」. 한국관광공사.

대한민국국제관광공사(1982).「한국관광자원총람」. 대한민국 국제관광공사.

국립공원관리공단(1994).「한국의 국립공원」. 국립공원관리공단.

문화재관리국(1989).「지정문화재해설」. 문화재관리국.

문화재관리국(1989).「중요무형문화재해설」. 문화재관리국.

## 2. 외국문헌

律田昇(1979).「國際觀光論」. 東洋經濟新報社.

長谷政弘(1997).「觀光學辭典」. 同文館出版.

長谷政弘(1998).「觀光振興論」. 稅務經理協會.

長谷政弘(1999).「觀光ビジネス論」. 同文館.

長谷政弘・鹽田正志(1999).「觀光學」. 同文館.

末武直義(1984).「觀光事業論」. 法律文化社.

小池洋一・足0洋保(1988).「觀光學槪論」. ミネルヴァ書房.

山內義治(1997).「ポストモデンの消費と觀光：觀光の時代」. 溪水社.

梅澤忠雄(1997). "都市開發に觀光の視點を：ラスベガスの都市戰略に學ぶ",「月刊 觀光, 1月」, 日本觀光協會, 15-19.

日本總理府(1999).「觀光白書」. 日本總理府.

日本觀光協會(1996).「觀光魅力の創造」. 日本觀光協會.

昭文社(1991).「韓國の旅び」. 昭文社.

Blank, Uel(1994). "Research on Urban Tourism Destination". Travel, Tourism, and Hospitality Research, 16, 181-193.

## 저·자·소·개

### 최 기 종(崔基鍾)

[현직]
- 경영학 박사
- 경복대학 관광학부 정교수 / 관광교육원장
- 한국생태문화관광연구원 원장
- 한국생태사진작가회 회장
- 축제 · 체험여행컨설턴트

[주요경력]
- (현)대통령소속 지방분권촉진위원회 제1실무위원
- (현)행정안전부 지방자치단체 국정시책 합동평가단 위원
- (전)행정자치부 지방자치단체 국정시책 합동평가단 위원
- (전)행정자치부 지방자치단체 혁신평가단 위원
- (전)산업자원부 기술표준원 관광서비스부회 전문위원
- (현)포천시 정책위원 / 민간외교관
- (현)한국예총 포천시지부 예술문화정책 자문위원
- (현)포천신문 칼럼위원

[등단]
- 월간 「문학세계」 시 등단
- 월간 「스토리문학」 수필 등단

[최종학력]
- 세종대학교 대학원 호텔관광경영학과 졸업 / 관광경영학 전공

[문학활동]
- (현)국제펜클럽 한국본부 회원
- (현)세계문인협회 한국본부 포천지부장
- (현)사랑방시낭송회 상임시인
- (현)시선문인협회 회원

[시 · 수필집]
- 「갯배」,「어머니와 인절미」,「마실」

[저서]
- 「세계여행문화탐방」, 「투어컨덕터」, 「매너와 이미지메이킹」, 「항공기초실무」, 「한국의 관광자원」 외 40 여권

## 한국의 관광자원

●발행일
2006년 8월 25일 초 판 발행
2010년 6월 10일 2판 1쇄 전면개정판 발행

●저 자
최 기 종

●발행인
한 인 환

●발행처
도서출판 기 문 사
서울시 동대문구 용두2동 730-4번지 홍신빌딩 3층
대표전화 : 02) 2265-7214 / 922-8662~8663
팩시밀리 : 02) 922-8772
homepage : www.kimoonsa.co.kr
e-mail : book@kimoonsa.co.kr
등 록 : 1978. 8. 9. NO. 6-0637
ISBN : 978-89-7723-451-2 93980

〈정가 : 20,000원〉